从一到员

论企业系统与集约管理

李维 著

企业管理出版社
ENTERPRISE MANAGEMENT PUBLISHING HOUSE

图书在版编目（CIP）数据

从一到圆：论企业系统与集约管理 / 李维著. —
北京：企业管理出版社，2019.12
ISBN 978-7-5164-2060-7

Ⅰ.①从… Ⅱ.①李… Ⅲ.①企业管理 Ⅳ.①F272

中国版本图书馆CIP数据核字(2019)第249782号

书　　　名：	从一到圆：论企业系统与集约管理
作　　　者：	李　维
责任编辑：	蒋舒娟
书　　　号：	ISBN 978-7-5164-2060-7
出版发行：	企业管理出版社
地　　　址：	北京市海淀区紫竹院南路17号　　邮编：100048
网　　　址：	http://www.emph.cn
电　　　话：	编辑部 (010) 68701661　发行部 (010) 68701816
电子信箱：	26814134@qq.com
印　　　刷：	北京环球画中画印刷有限公司
经　　　销：	新华书店
规　　　格：	880毫米 × 1230毫米　　32开本　　10.5印张　　207千字
版　　　次：	2019年12月第1版　2019年12月第1次印刷
定　　　价：	129.00元

版权所有 · 翻印必究 · 印装有误 负责调换

序言

如果走得太远，记得回来！
想想那六个字

TAR 结构：目标、能力、资源

让管理变简单的极致模型：目标 = 能力 × 资源

如下：

成交量（目标）= 成交率（能力）× 客户数量（资源）

销售额（目标）= 市场占有率（能力）× 市场容量（资源）

售后产值（目标）= 客单价（能力）× 回厂台数（资源）

线索成交量（目标）= 线索转化率（能力）× 线索数量（资源）

每间可售房收入（目标）= 入住率（能力）× 已售房均价（资源）

良品数（目标）= 良品率（能力）× 总成品数量（资源）

大客户产值（目标）= 客单价（能力）× 大客户数量（资源）

工程量（目标）= 中标率（能力）× 投标客户数量（资源）

单店收入（目标）= 平效（能力）× 面积（资源）

营业额（目标）= 平均单价（能力）× 销售数量（资源）

出栏量（目标）= 出栏周期（能力）× 存栏量（资源）

成活量（目标）= 成活率（能力）× 投苗量（资源）

复购量（目标）= 回购率（能力）× 基盘客户数量（资源）

点击量（目标）= 点击率（能力）× 浏览数量（资源）

收藏量（目标）= 收藏率（能力）× 访客数量（资源）

加购量（目标）=加购率（能力）×访客数量（资源）

订单量（目标）=结算率（能力）×加购数量（资源）

接单量（目标）=接单率（能力）×订单数量（资源）

续班数（目标）=续班率（能力）×学员数量（资源）

……

诸如此者，各行业在每一个管理过程有各不相同的目标，无论这个目标是"量"还是"率"或是其他，总需要一种能力施加于对应的资源，而我们管理的目标则在于：持续不断提升参与者的能力，让这些资源效率最大化和效用最大化，进而实现各不相同的目标。当我们致力于这种锚定、回归管理价值主线，便会形成强大的聚焦力，并且让过程不再冗余和繁杂！

目录

第一章 从一到圆   1
   1 规则—动机—行为方式   3
   2 航向—阻碍—效力   11
   3 能力—频振—合成优势   23

第二章 部门是用来分工的吗   37
   4 企业的锯形结构   39
   5 价值链反向所促进的集约   53
   6 销售能力的约束所牵引的集约   66
   7 市场部门职能所需要的集约   74
   8 服务中的行为满足要达到的集约   85

第三章 元   95
   9 TAR   97
   10 目标   106
   11 能力   115
   12 资源   124

第四章 管理的左侧   135
   13 情绪状态   137
   14 行为方式   151
   15 技能技艺   162
   16 结构性约束/企业文化   172
   17 企业家/管理者精神   184

第五章　管理的右侧　　　　　　　　195
　　18　制度（集约制度体系）　　　　200
　　19　标准（赋能标准体系）　　　　208
　　20　流程（简化流程体系）　　　　216

第六章　它总是一个系统　　　　　227
　　21　系统／集约　　　　　　　　　229

第七章　系统集约管理示例　　　　243
　　22　目标制定、管控与分析　　　　246
　　23　能力需求与能力最大化发挥系统构建　　256
　　24　结构性约束与系统集约化管理体系　　265
　　25　通过客服职能实现标准反向修订与资源利用效率最优　　275
　　26　关于系统集约管理中的关键权限倾斜　　283

第八章　三十六行说　　　　　　　289

第九章　道义大于生意　　　　　　321

第一章 从一到圆

1 规则—动机—行为方式

想象的未来在未来才来,但很多时候我们并不知道下一刻该怎么做。

2016年的首个A股交易日是1月4日。这天也是中国A股指数熔断规则的正式生效日。1亿左右的股民见证了规则启动运行的那一时刻。其规则简述如下:

• 指数下跌5%,股市停止交易15分钟。

• 指数下跌7%(或在收市前15分钟内再次下跌5%),股市直接收盘,不再进行交易。

这一规则设定的初衷在于规避市场大幅波动引发的金融系统风险,恰恰不幸的是,这一规则并未能在现实中发挥正面效用,却发挥了短暂的反作用。没有人能在规则制订之时预测到结果,所有预想的未来都在未来,该以何种步骤出牌,也没有人能确切知道。所以,在企业各种创新活动中我们将此称为试错。试错的目的是探索一条可行的路,至少在两只脚都踩上去的时候那条路不会陷下去,并且还能看见不同的风景。为厘清指数熔断规则所产生的巨大效应,作如下逻辑还原,如图1所示。

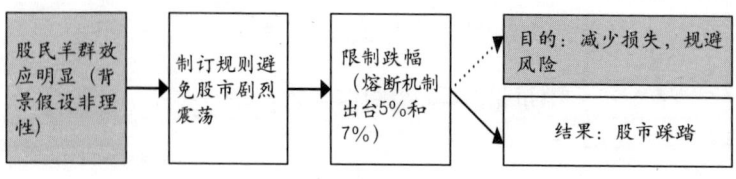

图1 熔断目的与结果

制订一项规则，无论这种规则以要求、制度、标准、规范等何种方式呈现，其制订前提必基于事实基础和未来行动、目标或目的需求，这种需求亦须有助于战略利益或目标最大化，从而证实规则制订的必要性。如上所述，制订指数熔断规则的初衷同样如此，但必要性并非就代表某项规则或行动的可行性，而可行性也并非就代表有效性。例如，一家企业为了持续良好经营，决定让所有干部参加多种培训学习来提升知识和技能，助力市场份额扩大、业绩提升等，其必要性不言而喻，分析后发现最可行的办法是创办企业大学。因为企业大学对企业知识和技能的沉淀传承以及员工技能阶梯式培训有着比较大的优势，于是此项工程开始启动。谁来组建、谁来讲解、组建时间、学习方式、所需周期、所需成本等一系列问题的确定决定了此项工程的可行性。即使如此展开，培训的效果是否足以或长期助力企业预期目标达成？如果确定，这种有效性受何种因素制约？如果不确定，这种有效性受何种因素制约？这三者的相互影响关系如图2表示。

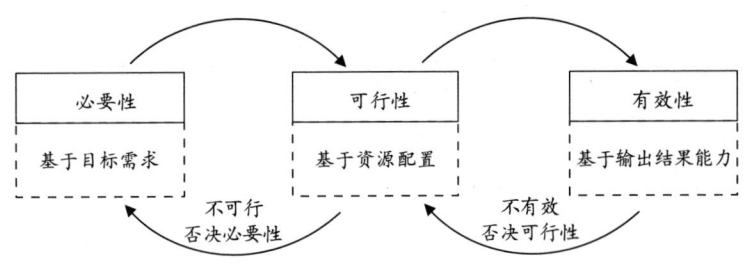

图2 决策与结果逻辑

要确定必要性，必须以一种常态下的背景或即将出现的常态作为前提与依据，正如股民羊群效应明显，这一背景既基于过去表现事实也基于数据（比如中国股民散户占80%等）。当以某一依据为出发点、以某一战略目标为方向确定必要性之后，在制订规则时必须进行可行性分析，这其中的重点考量因素便为资源配置成本、难易程度、时间周期等。

面粉和水和在一起并不能形成一顿可口的美餐，要达到美餐这一结果，必辅以面点师傅独到的技能手艺，倘若将面粉、水、技能手艺置于一起，是否可以形成可口美餐？答案也并非一定，因为这不仅取决于面点师傅的技能手艺，还取决于师傅的心情状态、身体状态、意愿动机等。

以规则为出发点，规则本身并不带有任何情绪，但面对规则的人可将其转化为自身的内在意识和动机倾向，这一倾向改变着情绪的状态，情绪在外部应激下具有不稳定性，这种不稳定性可导致某种状态持续叠加或快速逆转，从而引发行为方式的转变和

5

趋向，进而影响结果。一如指数熔断规则所带来的踩踏，在背景依据之下，指数熔断规则具有强烈的必要性，但可行性和有效性并不能得到一定程度的保障，为方便分析如图3所示给出指数熔断规则效用推演。

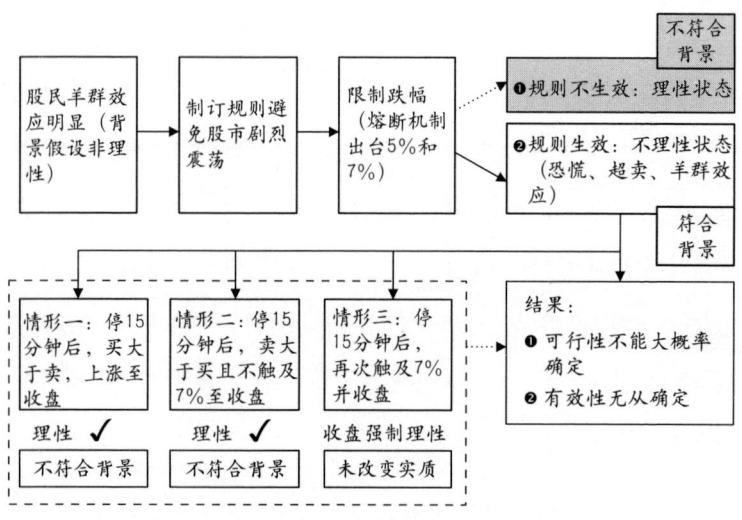

图3 指数熔断规则效用推演

第一，当指数熔断规则不生效时，证明在大盘大跌或外部因素影响下，中国股民具有一定的理性，即使一定程度的上涨或下跌均是正常状态，但是这种结果的出现与必要性中的背景相冲突。也就是说，如果股民理性或操作正常则没有必要制订熔断规则。第二，当规则生效时，即股民处于不理性状态，这种状态下触发规则产生三种情形，如图3所示，情形一和情形二证明股民的理性，与背景矛盾。情形三显示了一定程度的非理性状态，但这种非理性是否可以在一定时间内逆转需要进一步以原有规则在10%以内并不加以阻断交易行为的方式下观察验证。而此时以7%强制理性处理，并不能改变实质，不能改变实质的背后因素是无法改变股民的担忧和担忧所引起的自我保护意识、动机和行为（即卖出）。

以羊群效应为背景确定必要性进行规则制订，更多取决于股民理性的分析与判断，股民的理性与非理性状态决定规则的可行性，而规则的有效性则无法用规则制订者的管控能力或股民从非理性向理性快速转变的能力进行保障。这样使得在非理性假设持续成立的状态下，阻断交易行动一次，便激起了股民强烈的损失恐惧和自我保护意识，在这种自我保护意识下股民产生强烈的卖出动机，15分钟后股民所采取的与动机一致的行为方式便是大量卖出。当这种情况出现，做多者无能为力的同时亦将少数买入、伺机买入的理性者转变为毫不犹豫的卖出者，进而造成更严重的羊群效应。同样的例子如王安石变法的青苗法，以普天之必要，行情理之可行，却结成效之所差。

<u>常常，动机会让人遵从规则，会让人改变规则，也会让人违背规则。</u>

基于本能和自我保护意识，这种适应性普遍而广泛地存在于每一个角落或行为瞬间，于社会群体组织的形成、交换交易等一直都存在并将影响将来。

鄂温克族的族人将驯鹿视为神赐予的礼物，更甚者，将其视为自己的孩子。在年长日久的驯化中，驯鹿变得异常温顺而富有耐心。它不需要人特别照顾，在森林里自己觅食而不忘归所，既是鄂温克族人的"马背"也是驮行载物的"牛车"，皮毛、茸角、鹿筋、鹿鞭、鹿心、鹿血、鹿胎等都是宝。每年茸角长出来时鄂温克族人便锯掉鹿茸来换取其他物品或药材，每天挤出驯鹿奶煮成清香的奶茶。

《额尔古纳河右岸》中主人公的堂姐列娜生病时，其父杀了头白色的驯鹿，请主人公的伯父跳神祈祷，伯父从黄昏一直跳到星星出来，最后一头栽倒，醒来时说一头驯鹿代替列娜去了另一个世界，这时列娜也从高烧昏迷状态中苏醒，渐渐恢复了意识。一天，列娜骑着被杀掉驯鹿的妈妈掉在山林的雪地上死去。每当列娜的母亲挤鹿奶想起死去的列娜时，就拼命地挤干所有鹿奶，瘦弱的驯鹿哆嗦地忍受着，母亲情绪发作后又会情不自禁地抱着鹿头大哭一场。当一群驯鹿生病的时候，伯父尼都萨满穿戴好神衣、神帽、神裤等为驯鹿跳神以挽救其生命。在葬埋最终被瘟疫夺走生命的驯鹿时，所有人饱含泪水，悲恸之情如与亲人生离死别。

规则作为外部诱因会激发当事者的动机。除规则外，动机还受行为习惯、情绪、心理素质和文化涵养等内在因素影响。例如，企业制度规定对迟到10分钟内的员工不进行任何考核或处罚，员工便常常会在出门前多照照镜子或看会儿手机，但晚出发的时间不会超过10分钟。如果规则变为员工迟到10分钟的次数允许在3次以内（含3次），3次以上每次扣3天工资，此时，多数员工的迟到次数会控制在3次以内，迟到4次或以上的情况会急剧下降。允许迟到3次以内并不会影响员工满意度或激发员工负向行为。不做次数要求，某些员工的习惯或心理意识和动机，往往会引起其他部门和人员的反感，并有意识地降低自己对工作的要求，如此一来，这种规则虽给予员工极大的时间自由福利，但对团队整体氛围或员工工作精神状态产生了负面导向。假若这种情况持续较久，团队的萎靡和拖沓状态也会变得越来越严重。

规则制订对员工行为而言既是行为的负面阻止，也是动机导向，当其压抑、压制员工的能动性、积极性时，则反向激发了员工的自私、狭隘、懒惰和贪婪，会对企业造成另一制度性的破坏。当这种规则久久无法改变时，员工的行为方式会愈加趋同，即使基于某种需求，行为方式有所掩饰，但内在动机大多趋同。

在经济活动中，当规则变化引起动机变化时，任何动机都符合人性与常识，多起始于趋利避害的原点。例如，当对中国汽车保险业进行费率改革后，原来无论出险几次保费不变的规则转变为出险次数增加保费增加的规则后，驾驶者心理动机便发生了明显变化。其一，驾驶者对车辆碰撞刮擦有了强烈的警惕心理，这种时刻提防的心理明显甚于之前对生命安全的警惕；其二，当车辆发生碰撞刮擦后，若维修费用较低且低于明年保费增长，驾驶者便会自动放弃报警，自行承担维修费用。从某种程度而言，这也缓解了因小事故而产生的交通拥堵现象。

不同的规则导致不同的动机，亦导致动机促使行为走向不同的方向、产生不同的强度和持久程度，进而在个体与群体间产生不同的行为方式和人际影响，这在促进管理目标达成过程中会产生不同程度的成本，如何降低管理过程中的交易成本及影响则是管理者对规则环境进行系统和集约的基础性核心要责。

随着经营年限、管理制度的叠加或管理者的变动，企业中的许多规则往往显得混乱无序，员工行为与意识在不同制度间多受阻挠和牵绊，同时，每个制度在不同部门也往往引起不同程度的冲突或成本，这些冗繁的制度随机而独立，是一个又一个独立的1，不能形成闭环，亦不能系统性呈现。

2 航向—阻碍—效力

看不见目标时，看见的多是障碍。

《怒海救援》中潘德顿号 T2 油轮是一艘载重 15000 吨左右的灵巧型油轮，在从新奥尔良去往波士顿途中遭遇超级大风，因受强烈外力冲击，船体焊接处出现裂缝并最终断裂。在几无逃生可能的厄运下，一群留在断裂船尾的船组人员聚在一起商议对策，一人强烈建议放下救生艇并执意采取行动，而另一人则一边反对一边划着十字祈祷平安，其他人漠然无从选择。就在这时，负责油轮安全航行的核心技术人员西博在一位长者的要求下，面对争执不下的局面提出另一种解决办法，他开口便说："船快沉了！"继而给出解决方案："汽笛没坏，可边行驶边鸣笛以引救援，压载舱的空气会让船浮着，抽水机、动力、海况、风雨、沉下去的时间……"他拿起一个鸡蛋和一支扁铅笔演示如何利用杠杆原理作为舵柄……让船搁浅。当一些人接受该方法并行动时，执意放下救生艇和阻止放下救生艇的部分人仍在争执，西博从船舱上到甲板，一斧头砍断了吊绳，救生艇落海的瞬间便被击成碎片，这时所有人才将所有力量集中在一致协作上。

在甲板上瞭望的人用望远镜发现一海里外的沙洲并向此时的

舵手传递信息："舵左转 15 度、以半速正面直达、罗盘转到 30 度到 180 度……"

传到第二层："舵左转 15 度、以半速正面直达、罗盘转到 30 度到 180 度……"

传到走廊："舵左转 15 度、以半速正面直达、罗盘转到 30 度到 180 度……"

传到拐角："舵左转 15 度、以半速正面直达、罗盘转到 30 度到 180 度……"

信息传到下一个、下下一个……传给了舵手，每一个人的全力以赴换来了船的全速前行，每一个人的心无间隔、信无间隙换来了整个团队的同舟共济。这样，所有船员消除了内部分歧，化解了内部阻碍。当每个人目光朝前、聚焦一致时，对于目标而言，每个人才发挥了最大的效力，团队才发挥了最大的效力。

就个人而言，这种阻碍同样存在于内心与思想之中，没有明确的方向和目标，在各种可能性下，总有极大的内耗成本。但是出于趋利避害的考虑，人往往容易忽视这一点，无论是在人员众多的组织，还是在冗乱无绪的个体，冲突和分歧随时存在，其形成的阻碍亦同时存在，如以图 4 进行说明则更为明显。

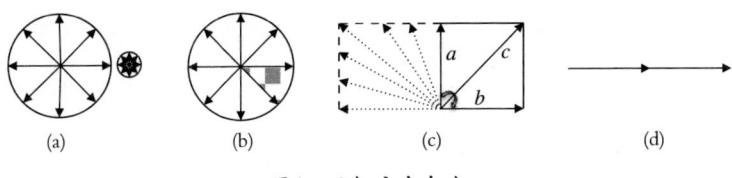

图4　目标方向合力

若一个组织或团队中的每个人都有不同的想法，如图4（a）所示，终究是右边〔4（a）缩小后的状态〕一个静态的点，有许多方向却又没有方向，假以时光仍会原地不动。个人亦是，当一个管理者每过几天有一个想法时，团队便陷于有意识的等待，等下一个新奇想法的产生再等其消失，并不会立即付诸行动，即使有所行动也不过是敷衍。如果一个组织或团队面对同一个目标，由均等或不均等的小部分人主导方向或引领目标，其效用除掉内耗，剩余的效用甚至不如这一小部分人单干发挥的作用。如图4（b）所示，每当企业中的小群组织异常繁荣、战略目标不一并且各组织文化独立不相合且又不可取代时，若是企业在行业有一定位置，其中某一小组或小分队脱离企业而创业，很快便会取得成功。如果企业长时间处于这一状态，终究会被市场淘汰，这种淘汰推动了行业的良性发展和群体组织文化甚或社会的良性发展。许多企业多年来对这一矛盾的主要应对措施是执行力打造、团队凝聚力、团队协同力等方面的培训和提升。每个动词后加"力"字，似乎正合企业所需，但这多为麻醉剂而非良药，当企业将第一注意力聚焦于提质增效时，无异于拨高了灯芯，快速耗费剩余灯油，之后企业迎来的是更长时间的黑暗。

13

如何能让团队合力最大？如图 4（c）所示，在 a 和 b 互相垂直时，其合力 c 大于两者任何一方，这是临界值；当 a 逆时针转动，无论哪一点其合力均小于两者；而若 a 顺时针转动，其合力均能大于 a 和 b，直到出现图 4（d）的结果，这时出现最大极值 1+1=2。但现实管理中的情况远比此图复杂，每个人都是一份力量，多份力量集合在一起形成多人多维合力，从而出现极细化分工，分工形式体现为部门或岗位、职能种类等。当这种聚合表现为图 4（d）的状态时，其合力多会大于 1+1=2。例如，当下达的单一指标由多方合作共同完成时，作业的过程除致力于当下外，还能致力于后续效用更大的环节或作业产出。一颗螺钉往往不足 1 分钱，一塑胶外壳加线圈加电容、电阻等各元器件，当每个环节发挥到极致，精益于极致，合成效果必大于 1+1+1。这其中更不必提在过程中每份力量的技艺成长增强和对过程的优化，例如，一个人工作时其技能技巧是不断增长的，工作过程特别是效率和产出效果也会逐步得到优化和提升，前一天的合力是 1+1=2，几天后便出现 1+1>2 的状态，但这一状态出现的决定性条件是航向相同、目标集中。

航船一例虽为电影故事，但在现实管理中却有鲜活写照。电影中，在油轮航行过程中，西博曾致电船长，告知船长在当时情况下船体焊接处容易断裂，他请求船速降到 3 节，而船长的反馈是维持 7 节速度前行。"春江水暖鸭先知"，<u>企业执行层面的员工可能更加了解企业的弱点、软肋和不足，他们基于自己能力范</u>

围提出的要求、建议或意见往往代表着企业运营各种资源的能力，但许多时候决策者容易一意孤行，忘记、忽视企业这艘船的现实航行能力。虽在短时间内，执行层面员工的建议采纳与否并不能致使这一艘船沉没，但从长远来看，企业如不能及时弥补某项弱项，当初员工担忧的境况必会出现。而若执行层面员工有某一关键环节、领域不层层上报和当下决策执行的权利，结果又如何？这一点在后文"关键权限倾斜"部分将另述。

在"放下救生艇"和"祈祷"两种意见对立下，其他人陷入失智状态，这是一种格式思维桎梏，企业中常常会在限定的边界内讨论并寻找解决方案，这基于知识、能力的边界无外力冲击打破限制，也基于现有资源整合运用、资源供给的边界无法拓展和突破，这是一种平衡状态，能力、资源环境以及管理者的行为习惯、意识动机、利益均处于平衡而无力破解。当西博说出现状，包括汽笛、压载舱压力、抽水机排水量、动力，以及到船沉时所能持续的时间等，并给出搁浅意见时，一部分人反对、一部分人辩驳、一部分人思考可行性。这是企业里当一个人提出某种办法、意见或建议时，常常会出现的三种反应，第一种是"死辩型"，第二种是"思辨型"，第三种是"思变型"。在不同意识境界和动机下，第一种人会寻找一切可能性及理由予以否定，第二种人会寻找一切可能性及理由去辩议，第三种人会分析一切可能性及理由并考虑支持。在知识经济背景下，一种文化倡导了一种思维方式、行为方式，并以更多的思变状态存在，如何宣传这种文化，使得机体富有活力，可包容分歧与阻力却又不阻碍各员工、各部门及组织整体效力的发挥，如此则形成一种静态管理中动态发展的动力，这种动力促进能力不断迭代，也促进资源持续最优化集约。

当西博说出"船快沉了"的时候，这是一种基于目标和共识的对立面说词，具有唯一性，所聚焦的一个观点反面即为唯一性的、聚焦的目标。这好比研发某个产品时，研发负责人对团队说"如果研发不出某项技术，所有人走人"一样，也如"这场活动举办不成功，所有人扣发一个月绩效"一样，这样的情景日常可见，暂不论合理与否，但在目标聚焦上却有极正面的导向作用。当西博团队全力赶往搁浅地点时，海岸警卫队组织救援人员前去救援，在所有经验丰富的老船员都拒绝出行并阻止、警告、劝说柏尼放弃的情况下，并无太多营救经验的柏尼以队长的身份带领三名队员出海。在目标一致的起初，所有人用尽全力前行。当面对致命风暴、浪头的不断袭击时，湿冷恐惧动摇了他们的初衷，有人说风险已经超越了预期，他们不能再冒险前进，有人建议调头回去，分歧已化为最大的阻碍，但柏尼说："只要有我在，就不能回头。"他坚守了岗位赋予的使命——救援队的使命是出海救援，没说一定得回来。他的坚持和信念，让其他人再度放弃了回去的念头，并一路执着向前，最后超越极限救下 32 人回到岸上。

目标不聚焦，是对所有资源和人力的最大浪费，并且没有之一。

松花江畔像一把古琴，历经岁月，音韵流今，我与友人散步于江边，对企业运营中的一些大的、小的、看得见的、隐约感知的事情絮絮叨叨。友人所在的公司是一家合资企业，一资本方为国资委旗下三级企业（下称"三级企业"），一资本方为自己的集团企业（下称"集团"），双方股权设置各为50%。最初投资商定，三级企业需单独设定财务负责人和运营副总代表公司行使权利，主要负责内容为"费用审批核销、账务往来审批核销，运营重大事项决策"，而集团负责整体从高到低全局执行，设有各级部门和岗位。如此一来，公司除其他运营团队外，便有两个财务部门，一个由公司层面总经理（由集团任命）领导，一个由运营副总（由三级企业任命）领导，羁绊管理脚步的细枝末节如下所述。

情形一。出差去远方，集团层面规定总经理可因情况审批交通工具。基于路程、人力、成本和误工情况，执行层主管申请乘坐飞机。出差归来的报销票据需集团财务部门审核通过和三级企业财务部门复审通过，此时集团财务人员以集团财务标准及相应权限限定要求核销，三级企业财务方则因出差标准未进行核销，多出费用需执行层主管自行承担。

情形二。市场部需组织一场活动，活动费用5万元，活动流程如下：①提交活动方案（方案包括费用结构组成和活动预期效果，其中活动预期效果基于历史数据和当下目标需求制订）；

②总经理签字；③按指令执行；④活动执行开展（基于费用交易方信任友好关系，合同签署、付款等可在执行活动过程中相机完成）。对三级企业而言，单项事件活动费用支出5万元以上需先申请，批准通过后方可执行，其流程如下：①提交市场可行性报告；②运营副总、总经理审批；③签署合同；④三级企业备案，交易关联方备案；⑤按指令执行；⑥关联方等待预付款（因为过程烦琐和合同要约责任，交易信用成本增加，此处可理解为因合作方情绪变化引起的冗余信用背书环节）；⑦活动执行开展。

情形三。经营战略冲突。三级企业方旨在要求不亏损，以利润为导向，同时控制利润指标及费用预算。集团以职业经理人为核心的企业决策层对利润的实现战略路径为：抢占市场份额→提升市占率→提升产品曝光率→吸引客流资源→提高购买频次→提高增值利润→提高边际利润。如此一来，可先行小幅亏损换取可持续经营发展，抑或先行小幅营利经营，在营利过程中缓慢扩展市场以确保盈利或降低财务风险和经营风险。两方观点常有不同，以总经理为代表的经营团队多有意见与抱怨，从而当盈利稍渐达标，即放缓销售节奏，以免多劳徒劳。在没有额外激励下，经营团队以保守的行为和心态遵从顶层决策，使市场扩张亦趋于保守，空白区域和市场则被竞争对手快速占领。历经一年或更久，战略的负面效应便体现出来，主要表现在市场拓展能力下降（基于员工能动性的下降）、客户决策成本逐渐增加、市场溢价能力下降、服务能力下降……

就上述三种情形,做现实管理意义以及管理价值取向的解读和说明。情形一出现时,企业应当以制度要求、费用标准要求为导向还是以其他为导向取舍对待呢?如何才能保证不同方在同一目标和导向下进行日常管理,而不引起员工的失望,打击其积极性和能动性呢?差旅费用为企业的投入资源,这些资源在运转过程中须保证效用最大化或效率最大化,其衡量的关键点在于实际成本和机会成本。假若办事一天,来去以飞机为交通工具,两天便足矣,实际成本为"来回机票+一晚住宿+六餐+两天工资"。如以火车为交通工具,至少需要三天,其实际成本为"来回车票+两晚住宿+九餐+三天工资"。常常后者会比前者付出更大的实际成本,即使最终实际成本相差不大,但其中机会成本则会差距巨大,这主要表现在一系列机会成本的产生,如:长时间路途下,身体状况及精神状态不良影响办事效率或效果;多出一天所损耗的作业产出;当事人心理情绪变化对工作的负面影响;家人对当事人的担心所形成的阻挠等(或有因人而异的情况)。在市场优胜劣汰机制下,相同条件下低成本胜出是不变的规律。企业投入资源于任一生产或产出过程,其核心取向为"资源效率最大化",这一点将在"管理的右侧"一章中详细论述。如若各方管理者以员工的能动性、积极性和工作效率为导向进行考量,则在制度和管理标准的制订、核准、导向上会更加趋同。

在情形二中,如若不考虑人力、市场等资源要素,仅以5万元资金为资源进行流转,繁多的流程环节明显降低了工作效率,更降低了工作效果，体现出的是资源流转效率和资源效用发挥问题。当流程过多并且冗余时，如从 4 个环节变为 7 个环节，每增加一个环节，便增加一份时间成本、精力成本、沟通成本以及情绪影响、内在动机切换等显性或隐性额外附加成本，环节越多资源效率便随之递减，最终影响正面效用。同样，若以每一个环节的价值去考量，就其自身存在而言均有不可或缺的价值或功能、效用，因其满足了独立的不考虑大局的分向、子目标和价值导向。<u>当每个环节均以自身的价值存在时，所有的环节聚合在一起，单独审视，每个环节都会显得相当重要，但于整体事实效用和最终的、唯一的目标而言，其中部分环节会显得毫无存在的意义和必要，但企业却常常热衷于设定繁杂的无所不包的目标或指标，故管理者一边累于束缚一边却孜孜不倦地无限编织。</u>

情形三是一种战略取舍，激进或保守程度与风险程度相伴，这犹如一个人不去山巅便无法领略到山在脚下人在苍穹的空旷、壮阔和宏远，同时爬上山巅也承担了可能滑下山坡的风险。取舍和资源配置以及运用，因能力与环境不同会出现截然不同的情况。当目标方向出现分歧时，团队整体运用资源的能力便会显著降低，比如，在多数保守决策者主导下，整体资源运用能力衰减，虽然最后会证实决策的合理性和科学性，但这种证实是假性的并且有一定成本代价，有时更会陷入伪证实的循环。情形三中以盈利作为目标的短中长一体化指向，降低了员工的能动性，增加内部损耗，每当刚刚满足指标要求便不再前行，信息反馈至决策层，又加强证实了决策的合理性,从而对原有决策行为方式再一次加强,长此以往,这种负循环便形成一种任何管理者凭一己之力都难以抗衡的体系。

将上述情形统归一种形式则如图5所示。

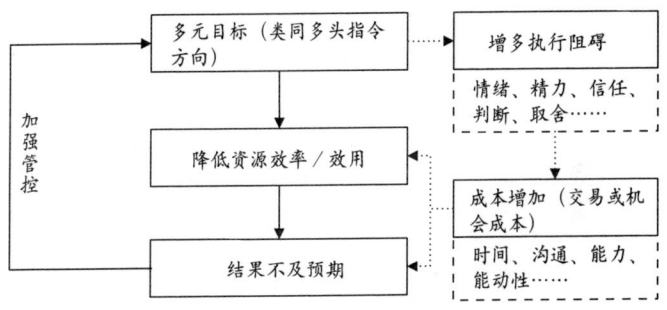

图5 多元目标/指令对资源的影响

这种多元目标,多头指令、多头管理者诉求,或者是一个又一个重叠、交替、镶嵌甚至互相冲突的指标,在不同层面环节由不同人员设定,所有独立的指标未经系统集约、整合和删减,在不同层面环节会对人员的行动力造成阻碍分散,这种阻碍分散的根本束缚和负面效应体现在对企业资源效率发挥的衰减上,因对各环节人员能力的分散和对核心资源效用发挥的分散,使得所有目标合成后并不能发挥出各环节单一目标加总后的效果,也不能使整体资源发挥出最大效用。在企业管理过程中,管理者设定的各目标如KPI、OKR均有每个环节存在的意义和价值,但并不等于对整体最终最主要的目标完成和资源最大化的利用有意义和价

21

值。将每一个子目标、子指标进行系统与集约,使每位员工工作方向清晰、注意力集中,使每位员工在日常工作时将其面对的有形资源和无形资源最大化利用发挥,使所有人员发挥的力量形成合成优势,是企业、部门或团队竞争力提升的有效途径之一,也是消减执行阻碍、增强团队执行效力的有效途径之一。

3 能力—频振—合成优势

能力是管理中一切资源价值发挥的基础保障。

我们常能看到或听到：某人过去能力很强、能力超众，某人具备创新能力、资本运作能力、市场预测能力……对个人能力的评述，总会指向三个方面：过去如何、现在如何以及某项专长如何，这类笼统却又煞有介事的评述让人在一定程度上信服。这三个方面旨在说明个人过去的经验、知识素养和技艺情况，同时又涵盖了人才招聘或人力资源中所有测评方法论、模型等。例如，最简单最常见的招聘要求范式为"某行业从业几年、某学历以上，熟悉某技巧"，或者对这三个部分详述或简述。部分企业对这类范式内容有明确的依据和分析并且建模，但大多企业则是人云亦云，其更多的依据和基础决策信息来源是对当下环境的共识。例如，从业几年，可说明能为胜任的企业服务；某学历以上，可说明具有胜任岗位的知识；熟悉某技巧，可说明能立即作业。这虽为一种共识，但对每个企业而言，均是未验证的假设，这种假设不但没有依据，还忽略了这种模糊能力在企业内部的适应性和适用程度。

能力由不同要素构成，且不同要素会在不同环境和情境下发挥不同作用和效用。例如，创造一个鼓励的、轻松的氛围，让员工谈谈想法或创意，员工的想象能力、分析能力和对既有知识的利用能力均会得到最大的发挥。当员工心怀担忧、畏惧或有所保留时，这些能力的发挥便受到一定程度的压制。若这种情况扩展至一个团队中，便形成一种氛围，更甚是形成一种文化常态或小域集体意识形态。每个单体的能力聚合发生频振，便会产生叠加效应，虽然这种效应不能以指数或其他数学方式计算，但企业员工或执行任务的团队队员会有清晰的感受，这种感受当事者或许并不能清晰分析认识，但在激情、动力和愉悦的状态下，于外人眼中会显得淋漓尽致，常见的体现方式包括高喊团队口号、互相加油、击掌、拥抱等。

<u>企业很难拥有集多项专长于一身的员工，这一点是社会长期从未间断的劳动分工造成的</u>。如在中国以往的农业文明下，一个人往往会耕田、制造简单工具、煮食、育子，集这些技能技艺于一身，但在当下，特别是对生活在特大城市的人而言，很难同时具备这些技能技艺。在一些沿海区域的最早的小工厂，生产车间中往往会出现一个既会制造模具又会使用冲床、制作图纸并能和客户谈判的人，但现在工厂很少将这些工作集于一身，这便是分

工的结果。无法期待一人多能多技，犹如无法期待一名运动员既能成为长跑冠军又能成为举重冠军一样，很大程度上，分工推动了资源利用效率的极大提升，推动了社会的持续进步，如此每个人的价值与优势才得以最大程度的发挥。同样，企业中的每位员工均有优越的才能与优势，若每位员工能将其发挥至极致，所有员工聚合一起，以目标为中心，以资源利用效率为方向，以一种极具分工的状态、频振密切配合，便可形成一种较为系统的合成优势，即集约优势，但对中小微企业而言，由于人才的匮乏和能力管理体系的不完善，员工才能技艺集中程度分散，针对这一常态现实，如何以系统集约的方法在一定程度上解决两难，是每家企业都需思考的核心管理要务。

一个企业的优势，特别是长续经营优势，常常体现在其对所有资源的集约合成优势上。这种优势往往是基于组织内每个个体能力频振的结果，犹如拱形桥结构原理依然用于今天各种设计中，拱形相当于圆形的一部分，即圆弧，圆弧的任一地方都受力均匀并指向圆心，同时呈现出最大的承载力。团队中的每个人均可看作圆形的一部分。团队的组织形态以以下几种形式呈现，如图6所示。

其中，图6（a）为典型的垂直型结构，虽垂直等级较多但现实中不会无限垂递，总会出现左右伸展，整体呈现为三角形结构，

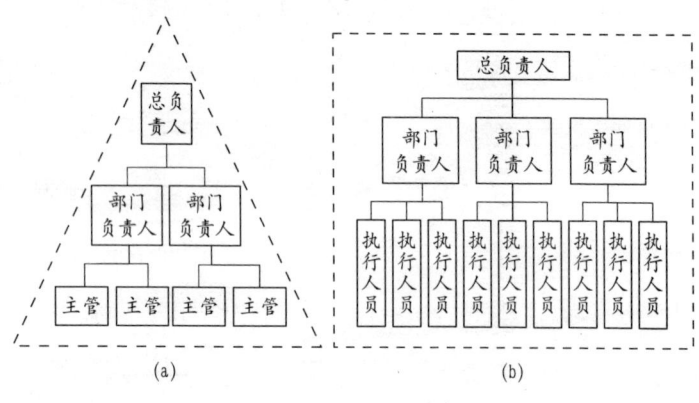

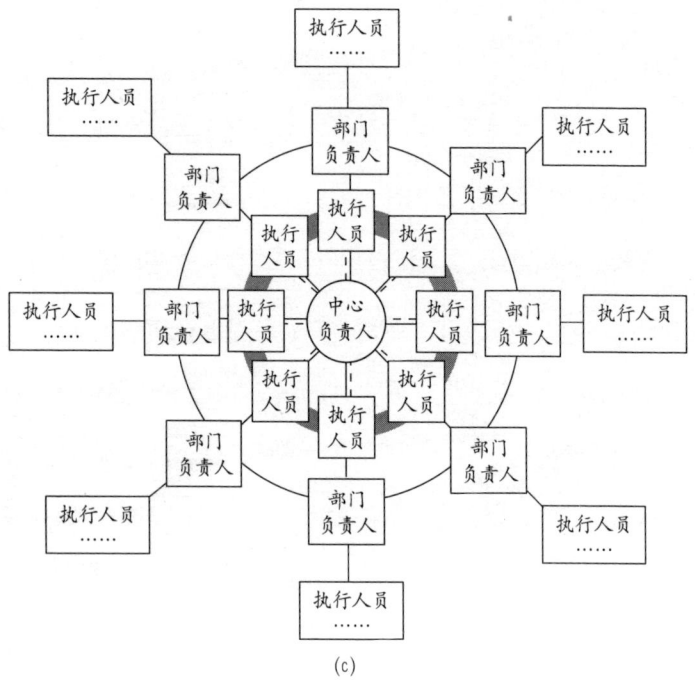

图6 组织结构新形态趋势

多符合政府、国企、事业单位等组织形态。图6(b)为扁平化、混合型结构，既有6(a)的结构又融合了其他结构，整体上呈现矩形结构，外企或事业部制较多的企业常用此种组织形态。图6(c)可视为圆形（或立体圆形）结构，圆形不代表完全脱离三角形或矩形结构，在子单位中这两种结构均有体现，但在信息流、决策、组织结构上会有很大不同。假设这三种形态——三角形、矩形、圆形，均受外力冲击，便会有不同情形出现。

当外力冲击图6(a)呈现的组织形态时，三角形任一顶点受力，底边得到的缓冲最大，受力最小，所受冲击的地方被破坏得最严重，若三边中部受力，受损部分可替换难度较大，呈现部分"组织坏死"的情况，这在现实中也多见，如某个部门整体离职创业便使原企业核心竞争力遭受极大创伤。在这种结构中，信息流自上而下或自下而上流动跨越层级较多，经过滤和取舍后其完整度受损，相应效用下降。决策时或自上而下地拍脑袋决策或先收集信息集中分析后再决策。无论是来自顶层的直接决策抑或经信息收集反馈后决策，决策层层传递的方式并没有改变，决策的时效多有下降。

当外力冲击图6(b)所呈现的组织形态时，矩形任何一边受力，对角线最远的一端受力最小，缓冲最大，被冲击的地方破坏得最严重。在矩形形态的组织结构中，信息流传递自上而下或自下而上虽有一定程度的缩短，但衰减情况同样存在，决策时效问题同样存在。相较于图6(a)，虽然图6(b)的信息流传递、决策时效，以及组织结构力方面均有很大提升，但组织各成员间的频振问题却无法最小化。以大中型企业或上市企业为例，为减少这种信息衰减以及能力频振问题，虽企业多设各种委员会来协调和制衡，但其整体三角形结构或矩形结构形态并无根本改变，有效性也因企业而异。

组织中的个人能力并不能简单叠加成企业能力，即使我们常称人力为人力资源。在这里，组织中的每位员工都为一个单位，每个单位均具备一定专业能力，每份专业能力的发挥程度根据发挥频次、响应程度、付出程度进行评价，其与决策目标的一致性及组织方向的一致性，在此处暂称为频振。尽管在激励措施以及企业文化等方面的补充下，图6(a)、图6(b)中各能力单位频振均不同，但能否在这两种组织形态下最大程度发挥，主要取决于各子单位的受压程度，与受压程度紧密关联的是现实利益及心理期望（如希望、梦想等）。譬如，当最顶层发生动荡或危机，处于最末端或他端的员工会觉知迟钝和配合延缓，因为压力和紧迫感的威胁常常需经一段时间才能传递到这些人身上，所以其频振程度自然下降。最末端发生的动荡或危机，向上亦以同样的迟缓和衰减程度传递，甚至传递到顶层时衰减到可以忽视的程度。

例如，最末端是客户端，客户的反馈、评价以及市场最新需求等信息传递时限拉长，需求效用也随之下降，致使企业常常陷入被抛弃和被替代的境地。压力和反压力是动力的基础，也是能力发挥的基础，压力越小动力也越小。企业作为一个组织，各单位压力负荷程度决定了组织整体能力发挥的程度，从而以每个人能力为单位，在组织中以一定频振度发挥，则构成企业组织能力和合成优势，这种频振度从某种程度上决定了资源效率的发挥，资源效率的发挥决定着企业发展速度、营利能力及持续发展能力。

图6（c）组织形态为圆形或椭圆形，其中心为核心决策层或中心负责人，第一圈为终端执行层，第二圈为部门负责人或事业版块负责人，第三圈为终端执行层。中心与第一圈的虚线代表信息流，中心与第二圈的实线代表责权利分配，第二圈与第三圈的实线同样代表责权利分配。这种结构中，以执行端为代表的核心信息或主要信息可第一时间传递给中心，经与第二圈的整体信息合并，微著两面对应，则能快速形成决策与计划，同时亦能快速传递决策与计划。当组织外部受到冲击时，可第一时间较大程度均匀受力、快速传导，如从任一部位冲击圆形，其受力均等，弹力、向心力也相对均等，并整体呈现一定稳定性。这种结构在强调信息垂直传递时，同样亦可强调信息的圈层间以需要程度选择性平行传递，当组织某一部分功能损坏后，可经由内外快速补合。

例如，客服部收到客户对产品质量或服务质量的反馈时，第一圈层的客服专员可将重要信息第一时间传达给中心负责人以及客服负责人，同时各专员将其他信息经由第三圈所有客服专员传递并集成，客服负责人以数据结果方式继续传递给中心负责人，从而形成呼应，若为重要反馈，中心负责人可第一时间获取高质量信息并形成快速决策与响应，这从一定程度上减少了传递过程中信息的衰减，同时，若遇质量问题，客服专员或客服负责人可平行与销售部、市场部、生产部、售后部等部门人员对信息进行快速传递与沟通，对这一点，传统组织如图6（a）和图6（b）均会出现负约束和滞后感。圆形组织结构不仅让有效信息距离决策中心最短，而且一定程度上趋向新型组织形态，如海尔集团的人人均是创业者的组织变革趋向和苹果公司的组织结构。与竞争对手三星公司相比，苹果公司人数曾约为三星公司人数的1/3，人均产值是其6倍，这虽不能说明组织结构对效率、产值的决定性作用，但其对快速、高效的信息流，决策、协同、能力的发挥均有助益和正向作用。组织形态一定程度上提升了企业整体能力的发挥和能力频振程度，同时也提升了能力的合成优势，企业变得更加集约。

圆形组织结构旨在打造多维互联及更平行等距的组织体，这种结构形态在信息技术下变得容易实现且符合当下社会人们行为方式的整体趋向，这种结构既基于社会分工愈加细化，也基于网络技术的持续迭新发展，更基于人们自我意识和自我实现意识的上升。如果图6（c）中的平面圆变为立体圆，各人员与组织部门之间因信息技术（如互联网、物联网）而互联，便构成一种跨时间、跨空间的协作组织形态，这种形态变得更加动态，看似无序却又极其有序，可以以极高的效率和创造力完成组织各部分不同条件下的诉求，从而使得组织在整体资源利用层面变得更加高效而集约。

每个木桶均有长板并不意味着短板无用。企业中各个员工的能力合成企业组织能力。各员工单体能力不一，这种不均衡状态存在每个组织体中，同时各单体能力在规则、动机、价值观、情绪状态、目标方向等非自然要素影响下又以不规则动态的方式发挥作用，如何影响它以使其达到最优频振与协作并使组织合成优势最优且达到最佳集约状态，是每个企业系统化管理的基础需求，对这种最优状态的寻求也是现代公司组织未间断的状态。

管理中多以"米格-25效应"来诠释这种不同能力间的频振以及单体能力的合成优势，虽然米格-25战斗机与美国战斗机相比各零部件均有落后，但合成后其升降、速度、反应等整体性能却并不落后于同时代的美国战斗机。手指相比确有长短，但拳头的硬软不是由指头的长短而决定。最终以团队能力衡量组织能力，每个单体员工能力最优不意味着必然合成为组织能力最优，尽管团队中的红花员工极为重要，且有一定的鲶鱼效应，但发挥最大合成优势和保证最佳集约状态对企业起着至关重要的作用。这是以员工能力为资源要素的最优匹配，其导向为资源利用及资源效率最大化，这一点也代表着终极的组织管理水平。

新加坡的合成优势较为突出，作为一个多元文化国家，在没有足够深的历史文化底蕴、没有先进社会治理模式、没有标杆经济效仿下，其社会治理以及经济发展、教育、创新等诸多方面为邻国提供了许多可借鉴学习之处。一如交通系统，候车站前的石柱在阻挡车辆意外冲撞或抛锚方面极大保护了民众候车安全，同时也是提醒驾驶员的界线。公交车上的立柱扶手并不是从地面接到车顶，而是形成 L 形与座椅相连，如此一来，乘客脚下便减少许多障碍；清洁人员也更容易将拖布从地面一端推到另一端，不必担心立柱的阻挡，节省了打扫时间；每个立柱扶手上均有下车提示按钮，乘客不用起身走向前面就可以提醒司机"有人要下车"；陌生人上车询问路线，司机在未了解并讲解清楚前并不会开动车辆。在污水排放及水处理方面，作为长期受蚊蝇病菌传播以及水资源匮乏困扰的国家，新加坡以其精细的法律规范，采用分级、分流管理制度和闭环式循环管理体系，极大地提升了水资源利用效率。园林绿化方面，每棵树有医生周期看护，同时多覆盖滴灌管网，在花草植被的裁剪、捆扎、摆放方面均有标准和要求规范，同时在这种原则性要求下更叠加了养护人员的用心照料,当工作人员用剪刀剪掉腐叶和杂草后,每一株植物集成的美感便远超意料。再如,网上申请护照,按时间线下领取;每个社区多有图书馆,且可以在任一图书馆还书;国会议员每月定时家庭访问;公共住房每五到八年维修粉刷;每年有一天亲子日,父亲可提前下班和孩子一起吃饭;为了让年纪大的员工保住工作,政府为公司提供津贴补贴他们等。

这些并非他国或区域、组织不能做到,每一项在每个国家、地区或组织均能做到且可能做得更好,但任一单体的好并不能构成合成优势。当你在某一地区感受到公交系统的方便,但下车却看见垃圾满地时,会瞬间将其他优势一并抵消。这种不同单体间的优势冲减后,最终合成的优势构成了整体优势,不同环节能力经发挥频振后所形成的状态便成了集约状态。如果感受到交通系统的优势,下车后又看到分类垃圾区,所有环节的良好感知便很好地叠加起来而不会大幅衰减。这等同企业员工穿着精致却没有笑容时,其精致的外表优势在看者眼中很快便被抵冲而衰减,当企业员工穿着精致,有笑容、很亲切,公司门口的脚垫破烂不堪或满地污渍,则精致、笑容、亲切的优势也随之被抵冲而衰减。

企业中,任何一位员工、任何一个部门的单一的能力优势并不能决定整个组织的能力优势,但任何一位员工的能力和任何一个部门的能力均可衰减组织的能力优势。如何让企业合成优势最大、能力集约状态最佳，在于如何让每位员工的优势发挥到最大、最优并且保持最大、最优频振。这种最优最佳在不同行业管理实际中辅以关键资源效率指标来衡量，便形成清晰的数据化管理状态和能力提升路径。

时光总会把每个人以及各组织群体带向前所未有的相互交融状态，这种交融状态在打破时间空间的边界后，更加多元地集成了声色光影等一切触觉和感知，从而企业管理也便被融于交互互联的世界动态环境中，这让企业内部的管理变得多元而动态，并时时受扰于外界的波动。当企业管理方法和技术从相对静态、线性变为动态、非线性后，原始的多层级、多流程、单一文化等管理状态便呈现出一定的脆弱性，这种脆弱性随时会将公司或组织的正常行驶轨迹在某一支点扭转。

在互联网世界成长起来的新入职从业者，在诸多企业家和管理者口中表现出的问题是难管理，这种难管理无论在以主流文化群体为代表还是以其他亚文化群体为代表的员工身上均有体现。崇尚自由、不受过多束缚、需要个性和丰富的内心世界、多元的价值观等使这个群体行为方式转换速度较快，其动机和意识也均转变较快，当以一成不变的方法施于管理实践时，频繁的人员流动带来的便是人力资源成本不断上升和过多损耗。

以汽车行业为例，管理层与执行层在 3 年（2012~2015 年）中的静态流动率可达 80%以上，除人力成本损耗外，对企业更大更潜在的影响在于组织被构建成一个无序的体系（非显性的紊乱状态），这种无序使得组织制度受到冲击、员工能力发挥衰减、知识沉淀被破坏等，同时让个体能力和组织能力更分散无形、更难以系统和集约，能力的非系统化和非集约状态形成极大阻碍，致使企业管理效率、效益和竞争力不断波动和下降。

综前所述，企业制度往往是零散的、随机的、不系统的，目标通常也是，特别是当不同部门的不同人员的目标集合在一起时，这种非系统非集约状态更加明显。这种非系统非集约状态进一步使能力无法达到合成优势和最佳集约状态，这种状态持续愈久，在较激烈的竞争和非自然快速增长的环境中，企业所有静态管理结构、模式、员工存在状态、线性交互方式均会呈现出愈加明显的滞后性。尽管原有规则体系、分工形式、制度、流程、标准以及最常规的战略、营销管理等仍会起到一定作用，但管理成本会越来越高，虽然很多企业将这种管理成本视为人员成本，或通过裁员调整，但效果越来越微弱，这便要求管理者重新审视并迭新管理系统。管理中以任一管理方法为起始点，将其他环节或管理方法逐一链接并聚合集约精减冗余部分，过程中以各单体能力最大化发挥为核心并进行能力的最优合成，同时以目标精简集约为导向进行整体资源效率效用最大化的配置运用，是每个企业不断系统化、集约化管理的趋向。故这期间以不变为常态、变为常法，是为变亦不变，企业在寻求最优利益、最大利润时，变的是一切合乎人们习性的管理方法技巧、制度规则、目标航向，不变的则是对资源效用效率最大化、对人性正向美好的持续追求。

第二章 部门是用来分工的吗

10

 企业的锯形结构

许多人说，人生没有对错，当站在生的起点，死的终点，于外人眼里，于客观实质，确无对错。一个人走路，不仅外人，多数时间连自己都不知道对错，一群人走路，每跨出一步也都有对错。企业是一群人走路，一群人走在或对或错的路上，走对的人断续向前走，走错的人离开，无论是对了的人错着往前走还是对着往前走，抑或是错了的人对着离开还是错着离开，这种混沌的状态一直都在。以企业而言，自几个人聚在一起注册公司的那一天就在，从不间断；这种系统就在，从不间断；管理就在，从不间断。

当几个人变成几十个人、几百个人、几千个人、几万个人……形成小组织、小单位、机构、分部……如何走得更好更久，同时是否高效而快捷、是否让成员们充实而幸福，这远远超过了律己、治家的界限。一台电脑、一支笔、一个便签本可以是一名前台或一名文员所有工作的硬件资源需要；一本法典、一支笔是一个律师的工作开始；一台电脑、一个软件是一名金融从业者的工作开始；一名会计人员，用一个账本和些许数字就能完成当日所有工作。

如果将这一切聚合在一起，形成一个组织、一个企业，独立可以开始的也许就未能开始，能结束的也就未能顺利结束，原本100%的利润稍有不慎倒贴亏损也有可能。当各个独立的人和工种聚合在一起的时候，其复杂程度往往超出了个体难度的加总，这时便有了管理科学，同时也有了更加系统和更加集约的管理追求。

个体难度之所以不能加总，是由于其相互之间的影响并不是线性的、单向的。人的流动交互接触，意识、思维的跨时间、跨空间交互接触产生非线性、多元的"簇"（此处用计算机术语"簇"来表示思想、意识、思维交互后产生的合成结果或合成思维、想法）。这若多的"簇"每碰撞一次便增加或削弱一部分内容，传递到下一个人或下一个部门，再形成诸多各不相同的"簇"，整个传递流动过程中传入的信息顺带影响了传出的结果，而传出的结果作为下一个传入的信息又将影响下下个环节和单元。若从极细微的微观层面看，每当一个组织以一个人为起点传递一个信息时，非常难以确保的是最后一个人或最后一个节点所接收的信息还能保持原样，不增强也不衰弱，于是便有了组织成员间的交易成本，这种交易成本在企业运营过程中通常是影响资源损耗、成本投入和期间费用的。同样的行业，同样的产品和同样的人数在同一地区展开业务，其成本或费用总有不同。如何降低成本或费用、提升效率，从企业组织形成一开始便是所有企业主和管理者的共同追求。这时的管理科学即便是冠以科学名义，也难用大概率的规律性来确认，组织成员越多，群体越复杂，团体行为及结果的不可测性则越高，进而管理难度越大。

为了提升行为的统一、规范、协同或频振程度及成员间的快速紧密配合，让一部分人完成某一相同的工作内容，同时交由一名协调人员统一管理，便形成分工。不同个体或组织从事不同的工种或工作内容，从而使各单元工作效率提升，单元费用、成本下降，进而确保输出结果保持稳定状态，这期间因长时间的有形分工所形成的组织集合促成部门概念的出现，也因长时间的部门存在必要强化了认知上的分工效率或效果，这一演进自18世纪起从未间断过。当约定俗成的阶段现状强化了部门存在的合理性后，部门便成为每个公司必备的机构，包括生产部、研发部、设备部、市场部、营销部、客服部等，但这不足以说明部门是分工的最佳形式或存在状态，其实有没有部门，分工都在。<u>当一个群体在一个地方或同一种情景下工作的状态边界被打破后，部门边界也会随之被打破，这一点在信息、互联技术的助力之下显得愈加明显。</u>

那么部门的存在是为了分工吗？毫无疑问，过去是，未来亦将是。只要有分工体或因分工而形成的小组织体存在，便有部门存在。企业中以一种组织状态存在的部门对某一件事或某一类事执行的效率是远远大于单体独立完成的效率或不同组织体间交叉完成的效率，同时分工也降低了工作单位环节或成果输出的误差率和出错率。基于效率、效用的持续不断提升需求，误差率或出错率不断降低需求，分工亦将越来越细微极致并突破物理空间的屏障界限，而进行低成本、动态式资源匹配。这将使分工发展到另一个更高的阶段，但以企业状态存在的组织体内，部门存在的终极理由并非分工，而是更好更快速地完成"目标"。这里的目标可理解为宏观的战略目标或微小的过程节点结果，这打破了常有的惯性认知和思维，一如研发部的终极目标不是研发而是满足或引导终端用户变化需求，生产部门的终极目标不是生产而是满足终端用户对产品的良好体验，销售部门的终极目标不是销售而是满足快捷和便利，客服售后部门的终极目标不是服务而是解除客户的恐惧和担忧，诸如此类。这种概念的延伸和拓展在突破原有静态的认知后会对企业内部管理形成新的挑战，这种挑战无论从有形的物质或硬件匹配还是从无形的制度迭代优化、文化渲染上都会刺痛现状并导致管理不适，但应对这种不适感的改变稍后均可并入新的竞争力体系中去，进而形成企业整个管理体系的蜕变，并形成新的企业核心竞争力。那么部门的存在是如何更好更快速完成目标的？基于图7进一步说明。

总有一个理由来支撑人们为什么出发，企业以企业家为首，其出发点便是盈利、赚钱，这几乎毋庸置疑，除非假以时日取向于价值、成就或更高精神层面。以最初的目标为基点便需要合作伙伴一起，这一点在民营企业诞生之初或许一个人、或许夫妻就

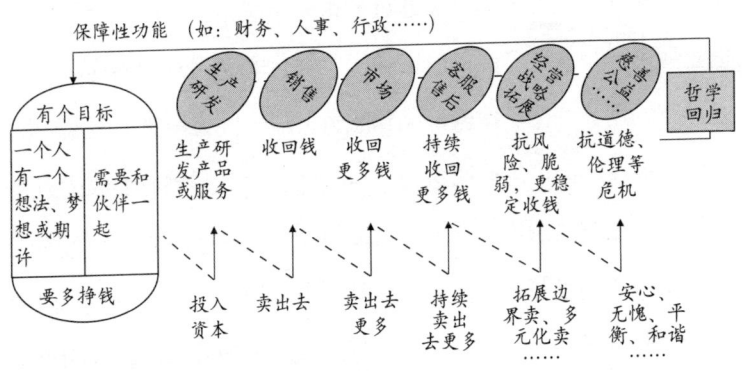

图 7 静态下的企业锯形结构

可以做到。以前店后厂为例,这种起步阶段的状态在当下乃至未来的服务业或手工制造业或将持续存在,而若要以规模或更多分工协作来实现目标,则需要不同专业及技艺精湛的伙伴一起投入资本来产出产品或提供服务。这种资本的投入包含了原始资金、外围资源(基础关系、准许资格等)、专业的技能技术技艺等,其中任何一项若优于市场便可奠定起初的成功。这几者在不同时期稀缺程度不尽相同,20世纪80年代资金相对稀缺得多,后期外围资源则处于持续的相对稀缺状态,发展到如今专业的技能技术技艺的稀缺则凸显出来,任何一种优于市场的稀缺资本都会构成核心竞争力,这种竞争力终将以规模、成本、速度、优质的服务体验等来实现初步优胜,同时也能对后续发展实现目标起到决定性作用。

资本投入后,企业经过或长或短的周期研发生产出产品或服务,这些有形或无形的产品通过销售渠道卖出去形成现金流后,企业会进一步优化产品的研发输出,强化既定目标的实现,而后通过市场用户使用、体验产品和服务,群体间会渐进形成某一认知,这种认知以产品或服务为原点扩散、交互影响并形成某些共识,当认知或共识不断叠加并持续传播时,品牌渐渐形成。为了将更多的产品或服务卖出去链接到更多的用户,企业在这一自然生长过程中多会主动选择强化品牌以吸引更多人购买,收回更多的钱以支撑这种扩张中的循环。无论这一强化是基于产品的某一特性还是基于受众群体或其他,其依目标指向所要形成的规模生产和规模销售的逻辑与初衷不变,与此同时,企业内也产生了市场部门的概念或市场营销的概念。

在过去30余年中,这一过程多属于被动式的品牌力加强过程,从无实体到有实体,从有实体到大实体,从无品牌到构建塑造品牌,被动式的品牌力加强符合企业的生命周期曲线和扩张成长逻辑,同时也适应信息相对滞后的外围环境。当外围环境发生变化,特别是信息媒介愈加发达时,这一被动的品牌强化则变得更加主动并以逆周期状提前向市场用户曝光和植入。

无论哪一种品牌强化方式,当信息介入市场后均存在相应的削弱力量,这种削弱力量一方面来自用户的自反馈和认知传播或群体间的共识影响,另一方面来自竞争品牌的主动削弱,当市场中越来越多的产品被用户购买、体验,随之而来的是越来越多的用户反馈，无论这些反馈是好评还是差评抑或其他需求，要将这些信息及时准确并有效地处理应用，必须由专门的人或组织、团队来完成，从而出现服务部门如客服部、售后部等。这类部门的设置除符合用户需求和法规之外，对企业内部经营而言则是持续不断提升品牌力的最便捷有效的途径，因产品一系列使用体验而产生的市场削弱信息被快速合并处理后，品牌便成为产品或服务持续优化升级的下一动力，同时也产生了迭新的品牌强化因子，当这种不断削弱和不断加强形成正循环后，方可足够支撑图7中"持续卖出去更多、持续收回更多钱"的需要，进而使企业处于越来越优的迭代发展状态。

投入资本产出产品市场份额扩张最大化占有，从图7锯形结构中看这一过程相对静态且呈现出单一、单向逻辑，而实际管理中这一过程则是动态的且有许多交叉，特别是在品牌力加强方面，产品流动于市场，后续各环节也会相应而出，但整体因果逻辑并不会有太大改变。若逆锯形结构或逆周期排列这一顺序，如在未投入资本产出产品或服务前，投入资本进行品牌认知渲染，以饥饿营销为例，这一做法虽有将认知前置、销量增长曲线缩短、份额提前释放诸多好处，但同时也会将后段各环节前置，还需强有力甚至趋于多元完美的产品来填补先期植入的认知需求。在这一过程中，因各环节前置所耗费的资源与填补产品及诸多功能所耗费的资源，若得不到市场需求的稳定支撑以及用户的良好反馈、认知、共识的维系，多会因内外资源的交替浪费损耗（如各环节的工作开展均需占用一定资源，最直接的便是资金，当出现一环节否定另一环节时，则导致资源反复重置需求，进而导致资源浪费和损耗）和能力的短缺造成极大的资源效率损伤，这种损伤更多体现在资金成本和庞大的运营成本上，而由这些所合成的规模性破坏力（内部目标分歧、能力短缺、团队合力以及外部反馈、认知等），往往会导致颠覆性的后果，这一后果如若不是由当事人、组织或企业承担，往往会转嫁到他者身上。

产品形成过程中出现的生产研发组织体，被称为生产部或研发部，销售环节形成销售部，因品牌传播等需要形成市场部，为解决用户体验、后续顾虑和担忧成立服务部门，如上所述，这一看似静态设置在现实中却多有交叉或叠替，其初始的、整体的、唯一的目标不会因不同组织或部门的设置而发生改变，各人员、组织、部门的以"为许许多多的客户提供最优质和最低使用成本的产品或服务"导向不变，基于这一原则和共同目标导向，各部门间因分工协同所需完成的子目标方有存在意义。现实中，冗余的规则、互不衔接的制度流程、管理者的个人行为习惯偏好等，造成部门脱离目标主轴，导致部门间的极大冲突，这种冲突在滞后了整体目标完成进度的同时也造成了内部资源及社会资源的浪费。于短期而言，这种浪费并无太大影响，且阻碍看似无足轻重，但于长期而言，这种浪费可削弱企业竞争力，如无持续外来或内生更强大的优势力量对冲，这种对竞争力的削弱会在技术、规模、资源等各方优势降低到市场临界点或客户认知底线的临界值时被市场的其他竞争者取代。基于企业管理过程中内部复杂的客观微观影响，这种削弱虽不能以准确数据量化体现，但于现实案例和企业内部员工感知、体验而言，这种削弱的力量一直都在。

企业像成长中的小孩，一旦行走便很难停下来，直到不得已的终点。无论这段预设的路是长还是短，无论是基于何种战略目标开始行走，走着走着均会走出预想。当企业沿着"为客户提供最优质和最低使用成本的产品或服务"的主轴线不断前行，当持续的市场增长、份额增加、受众扩充接近最大临界，其所提供的服务或产品也随之面临临界并需要突破边界，此时便有了明显的经营战略取向。<u>战略取向决定着资源配置最优和资源利用效率最大化程度，也决定着第一段路程企业所累积的资源是否能够持续稳定延展到未来的空间</u>。同前述一样，当资源以突破边界状态延展时，除战略目标取向外，还有至关重要的能力和文化影响，这种拓展会附带着能力的边界拓展，无论基于管理能力还是技术性能力，其对资源利用效率的发挥均有着决定性的增强和削弱作用。文化影响则接近于对市场用户认知的影响，这种或许局域性或许针对性的认知影响均可成为品牌认知，品牌认知又可反向作用于资源配置合成输出后的效果。战略环节意义主要在于资源配置或资源在某个环节输入时的取舍，也同前述生产、研发、销售、市场、服务环节一样可逆向前置，但前置基本拘囿于假设之中，如同开篇所提，即使知道未来如何，当下怎么做依然不变，这种前置和假设随着动态的发展走势和逻辑相应发生些许变化以达到阶段最优的发展状态。在企业生存之初的阶段，<u>企业存在的基础并未主要依附于战略层面或资源配置层面，核心因素依然围绕产品或服务</u>，只有良好的体验和认知形成并进而影响市场份额不断扩充达到或趋于市场动态平衡时，<u>基于战略的资源配置对企业现有资源效率的进一步提升才会起到增量式作用</u>，如图8所示。

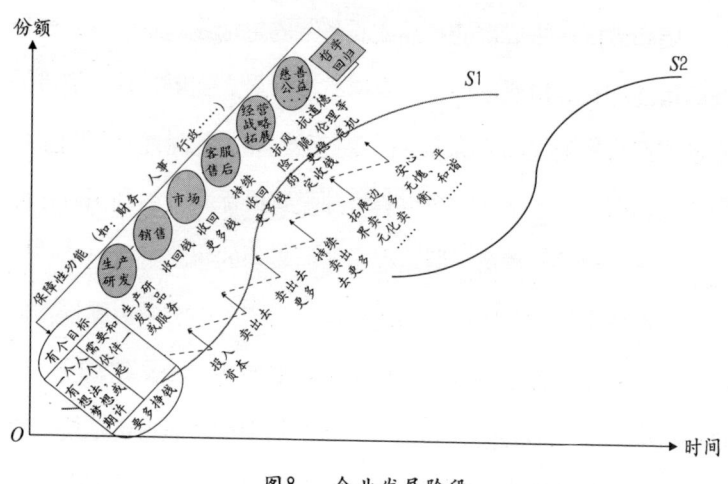

图8　企业发展阶段

将企业发展曲线和锯形结构合成，图8中 S1 曲线与锯形结构为随着企业发展过程呈现出的规律性结构，显然上升期间为用户提供良好的产品或服务这一目标是核心首要目标，并且伴随在管理的各个动作中。随着时间的推移，当这种产品和服务足够持续稳定并形成稳定的共识性的市场认知后，要将现有资源进行持续增量式效率提升、效用发挥，战略取向便发挥着至关重要的作用，于是便有S2曲线出现的最佳节点，虽然这一节点可提前、推后、并行或不存在，但就整体资源利用效率而言，进入成熟期后进行更有效的、持续的资源重组和配置显得极为必要。同时，<u>企业和企业家也不能仅仅因为物质金钱上的富足而停滞资源的持续增效，若辅以更深远广义的战略措施，将资源利用和发挥推向更高阶段，则是资源最本质的价值所在</u>。

随着时间推移，企业持续成长发展的过程也是从业人员、行业、社会的持续成长、成熟与发展的过程。企业家作为初始推动者同样适用于这一过程，从起点突破每一道坎和难题，每一次问题的解决均累积着一份经验，每一次机会、每一个时段习得的方法、技巧、知识和灵感均累积着心态的成熟与认知的扩充，每个产品、每个区域份额的增长亦累积了资本的厚度、资源广度与深度。当企业逐步成长发展至成熟期，品牌也渐进至稳定的认知阶段，此时有了较稳定的市场占有份额、稳定的利润区间、稳定的现金流量和稳定的团队，这一阶段对于品牌的维护能力也多于品牌传播和认知渲染能力。基于品牌制造者、生产者（实为产品制造生产者）对企业自身的认知以及品牌于公众的认知，特别是品牌在市场处于规模优势之后或成为市场份额第一或前几名，企业长时间处于领先位置并对社会资源长期占用之后，对社会的回馈和对用户的反哺程度更易引起社会当下群体共识的道德评价。

这种评价如若没有强有力的产品支撑多会引起较大的市场波动，更有甚者，某种产品或服务的市场份额一旦扩大，在后续发展过程中会引起价值观、道德以及伦理危机，特别是以食品、智能机器、生物科技等为主营的企业。这个阶段企业在持续经营与社会认知及道德伦理之间的平衡、和谐则成为品牌维护的最主要的内容，也成为资源利用、经营管理能力提升的最主要的方向。

除此之外，<u>企业家或核心团队随着企业的成长，心态与认知也渐进成熟，在获得基础物质满足后，对身、心、灵更高层面的需求也愈加突出</u>。这种突出和需求并非无病呻吟，而是一种自我边界的拓展，当边界困住张力，无疑压制了可推动企业更好发展和利用资源的能力。这种突破往往会通过社会公益或慈善取得平衡，这种平衡既有助于企业的良性发展，又有助于当事者对组织健康的影响。

除企业家与社会取得平衡和谐、品牌于内外的平衡和谐外，企业内全体工作人员对企业和产品的认知对整体品牌口碑持续维持也有着决定性的作用，这种决定性作用的效力多受企业文化影响，包括员工行为习惯、员工自我认知、员工对企业价值观的担当维护、员工对管理信念的追求、员工对行为方式与准则的恪守等。这种认知随着企业的持续发展壮大，随着企业持续的资源规模占有和人才的聚集会显得愈加需要和愈加长效。这种意识、思维、认知的中心也需要一种平衡和和谐，这个时候以创始人为首的企业多会进行自我哲学的回归,这种回归以回报、付出、价值观塑造、人格修为、仁义礼、社会贡献、归朴等来获得,同时企业或营运组织体也需要这种哲学的回归,回归在某种边界左右,守界并不断拓展边界。

虽然图 7 未能体现企业维持运营所需的其他部门,如人事、财务、行政等,但这些部门均发挥了决定性的保障作用,主要体现在两个方面——资源配置和资源效率发挥保障。配置体现在输入、调配、输出。人事部门作为人力资源构建应用发挥组织,核心功能是对能力资源进行配置与发挥,从人才团队的组建、筛选、培养、发挥利用等各方面进行集约并运用于各要素资源,从而形成各要素资源于各环节所形成的成果加总。除常规性人力资源配置功能外,人事部门的功能更多体现在能力资源保障方面,如现有能力组建、能力培养、未来能力构建等,既涉及个体也涉及组织整体,同时还要为能力资源发挥提供基础性保障,如为薪酬和激励等提供最优措施。

作为基础保障性的功能职能组织,财务部门除在资源配置中发挥作用外,在资源利用、资源效率发挥等资源评价方面也起着重要作用,主要体现在资源损耗、资源效率、资源增值方面。企业管理运营远非资金单一要素驱动,需要全要素加总(可统称为资源),其损耗主要体现在成本、费用、物品损耗方面,如折旧、资产减值、货损、期间费用等;资源效率则体现为净资产收益率、营业利润率、净利润率、周转率等；资源增值则多体现为资产增长率、净利润、每股收益等。每当不同个体或不同个体所组成的组织体进行生产、运维，伴随而来的便是不同程度的资源损耗，资源不同程度损耗下亦将发挥出不同的效率进而产生不同的结果，随着市场人口产品等红利的不同阶段，资源会显出不尽相同的重要性，但于企业生存发展的任一阶段，企业如何将资源利用效率发挥到最大的追求自始至终是管理的核心，同时也是企业于社会环境中不断替代和淘汰的本质。

5 价值链反向所促进的集约

小时候我常坐在院子里玩耍，我的快乐就是我的快乐，一墙之内便是世界。长大后院子没变，但院子外面还有一个院子，这个院子好像是每一个人的世界，世界的快乐似乎更像是自己的快乐，从而一墙之内你的快乐不再单单是你的快乐。

信息的流通对社会的改变超出个体的预料，相对于 20 世纪 70 年代，这种改变将企业从静态的环境投掷到一个越来越动态的环境，动态环境中流动着的信息、知识、数据、画面、气味、氛围等反向影响着每个静态个体、单体。这种反向对企业的研发和生产产生了很大的影响，将传统意识中相对正向的、静态的创新、创造、探索、开发变得更加动态，研发和生产更加受外界影响，更加会因外界而改变，也更加会因外界而逆转。

信息互联互通时代或万物互联时代所引发的改变引导企业的研发生产更多地聚焦于用户需求的改变和需求的快速变换上，相应也给企业带来了快速满足这些需求所需要的能力，这一改变更促使企业在市场中快节奏地产生或快节奏地清出。带来的改变不仅限于此，需求改变引发了需求供给能力的改变，供给能力进一步对资源配给产生影响，当调配资源的方式和能力集合、发挥、利用的方式发生改变后,企业目标设定及实现路径亦会相应发生改变,这不仅带来了外在的变化,更多的是带来了企业内在的改变与变化,即:如何适应这种逆向?这一变化促使组织体的结构、过去的流程(如研发生产路径)、制度、组织文化氛围、领导风格、组织行为等方面均做出相应的响应。如果将这种因外部各因变量改变所导致的内部各自变量改变视为反向,那么因外部自变量改变所产生的影响以致内部因变量不断改变便可视为正向。这些反向虽与以往习惯的正向有一定的抗逆性,但若习惯融入,反向则又变为另一种正向。这是一种认识的过渡和转变,同时也是一种价值链的渐变或逆变。这种价值链的变化如图9、图10所示。

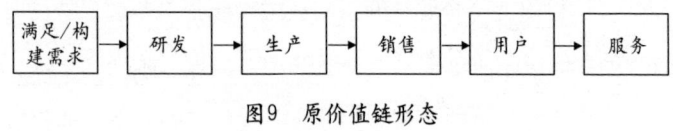

图9　原价值链形态

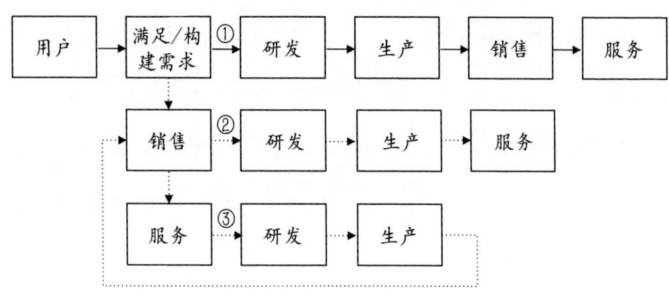

图10　新价值链形态

环境的变化带来了信息接收处理交互方式的变化,进而带来了价值链与原有对应的反向。在图 9 中，基于外部和内部生产环境，企业往往需要对客户的需求进行定义、假设、评审后方可进入研发、测样、销售等环节。这种价值链下，研发生产处于价值链的前端，用户处于价值链的后端，内部各分工部门处于价值链的中段。在市场波动下，前端受后端影响具有延迟性或滞后性，同时也易导致研发失败或失效，即使有内部能力弥合（如事前潜在失效模式及后果分析），也难免出现较大损失或资源浪费情况。用户作为单体受群体影响，群体受单体影响，行为受动机影响，动机受规则、利弊等一系列需求影响，从而使需求始终处于动态变化之中。这种动态驱使产品不断迭新，同时驱使服务不断迭新，进而推动组织和社会的整体演进，诸多的影响因素因信息互通互联，用户相关反应及需求同时以打破时间与空间的方式前置，从而使影响的滞后性逐渐弱化直至影响越来越同步，甚至这种影响被放得越来越大。信息前置和屏障透明并不局限于理念，相伴的是企业经营策略、资源（如资金、人力）等各方面的前置，这一点在 2012 年起"互联网+"风向下被启动了开端，如造手机前先采集用户需求数据并销售而后再制造。在前置或同置的状态下，"用户—研发生产—市场"相互影响和变化，这种影响变化对静态状态下的知识累积和资源现状形成极大的挑战，甚至致使原有产品失去市场，大如曾经的手机巨头摩托罗拉、诺基亚，小如街头小店。

如图 10 所示，当用户前置时，可能引发后续价值链的传导影响或改变，在诸多用户作为市场体被前置时，相应需求被集合、分析后，更易有效地、快速地、直接地被企业采纳，这种集合如以大数据方式处理（集合用户购买商品时在网上进行对比、选择、留言、个性需求标签等信息）可变为最有效的需求，更甚者，或可省去正向价值链下的市场调查、试用等所耗的资金、时间、人力等大量成本。

用户和需求的前置所引起的价值链反向，对研发、销售、生产、服务等各环节均产生影响，在商业模式被不断深入研究、拓展、运用的环境下，这种影响可引起销售前置、服务前置、市场前置等顺应改变，如图 10 中的①②③或更多路径。反向和前置带来了更灵活的资源配置方式和更高的资源配置效率，因为需要适应于目的和目标需求，这种配置发生的反向使资源利用也大不同于正向常态，如：正向价值链下的"研发—宣传—售卖"转变为"宣传—售卖—研发"或"售卖—宣传—研发"等状态。资源利用的反向带来了资源利用效率的提高，这一提高首当其冲便体现于市场需求信息的处理上。

这种软需求相较于正向静态下的单一化、规模化的物质硬件需求，在普遍性、基础性需求满足之上显得举足轻重，如图 11 所示。

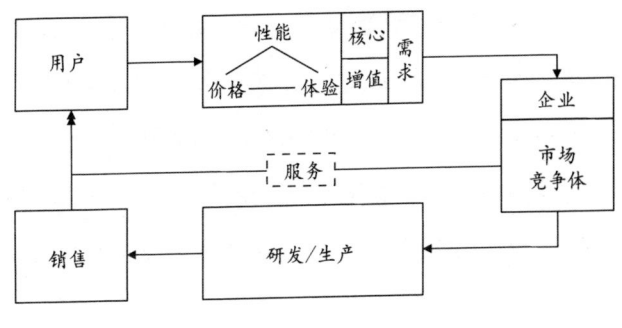

图11　新价值链结构

反向和前置并不利于企业获得垄断，这相较于正向价值链下企业通过规模化、低成本、垄断来占有市场优势而言，显得更加有利于社会资源利用和高效配置，同时也极有利于节省企业资源不必要的损耗，进而提高企业资源利用效率的提高。在正向相对静态的生产供给环境中，企业多是优先投入固定资产、固定人力、固定设备，同时在大需求背景下进行大生产、大供给。这种"大"体现为单一、数量多、集中。当企业明显的生产属性在反向价值链条中向服务性属性过渡时，便出现个性化需求、定制化生产和定向性供给，这种小而繁多的状态使企业资源投入相对更加不固定、易变、更小、更快、更便捷。

在图11中，用户的需求以某种形式聚合传递，这种需求可以产品或服务性能、功能、体验、价格等需求集合后输入企业或市场，企业可直接与用户进行服务功能的对接和满足，同时可调配资源研发、生产，调配人力智力协同。这一过程不同于正向价

57

值链中基于能力或经验的预测而过早地准备或过后延滞，企业可在正常周期或更短周期内研发，同时又可恰逢其时地进行外部资源对接，特别是在生产资料或资金等各方面对接，不限于自有资源匹配。在将市场资源提前提取、获取、导入的过程中，价值链前置更易激活内部市场资源，从而使内外部资源匹配与协同更加高效。

在此之所以称为内部市场资源是相对于正向静态环境下，内部分工体之间也相互形成供需关系，这种供需状态在没有清晰导向时，所形成的合力往往难以达到最大频振，从而使资源利用效率异常低下。反向价值链下的资源利用也相应变得反向，这种反向在动态和交互作用下使各企业硬软资源交汇时发挥出最大的效率。以汽车行业为例进行简述，如图12所示。

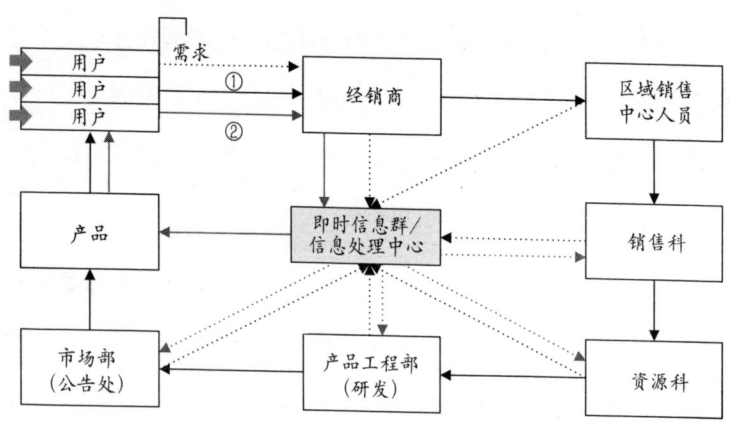

图12　汽车制造业新价值链下的协作结构示例

汽车公告是国家对进入市场的车辆实行的一种标准性规范管理。如图12所示，汽车公司对用户的需求处理通常遵循路径①，即各地经销商收集用户需求，由经销商把用户需求传递给区域销售中心人员，再传递给销售科，再传给资源科，由资源科进行整体评估、评审，再传递给产品研发部，而后经由公告处进行公告，已公告的车辆方可进入市场满足客户需要。这一路径在正向价值链下合情合理且不可省略、逾越，但会导致信息传递滞后，导致投于市场的公告车辆难以被不同区域、不同参数需求的大量客户接受。若再进行公告申请则需回到原路径，需求信息经单向层层传递后进入各部门或责任环节，经处理输出的需求也均发生不同程度的诉求衰弱，同时对可最大化调取利用的资源进行适当、中等或最小化调取利用，从而事常做、问题常在、常相报怨却常常无法解决类似问题。这种问题出现的根源在于未能基于市场需求调整正向价值链循环过程，当环境与客户需求变化时，<u>用户和需求环节被市场前置，但公司流程、决策权限、资源并未随之相应前置</u>，如此便出现极大的资源损耗和资源利用效率低下情况。

当前置的需求信息以"即时信息群/信息处理中心"进行处理，成员由各相关人员组成，便出现图12的路径②，迅速将价值链反向重置，即使一时企业决策权属关系未随之改变（这种权属关系转变或倾斜在资源流程环节进行详述），但信息流会在瞬间随之改变，如市场中的用户对产品有各种需求反馈，无论反馈给哪一部门，其传递路径均会缩短，同时解决这一需求所需的资源可快速得到最大化的响应和协调、协同,从而使客户信息资源在内外对接中衰减最小、内部资源利用时损耗最小、时间最短、效用最大和效率最高。这一过程对资源的利用是反向的,这种反向在信息资源传入企业内部被提取利用时,可形成量化的、明确的、具有时限要求的派生资源诉求,同时很难出现因其他协同部门诉求而被衰弱的现象。

价值链的反向敲开了企业内部资源利用局限的大门,动态和需求信息的前置或者因人与人之间的互联互通、人与市场间的互联互通、人与物间的互联互通、物与物间的互联互通,而产生极大的价值链重塑作用,以使企业的各相关上下游关系变得更加密切并竞合。这种反向的变化盘活了资源调配和利用,拓展了资源调配和利用的边界,从而使得研发和生产的边界得到拓展。这种拓展的针对性、即时性、明晰性让分工配合更加高效、协同和紧密,也打破了部门被强化分工的限制。如果内部资源和外部资源的对接、调取、利用能使企业更加便捷、快速、高效地运用各种资源进行生产运营,从而带来更大的收益,那么域内市场与域外市场在市场全球化、信息全球化下,资源配置和利用的全球化需求更是拓展了这种边界,而这种边界的打破和循入常规,资源利用的反向也会随之渐进到阶段性正向。研发生产价值链的反向重置带来的资源利用反向(一者侧找寻一者侧对接)使能力的匹配和拓展也发生反向。能力的匹配不仅限于企业内部能力的运用,更适用于企业外部能力的寻找与运用,这种反向符合资源利用效率最大化的需求，同时也为企业人才能力的需求和培养带来了挑战。

从锯形结构的目标和梦想开始，想法付诸行动，实物产品及服务性产品便占据了所有的行程，也成为所有工作、组织行为与管理动作的核心。每一个动作均需要人员来完成，完成的过程伴随着能力的发挥，这之间隐含了能力的需求。在研发生产过程中，如从市场调研、需求分析开始，均需要工作人员具有专业能力，选择什么样的样本、如何进行功能定位、如何进行人群细分、如何进行行为特征分析、如何设计问卷、如何对采集到的信息输出以及输出什么样的成果，这之间或者由一个团队执行完成或者由不同团队、不同组织、内外之间配合完成，每一个环节形成一种能力纵向的需要。诸如此者，进行产品线规划、任务书制订、立项、概念评审、成本核算、绩效制订、建模、制样、产品开发、货架管理、风险管理、绩效管理、质量检验、产品测试等一系列动作，每个动作单元同样形成一种能力纵向，这种能力纵向在以独立、协作方式进行分工并执行的同时，为企业提出了集合、培养、拓展三方面的能力管理需求。从概念到最终市场的投放这一需求在价值链反向和资源利用的反向作用下，使能力利用和拓展也呈现出一定的反向，这种反向既因价值链反向作用同时也因社会极具细化的分工趋向作用所致。

<u>价值链的反向使能力的调取、利用打破了常规顺位、顺序性</u>，如调研和需求集合路径缩短，评审环节时间缩短，质量提升等。

61

因社会极具细化的分工趋向对企业组织能力的需求和发挥产生两面性，一方面加强了不同价值链上的内外资源匹配和协作，特别是组织间能力资源的匹配对接，另一方面也让企业自身某单元能力纵向发挥得更深、更精、更能接入外围资源市场。能力的反向加强提高了个体能力的发挥，同时更提高了组织能力发挥所产生的效用。例如，当市场需求准确对接输入对应职能或人员，其可选工具、方法以及解决问题步骤不会因多级传递效率低下或滞后延迟，这让企业在能力利用、培养上也更加清晰，从而使以人为核心要素的逻辑行为方式转变为以能力为核心要素的逻辑行为方式。用户和社会人文环境等对企业研发生产从弱相关转变为反向价值链下的强相关，便大大减少了资源的不必要浪费，从而使企业在能力响应上更加快速、同频、高效。图13可以进一步说明这一点。

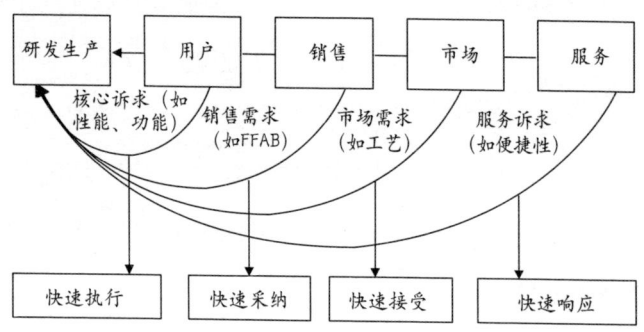

图13 反向价值链下的部门能力集约协同

在反向价值链下，用户需求信息可快速集合并输入给研发生产职能主体，同时销售方的销售需求如FFAB、市场方的市场需求如工艺理念、服务方的服务诉求如便捷性等同时集合传递，当这些信息资源输入后，研发生产单位在后续计划动作中，对资源调配和实现各方需求所需的能力调配均会更加集约，这对某一信息单向传递所造成的重复、缺失和资源浪费会有极大改善。同时，这种集约性在动态的市场环境下对企业处理市场波动起到提前储备能力资源并培育核心竞争优势的作用。当用户核心诉求不以正向价值链方式传递时，信息衰减情况减少、研发生产职能主体可快速执行，企业可大大减少市场用户资源衰减以及相应带来的品牌力衰减或商誉衰减。同样，销售基于用户、市场、竞品提出需求，市场以用户行为特征、需求预测、文化环境等综合因素提出需求，服务以客户服务便捷等提出需求，不同需求更全面地在同一时间集合，这些需求会更加直接、有效和准确，其聚合产生的集约效应使处理问题的先后性、可行性、有效性提高。能力利用和拓展的反向于内部更加趋向各人员、职能方的协同和契合，于外部则更趋向嫁接、链接或对接，这种效应不仅提升了能力资源的利用效率，同时也提升了能力和速度，组织的研发生产及运营能力也在反向推动下变得更加集约。

价值链的反向动态变化给企业战略目标或销售目标同样带来反向变化。这一点和拉动生产（丰田JIT模式）不同，虽拉动生产模式也体现了反向性，体现了资源集约利用高效率的特点，但当企业以销售为主体进行销量任务制订并由此推及生产、配料、零部件、成本核算、资金设备等配置时,又夹带着正向价值链流程,这一流程在销售计划、经销商管理、渠道库存方面体现得尤为明显。基于信息互联背景和趋势而进行的更理想的假设是,企业需研发生产一种产品,这种产品先有明确的市场需求而后再进行定位、功能设计。如市场份额为 M,以现有状态、竞争体或相对预期进行计算,可取得份额($N\%$)区间值和购买率($X\%$)或成交率,则得到区间某销量 $M \times N\% \times X\%$。基于这一较精准销量区间做成本核算、收益率预估和平衡点计算便可相对准确,进而可进行各资源配置与能力匹配,如是否进行固定资产购买或租赁、确定流动资产配比及周期长短要求等。虽然现在看这是一种完全没有资源占有背景和能力现状的理想流程,但就实际市场发展趋势而言,这种做法会变得越来越容易和准确。<u>这种价值链的反向带来的生产销售数量的反向让企业决策变得更加科学和准确,同时对企业家和各职能人员的时间、精力、关注点、聚焦点也分配得更加高效合理。</u>再以互联网销售渠道下的生产个体为例,一小农庄在插秧时将生产信息前置,开放网络预订,并在过程中动态传递作物培育生长状况,从育苗到成长到成熟期间不断累积订单,农庄主便可准确分配用于生产或销售的时间和精力,若订单量消化了产量,他便可拓展生产或进行其他作业,如此一来,在生产环节就完成了大部分原有静态价值链环节的工作,这对其时间、精力以及各环节所需资金等资源均形成集约。次年,农庄主可依据浏览量和订单量或询问量和订单量来决策是否扩产，同时再以扩产多少进行资源（如田地、肥料、养护人员等）匹配。这样的反向价值链，以快速、便捷、透明等优势形成了所有资源的有效集约，从而使整个价值链携带的所有资源均发挥出集约优势。

研发生产的实质是供给，反向研发生产和运营同样具有这样的属性，供给于市场的不仅仅是产品本身，更多的是一种便捷、安全和美好体验，这种体验以不断的动态变化环境形成不断动态变化的需求，波动越大动态变化的频率越快，对满足这种需求的要求越高，越高的需求同样意味着越高的资源配置速度和能力匹配速度，这两者以其集约程度决定着企业整体竞争能力的高低和强弱。价值链反向、用户需求前置，需求变得繁多，从而使分工更加细化和复杂，分工的细化是资源效率不断提升的需求和形式化体现，这种体现对价值链的反向以及动态变化形成互为因果的促进作用，促使企业研发生产、供给方式及内容亦不断改变。其传导路径为价值链因需求改变而改变，需求改变使需求方式改变、需求传导路径改变，企业的供给方式改变，供给方式的改变使研发生产的方式改变、运营结构和模式改变、管理方式方法改变、企业所有资源和能力配置方式改变，企业面对这种改变均需及时进行运营和管理的革新，且这种革新需求和动力不能以一时旧有阻力或阶段满足间断或停止。

6 销售能力的约束所牵引的集约

法无常法，水无常形，我们每天都在走路，即使走原路也不会重复昨天的脚印。销售亦然，自以物易物到市镇集市到市场到综合卖场到商业 MALL 到互联网平台到物联网情境购物，销售的属性以及相关的理念、方法、工具、理论、思想……的变化从未停止。随着需求和整体市场环境的变化，销售形式和方式随之不断迭代变化。例如，销售形式包括直接形式和间接形式，直接形式有直销、网销、工厂直营等，间接形式有代理、渠道等，如图14所示。

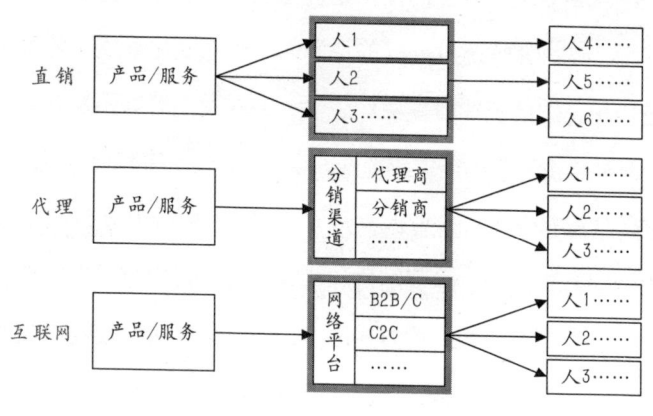

图14　销售形式

图14列有常规的直接销售和间接销售的几种不同表现形式。

直销通常以一个人为会员再进行下一级会员的资格拓展或产品销售，如从人1、人2、人3等分别拓展到人4、人5、人6等下一级会员或消费群体，理论上以指数形式进行市场扩张，实际亦可发生降幂情况，特别是在产品或品牌危机期间。直销方式中无论哪一级的会员，每个人均是用户和消费者，同时又是市场开拓者，在发展下一级会员时，上一级会员充当了市场中信任的媒介，下一级因为人际交往过程中原有累积的对上一级的信任感或者其他关系需求，接受上一级传递的信息，但在交易实际发生之前未能进行产品信任层面的体验，所以下一级并不是出于产品信任直接购买该产品，如此购买便融合了其他信任，若上一级会员的信任媒介作用失效或者信任度下降，则其市场拓展效力或市场销售能力也将下降。

在代理销售形式中，产品或服务通过分销渠道中的代理商、分销商等代理机构出售，每个代理商或分销商常处某一区域、影响某一区域人群，定点销售产品给不同的用户。这个处于某一区域的代理商或分销商因当地熟人关系或因地理位置或因硬软件资源投入等使人1、人2、人3等不断购买，人际关系、地理位置、硬软件资源等便构成了信任媒介，从而推动购买和交易的发生。

在以互联网为代表的网络销售模式中，产品或服务通过网络平台以B2B、B2C、C2C、O2O等形式销售，从而使人1、人2、人3等不断购买，这种购买可能来自对平台本身的信任、对平台规则的信任、对平台服务内容的信任或对平台中交互动态信息的信任等，但依然没有脱离信任这一无形的媒介。<u>信任形成过程中所产生的成本，会变成购买产品过程中所要付出的代价和成本，这种成本多以金钱、时间、边际、间接等形式动态呈现</u>。如果基于平台口碑评价购买某产品，评价的集成信息推动决策形成，这一购买决策付出的成本除平台费用外还有时间、对比分析以及自己购买后的评价等。互联网销售形式形成了人人喂食和人人取食的循环，这种循环使收获和付出不断交融集合，从而使整体购买成本下降或为购买信任付出的成本下降，在改善信任环境的同时也改变了原有的价值链条，如前述研发生产中的反向价值链的形成。

　　无论是直销、代理、互联网或其他销售形式，如图14中灰色方框里的部分，均代表并充当了信任媒介，这种媒介作用并不会因为销售方式的改变而消失，但会因为销售方式的改变而发挥不同的效用，特别是在组织销售能力的改变上体现得尤为明显，如互联网在信息获取成本、便捷性、用户覆盖面积等方面的影响。销售形式会改变组织的销售能力，基于信任而发生的交易同时意味着基于信任的销售能力，信任越大销售能力越强，信任越小销售能力越弱。销售工具、渠道、平台等糅合一起的销售形式逻辑如图15所示。

　　售卖与购买因信任而起，同时受信任关系约束，这种信任分别附于产品代表方的个人、产品或服务、企业知名度或品牌知名

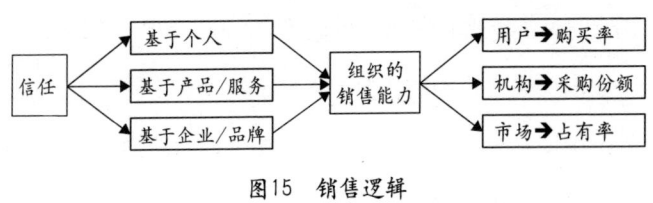

图15 销售逻辑

度、组织机制或者其他信任媒介,在不同占比之下形成组织的销售能力。这种销售能力因各作用因素相辅相成综合而成,各因素都发挥其影响力,如当销售代表没有信誉或和用户构建不起信任关系时,随之而来的是组织销售能力的衰弱;当产品性能达不到用户要求时,组织销售能力便降低;品牌在某一区域处于劣势,组织销售能力亦会相应降低,形成正相关关系。当每个信任介质达到最优状态时,则形成合成优势和集约效果,这便要求产品代表方的专业能力提升、信任关系塑造能力提升、产品性能满足、服务价值最大化、品牌形象维护等全方位的优势合成和集约,企业和个人需要以明确的全方位集约意识进行产品销售。<u>当优势经集约形成最强最大的组织销售能力,则对企业决策、预测、资源配置等各方面形成正向影响,若将这种销售能力体现于市场,则有图15中几种可以衡量的体现方式:基于最终利基群体中用户的购买率或复购率、基于机构的采购份额或配额、基于市场整体的占有率等。</u>

组织销售能力约束着企业的销量,也约束着企业的扩张或收缩,扩张和收缩背后则为销售能力对资源的反向约束,这主要为:

销量增大时，市场需求增加，企业需扩大投入和生产以满足需求，这时企业需要投入更多的资金、人员、机器、工具、土地房屋等一系列资源要素来满足需求的扩大，相反，当能力不足反向制约时，相应资源也随之受到反向制约，如图16所示。

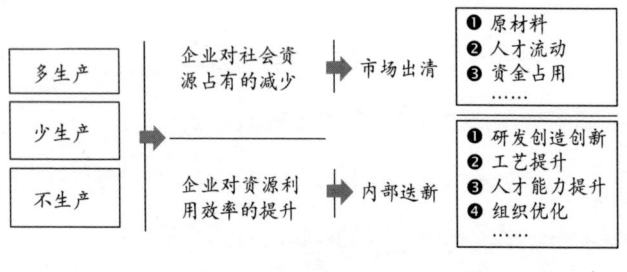

图16 销售的约束逻辑

如上，组织销售能力反映于销量，反映于生产供给，从而形成企业在投产或提供服务时决定多生产、少生产或不生产。若因为组织销售能力原因需要少生产或不生产，则导致减少对原材料的利用、企业信贷资源的占有，以及人才因市场竞争者的需要而流出等现象，如此，企业对社会资源的占有呈萎缩状态，当处于临界时，则企业被市场清出，这一清出同样符合社会整体资源利用效率提升的需求。企业若要改变这状态，便要提升利用资源的效率，这一提升需求反向传导给组织内部各集约职能、部门和人员，便出现各模块变化需求，如：研发生产方面的创造创新、产品工艺功能性能方面的提升、人才能力的提升、组织结构的优化、制度体系的迭代等。

能力对一系列资源约束的传导点或中心多是销售目标，在静态正向销售体系下，企业多以销售目标为先决条件进行资源配置并逐级推进销售进度，过程中如进行阶段调整会有季度、半年度等，如不进行调整，则需要持续稳定的销售能力来匹配。这与动态反向的销售体系不同，反向销售体系以销售能力的逐级提升来确定并不断完成销售目标，因这一体系需要薪酬、培训和激励体系等相互配合来确保顺利执行，故相较静态正向销售体系管理需要更加系统和协同集约。尽管多数企业未能实现或执行反向销售体系，但其混合方式多见于日常管理，如月例会中对销量目标进度和差距的分析，同时对差距原因进行挖掘定位，找出关键问题和关键员工，再对员工进行相关能力的培训辅导，从而使整体能力短板不断得以弥补等。从"销售额＝市场额 × 占有率"构成销售收入来看，若市场扩大、需求不断增加，即使企业销售能力不提升，在市场自然增长下，企业销售额或营业收入仍然会有所提升。如改革开放40年，中国内需得以很大释放，带来的市场红利使企业最初无须提升组织销售能力仍能够实现销售额不同程度的增长。<u>当市场或行业未能扩张，需求维持常态或下降，则企业不得不提升组织销售能力</u>。这一诉求便对企业提出三个要求，如下所述。

①尊重市场，即尊重市场规律。因行业规律、环境和周期等原因引起市场变化时，企业作为市场环境中的组织单元体也要做出相应的改变，因需求和价值链改变必须对能力或资源配置进行

改变。②尊重用户，即尊重用户需求。如前文所述，需求总会发生动态变化，同时会带来价值链变化，从而企业在获取需求、分析需求、利用需求和满足需求等方面的方式、方法、策略上均须做出对应改变。③尊重员工，即尊重组织能力。尊重组织员工能力成长与发挥需要。

本节将简述第三点尊重员工。员工能力并非生而俱有，也并非完全匹配满足才能供职于某一企业。每个企业对员工能力均有不同的要求，除行业或基础资源、技能、知识外，还因企业文化、组织环境、组织行为等不同而存在其他潜在的能力要求。如不考虑这些因素，即使某一员工进入企业时技能高超、资源丰富、能力超众，也不一定能完全发挥作用。这便要求企业无论何时、面对何人都要承担能力培养与塑造职责。而多数中小企业因自然生长，显然缺失这一职责。以销售能力为例，如产品、品牌等不对销量形成制约，则组织销售能力在销量、营业额方面会面临极大的挑战，这便要求企业在销售能力方面投入足够的重视，培养并激励组织销售能力的持续提升。

培养可从三个方面进行。①专业知识，主要包括产品知识、性能、参数、部件、构成、交互话术等。②行业常识与见识，包括竞品情况、行业标准、区域差异、行业趋势、行业环境等。③个人专业素养，包括沟通交流、聆听、协调、谈判、分析能力等。任何一个方面的提升既来自内力的牵引如兴趣、勤奋，也来自外力的推动如学习、培训、训练。个体能力影响着组织销售能力，组织销售能力影响着整个企业销售或战略，这种影响从微观到宏观无处不在。能力提升是常态下对能力边界的一种拓展，也是对社会需求的一种拓展。例如，当销售人员只承担单向的销售角色，无法提取、传递、挖掘用户或社会的新需求，便无法引导产品或行业的革新，更无法拓展社会需求，这种拓展归其根本为能力的拓展、能力边界的拓展。

组织销售能力对企业销售的约束伴于销售管理者对销售组织的管理或企业发展的每个阶段和过程，而任一过程和阶段均以信任为核心宗旨，在此基础之上衍生的销售形式、销售方式、销售组织结构等只要满足销售目标的实现和完成、满足企业销售能力集约优势和发挥，则其就是核心的核心。在企业经营环境发生动态变化时（如用户需求改变），销售能力亦会相应发生动态变化，这种变化并不以经营信念或管理者的信心而逆转，当销售能力对生产要素资源、用户资源构成重要约束时，改变这种约束便是销售能力改变中的第一能力提升诉求，也是所有管理动作和资源进行集约的核心触点。通过这种集约再延伸至组织能力的提升与拓展，从而由外向内、由内向外形成互动、补充和促进，将企业收益目标、战略目标或整体资源利用效率发挥到最大化，这是一种变化的逻辑，也是不变的逻辑（这种逻辑的内在是生产信任的能力，外在是组织销售能力）。

7 市场部门职能所需要的集约

倘若你不懂艺术，不知道达·芬奇不认识毕加索，你便无法分辨哪幅画好哪幅画美，好于何处，美在哪儿。金子珍贵是因为人们都说金子珍贵，这就像别人都说某人好，于是我们便觉得其人不坏。这并不是因为个人的鉴别能力、见识、目光、认知有问题，而是因为认知多是环境中整体认知的一部分。整体认知虽由个体认知构成，却又无时无刻不影响个体认知，无论这种影响是正反馈正循环还是负反馈负循环，都对企业和产品以及品牌有着极大的影响。市场职能部门以平衡市场认知来取得市场职能所具备的功能，这种平衡在于市场职能将用户认知放大扩散，形成正循环和正影响，促使产品引起更多人的兴趣、引发更多人购买、产生更多人的体验与认知，从而形成市场认知。这种平衡在对销量形成直接影响的同时，对企业内部研发生产、组织协作均能起到效率提升作用。同时，这种平衡亦存在反向状态，如用户认知、市场认知大于企业内部满足能力，市场职能部门同样存在这种平衡功能。用图17进一步阐明。

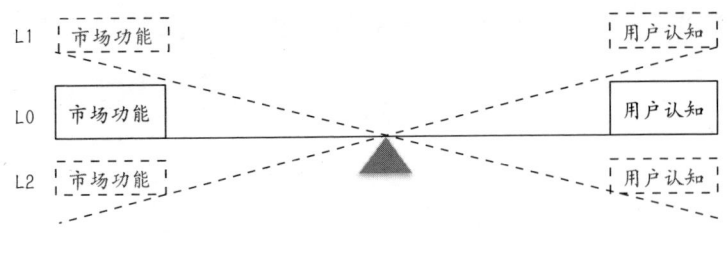

图17 市场部门的职能

L0 处于平衡的状态,若用此状态来表示分工部门的功能存在,基于产品功能、性能和体验等实际情况,用户认知应该是实事求是地贴近产品或服务现状,但通常这一状态并不会出现,经常出现的是 L1 和 L2 的状态。市场信息传递的通畅程度、用户情绪变化、竞争对手的渲染、产品或服务本身不稳定变化等往往会打破这一平衡,从而出现用户认知低于平衡状态或高于平衡状态。例如,互联网 O2O 模式下的网评,总会出现一部分好评一部分差评,差评或由于产品、服务本身的不稳定、或来自恶意评价,但总会出现一个基准平衡线,如满意度和好评度分别为 95% 和 85%,当人员流动、服务变动、硬件审美疲劳或出现替换、损坏影响体验时,这一平衡线则上下波动。相较静态或前述正向价值链下的用户认知,互联网评论代表的用户认知更能贴近产品或服务的实际体验,静态下的口碑传播和群体影响带来的波动更大。当用户认知形成市场认知时,对企业来说这便是一个事实,它不以信念的坚守而改变,只会因适时满足用户的需求变化而改变。除此之外,还能发挥作用的便是市场功能,它可以在用户认知偏离时以适当的形式、方式、方法正向或反向使用户认知更贴近产品或服务本身，更利于企业运营发展，这一功能便是市场部门的职能所在。

以市场部门总的职能论，如锯形结构中让产品卖出去更多，要满足这一需求可再分为关系链接和关系塑造。关系链接是让产品和用户之间的关系从无变为有，从素不相识变为相识、相知；关系塑造则几乎伴随着客户全生命周期（基于客户使用和服务需求的周期）或产品全生命周期，这一过程也演化细分出了品牌策划管理、产品定位、市场营销等一系列子课题。同时，关系链接和关系塑造不仅局限于市场功能或职能体与用户、市场间的关系，更深一层则为企业产品或服务与用户、市场间的关系，市场职能部门在这一过程中仅仅行使了集约式的代表权利。于是这便要求，<u>市场职能部门除对外关系链接和塑造外还需对内进行关系链接和塑造，进行信息输入和输出，以使内外信息直接关联方充分对接和补合</u>，而非单一单向独立行事。

关系链接的过程是产生认知的过程，如上文所述，这种认知从一个人、两个人……到一个区域、一个市场进行累积、交流、传播、融合，从而形成某种品牌的认知：好的、坏的、差的、中端的、低档的、奢侈的、华而不实的……<u>企业总会和客户不断链接，无论是已有产品还是未上市的新产品、无论是已有客户还是潜在用户，当要进行准确链接并且准确传递恰当符合需要的信息时，企业便不得不细分客户、细分市场或定位市场。</u>

这一细分可基于同一属性、同一类别、同一需求、同一特征等，例如按以下特性细分：①基本特征，如年龄、性别、婚姻状态、收入、职业、行业、学历等。②社交形态，如同学、同事、同乡、同好等。③购买行为特征，如随众、对比分析后理性选择、情感型、视觉型、杠杆消费等。④兴趣爱好，如文学、经济、政治、心灵等。⑤生活形态，如居住圈、娱乐购物圈等。⑥信仰偏好，如宗教、党派等。

因群体性特质进行群体细分，同时进行群体定位进而探索某种共同的需求以形成产品供给或服务供给，这种供给有同一性（亦可理解为基本性生理、安全等需求）也有非同一性和多样性，如吃饭每个人均需要，而网游则只有部分需求。在同一性需求下，群体动态需求会派生出多样性需求，如不同菜系。非同一性和多样性需求则在社会环境变化（如技术、文化等）推动下持续不断衍生出新的需求，因持续的变化这种需求持续地推动新经济形式产生和组织不断繁衍变化。无论是同一性需求还是非同一性需求，需求并不是一成不变的，群体样本的基本特征、社交形式、兴趣爱好、生活形态、信仰偏好等亦不会一成不变，这便要求企业在满足用户需求时要更多关注新生需求和新变化。在前述反向价值链下，这一变化频率相较静态正向价值链会快很多，如汽车从20世纪90年代的"三年一小改五年一大改"的变化频率到如今每年一小改，服装业则更加明显。

企业满足需求和引领需求的过程，是企业持续进行市场细分和用户画像的过程，也是不断培养塑造用户认知的过程。以图18进行说明。

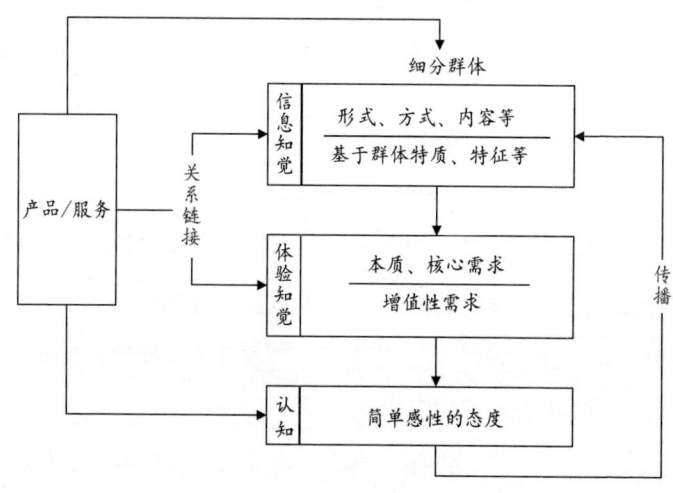

图18　用户关系链接

当产品或服务投于市场时，会以多种方式与用户接触，这种接触或者来自亲身体验或者来自某媒介的传播，如广播、媒体、他人口碑等。<u>任一信息知觉引起体验后加之以需求契合程度和体验后的整体评估会形成某种认知，这种认知在用户大脑的选择性工作机制下通常会以简单感性的态度、情绪、情感等输出给他人或市场</u>，比如"这个东西很不错""哪里哪里如何""什么地方好"等。这些感性的态度同样会引起细分群体选择性的知觉，进一步形成的体验和感知不断输出，当这种认知持续输出并稳定后便成了品牌认知。

在反向价值链下，企业通常会在用户亲身体验前进行信息知觉链接，基于细分群体的特质、特征投放形象设计、包装、性能、声音、画面等信息，形成一定映象和感知，如以挑战不可能、挑战自己的画面来宣传登山服装等。这种预先性的知觉链接会在产品或服务的属性、企业资源、市场普遍认知、用户核心需求等约束下产生不同程度的必要性。例如，对一个馒头，市场用户有共识性认知，便不需要过多地进行信息知觉链接；对一瓶辣椒，用户核心需求为辣、香、卫生，无论企业如何进行文化、兴趣等信息知觉链接，也不会引起用户很强的增值性需求。这便要求企业研发生产产品或进行体验链接时需处理好核心需求和增值性需求的关系。再如，对于电饭煲，用户的核心需求为结实耐用、不粘锅、煮饭糯香，而增值性需求则因群体不同有较大差异，年轻用户喜欢有定时功能或无线控制功能的电饭煲，老年用户需要简单或具有简单的智能化功能的电饭煲，年轻白领喜欢带有预约功能的电饭煲，喜欢养生的用户喜欢能煲汤的电饭煲等。若电饭煲的同一性需求结实耐用、不粘锅、煮饭糯香得到满足，多样性需求又可满足时，用户的认知输出则为"真的很不错……"。在核心需求上不断叠加增值性需求，便可使更多的用户需求得以满足。当核心需求无法得到满足时，满足增值性需求反会破坏整体认知，这种破坏力远大于增值性需求不能满足时的破坏力。

不同企业可选择不同程度的信息知觉链接和体验知觉链接，前者大后者小，或后者大前者小，都能形成不同认知。任何一种关系链接均需满足本质、核心需求，同时也要辐射增值性需求。这种增值性需求因社会变化（如时代审美趋向、科技进步、个性扩张等）不断演进、不断细分，从而企业在应对时需选择不同方式，如在核心需求上进行增值性需求叠加或创立不同子品牌等。在信息愈加互联互通的趋势下，增值性需求愈加多样、传递速度愈加快捷，需求收集整合方式因大数据和智能科技等亦愈加高效，这便使得关系链接更快、认知形成更快、认知传播更快，同样也使认知反转更快。例如，在互联网销售形式下，体验知觉并不需要用户亲自进行，看看其他人的评论便可形成一定的认知，某一核心需求评论不好，便破坏了选择意向，这种破坏面更大更广同时具有不可挽回性。相较静态价值链下的认知传播和反转，信息互联互通时代下的认知反转更具有规模性和破坏性，这使企业在用户关系塑造方面不得不付出更多的资源和能力进行应对。

在关系链接的过程中用户形成对产品或服务组织或品牌的认知，这种认知或来自产品本身、或来自体验、或来自市场普遍反馈、群体性认知等，这种认知并非一成不变，在反向价值链下，用户权利（知情、人文、法律意识等）持续扩张、信息传递速度持续快捷、信息整合能力持续提升，加之用户在群体性认知下的心理变量（社会环境、贫富差距等蝴蝶效应），使得企业须在关系链接过程中持续进行关系塑造以营造出相对稳定的、利于产品和服务销售的外部环境，进而避免因环境大幅波动带来的内部资源损耗。以图19进一步说明。

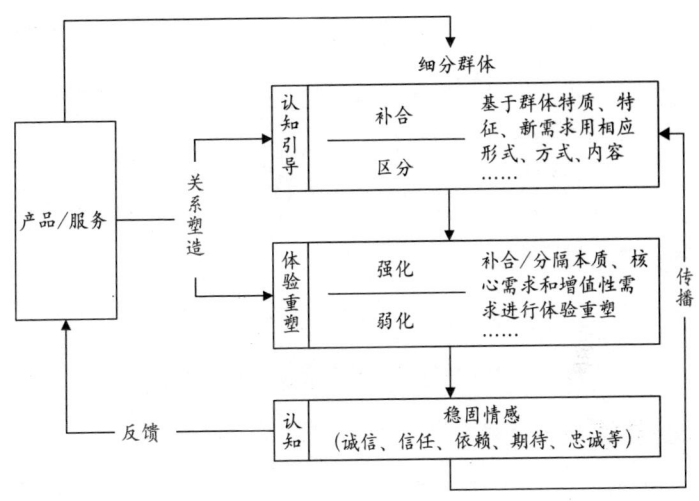

图19 用户关系塑造

关系链接的同时也是关系塑造的开始，或者在反向价值链下同时开始，当产品或服务相关信息输入市场、链接客户并形成一定知觉时，认知随之开始，同时因认知的片面性或信息的片面性，这种认知并不准确客观，纠偏则需要企业在这一过程中随着信息传递能够及时收集反馈或客户认知，并对其整合和分析，整理并区分其中放大的、缩小的、误解的、传讹的、偏狭的等信息，通过帕累托最优排序，找出首要须解决的问题，再基于细分群体特征进行相应内容、形式、方式的认知引导。如品牌识别问题，要考虑是否进行多界面、多层次识别或以品牌符号引导方式解决。

性能困惑问题则需要区分困惑的原因,是对技术或功能常识的认知不足还是技术或功能本身存在隐忧,从而以不同方式解决。

<u>在进行认知引导时,对基于现有认知的"简单感性的态度"需要分析原因,以便找出最合适的解决方式,如进行认知补合,将认知不足、缺失的地方进行深入的说明或剖析</u>。当出现偷换概念或概念不清问题时,需要先区分再解决,如过去不好不代表现在不好等。补合和区分可一定程度稳固"简单感性的态度"波动,从而一定程度减小影响范围,这对关系塑造的影响虽然微观,但不可置之不理,当某种偏狭性认知形成并稳固后,要再进行整体改变将需要付出非常大的代价和成本。如某区域某产品 5 年前市场占有率第一,而其中一代产品因性能问题导致用户大规模报怨,形成了负面认知共鸣,5 年中,产品已替换过几代,但过去的市场认知依然存在,从而导致长时间接连亏损。

在对用户的关系塑造中,"认知引导"举措常常比较微观,而"体验重塑"举措会显得更加细微,它通常会出现于个体、小范围、单一组织体。极具差异和个性化的问题需要企业以同样的形式进行关系塑造,这既是对认知引导的一种补充,也是维护群体认知相对稳定或影响群体认知的最直接有效方式。例如,当用户在体验过程中给出体验不佳的综合反馈,企业须以补合或分隔的方式对核心需求和增值性需求分别强化或弱化,如强化品牌、弱化产品,强化性能、弱化功能,强化服务、弱化使用感受等。

相关案例如企业砸冰箱、烧皮鞋等并不少见。关系塑造除对企业和品牌的认知产生影响外，亦对企业的文化、价值观或组织道德产生影响，这种塑造的认知同用户长期关系链接产生的认知一起形成新的认知，这种认知相较关系链接时的认知更加稳定而富有情感，包括企业或组织的诚信认知、信任依附、技术的依赖、创新创造的试用和期待、基于传播和消费频次的态度忠诚或行为忠诚……

<u>企业是一辆奔跑着的车，停下了不仅会被别的车超越，更或无路可走</u>。当市场部门以卖出去更多产品为中心进行运作，便发挥了探路和拓路的作用，这种作用让企业更能抵御未知的风险、更能抢占市场先机、更能助益企业资源效率的最大化。企业始终需要市场认知和关系塑造的职能，而这一职能无论是主动关系塑造的体现还是被动关系塑造的体现，其在企业与用户长久持续的关系链接中，最终会形成某种阶段性的"稳固的感情"。这种感情既影响用户群体认知又会对企业内部研发、生产、销售、服务等一系列资源运用形成约束，这种约束会让所有资源进行更深意义上的集约，特别当互联网和信息互联互通异常发达，企业在这种环境中，因为市场职能需要所带来的集约运营管理需求更不可忽视，同时这种集约约束后的结果会再次改变市场认知和用户关系，同时也会改变企业内部关系。在信息快速传递和需求以及需求周期快速变动的环境中，除关系链接、关系塑造、满足需求之外，

83

同时进行的信息资源的整合、反馈、预测也尤为重要,这便要求市场职能作为中间环节必须将各种约束性的资源进行集约,以免对接效率、效用低下致使内外环境发生大幅波动。如何将这一集约变得常规并且标准化以便利用效率最大,将在后续"管理的右侧"章节中进一步阐述。

8　服务中的行为满足要达到的集约

若没有什么可以天长地久，相较花言巧语、假情伪意，最好的莫过于恰逢其需的默默给予。在转身拾手之间，于起身抬步之后，你没有顾虑，没有恐惧，安然而放心，你来过似乎你没来过，你需要似乎你并不知道，就像回了趟家，虽不知道次数，总觉得在身边就好。

有企业告诉我，他们的服务人员每天必须面带微笑向客户行礼问好，但客户的满意度总是不高。我问："累吗？"企业回应："挺累，服务顾问、服务经理总干不久，干不好。"这是能力问题吗？不是。这是事情没有做吗？做了。这是没有做好吗？还可以……中小企业用100%努力依然很难将服务做好，大型企业许多时候搞得更糟。

意识、制度、行为规范在服务中是基础性要求，服务过程中对客户需求的功能性满足企业同样可以做到，如果服务还没有做好，并非客户挑剔抑或客户诉求太多，而是需求在变，客户需求所对应的行为诉求在变。这一过程中，企业多是满足了功能性的服务给予或态度需求，并没有满足用户行为性（如行为的前后次序、便捷程度、时间、必要性等）的诉求，这便影响到服务体验感知的好坏，进而影响到服务满意度的高低，再进而影响企业与客户间的关系、客户认知、品牌传播、销售、研发、生产，以致一系列内外部企业效率的发挥。

在静态正向价值链下，企业服务及服务内容相对单一和固定，而在动态反向价值链下，需求空间更大、更具多样性，正向静态时多局限于客服部门或售后部门，反向动态时则会关联于整个服务价值链上，包括销售环节、市场推广环节、现场购买体验环节、使用环节、售后维修维护环节等。不同环节因情境和行为需求发生变化而派生出不仅局限于产品或服务本身的更多需求，以致企业必须将服务内容和服务行为扩张并细化为每一环节的行为需求，从而达到行为满足，这种满足既体现在客户购买、体验和使用过程中的行为需要，也体现于客户的意识需要，尽管这种需要有时连客户自身都不容易察觉，但在其潜意识或潜在行为中，则会显得非常合乎逻辑。例如，男士并不知道自己需要面膜，之前也无使用习惯，但使用之后发现有效果并将其作为日常护肤品，这种需求则显得不可缺失。这种现象在餐饮服务业中会相当普遍，排队等待时，你也许会想如果有个椅子坐下来会更好，但你并不会想到要有一盒瓜子或一副扑克，而当服务商提供后，你发现在吃瓜子和同伴聊天过程中，时间过得更快，心情也更舒畅，不会因等待而烦闷焦躁，当三五好友一副扑克乐在其中时，也没有了无聊报怨。满足行为的过程也相应满足了情绪、态度或意识等更高层面的需求，这对客户而言，在感知、认知和关系塑造上并没有增加过多的负担和付出，对企业而言，在提供服务资源上则打破了静态和低效的制约。企业如何在态度满足和行为满足之间进行服务价值链的设计并匹配服务资源，从而形成最优最集约的效果，通过图20简述。

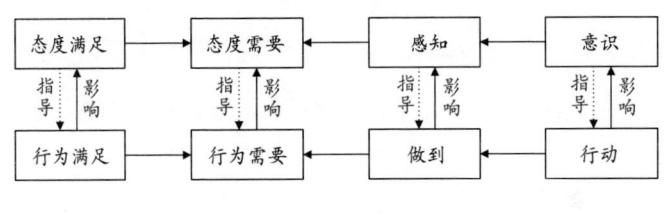

图20　行为满足关系

相较行为满足，企业更容易理解态度满足，核心的如微笑、不发火、不顶撞、不发泄情绪等，或者再扩展到行为举止规范、标准，而对行为过程中的动态需求或情境需求则会以态度性的、原则性的规范和标准来要求执行并达到令客户满意的状态。显然这种要求单向且无法均衡满足客户需求，如部分客户需要企业态度好，需要企业说到承诺到，而部分客户则看重实际服务内容或产品本质，对态度性的承诺和语言性的满足并不完全信任，更多的是看企业的具体行为表现，这便导致部分人感知良好，部分人并不完全买账。例如，当你去一家餐厅吃饭，老板和店员服务态度良好，无论从语言、语气还是行为方式、礼仪举止等均让人觉得无可挑剔，离开后你也许还会向朋友称赞这家餐厅服务态度好，但这并不代表你会经常光顾，这很有可能是因为这家餐厅食物的味道一般，相较思想层面，实际层面的满足其实尤为重要。这便需要企业在服务过程中若以满意度为导向，便必须考虑客户的行为需要。企业必须在行为发生的过程中进行行为满足，行为满足要求企业必须从说到变为做到，从理念和意识上的感知转化为实际行为满足的体验，前者在意识、思维层面，后者在行动、触觉等感知层面。行为、动作、实际体验等往往会影响意识，让意识得到扩展、融合或迭代，这就如跑步导致意志坚强和意志坚强对行为的指导约束一样。

<u>企业的服务行动或服务行为会影响服务意识，同时会影响客户在意识层面的服务体验和满意度，这种意识反馈和企业自身的意识认知同样会反方向指导服务行动的展开</u>。这样的行为动作付诸实践后很快会被客户感知，这种感知同样会很快映射到企业服务部门或人员身上，形成服务提供者的感知，当企业从说到变为做到，从意识层面转变到行动层面，既满足了客户的态度需要，也满足了客户的行为需要，而与之对应的便是服务提供者对被服务者的态度满足和行为满足，这两者互为需求和供给关系，同时又相互影响，<u>相较态度层面的满意，行为层面的满意更具有支持性和向上的渗透性</u>，从而便要求两者很好地匹配和兼容，以使动作既能满足实际核心需要，又能满足相关的增值性需要。行动实践又能被用户区分和感知，并贴近企业文化、制度约束或能力诉求，进而影响用户关系中简单感性态度的形成，以增进品牌美誉或忠诚。这便为行为动作设计和需求的匹配提出很大的挑战，因

其相较理念意识层面的设计难度更大，更耗费直接资源，需要企业从服务价值链角度和客户行为角度进行深入区分研究和设计。<u>若企业是基于服务意识、服务价值链、客户行为等设计一系列服务内容的，这些内容必定会呈现于某些环节，这些环节是局限的还是全域的均可引起不同的满意度</u>，同样，这些内容是否满足客户行为需要会引起不同的满意度，而与行为需要的贴合程度或服务质量亦能引起不同的满意度，但这均不影响是否需要进行行为需要的服务设计。

例如，从某商店买一盒花茶，你的核心需求是茶的质量要好，具体表现为对口感、色泽、外形的需求，当一手交钱一手拿货，是否服务结束了？原则上讲，在交易过程中，服务人员所提供的咨询、解说甚至品尝均是对客户行为需要的满足，交易结束后，基于双方各处不同空间，亦不留存联系方式，相互交集也至此中断，那么，这是否意味着服务也由此中断？是否意味着客户的行为需要也由此中断？有些需要也许你并不会思考，但并不代表你不需要，如若打开包装后发现装茶的袋子不是自封口，剪一个小口取用后，剩下茶叶易受潮或生虫，这时你发现盒子里还有一个小夹子可用来封住开口，商家这个细节安排满足了顾客的行为需要，你顿觉体验良好。茶并没有喝完，所以服务也限于打开或封上，而当茶用完后，你要丢掉罐子，这时发现罐子里还封了一颗种子和种植说明，同时罐子底部还封有一个小孔，打开小孔便可取土种上种子，如此便又增加了一次体验。这相较丢掉罐子或将罐子闲置，更能满足部分客户的潜在行为需要。<u>交易结束后的这段服务会在产品使用过程中产生实际行为需要</u>，虽然商家未直接参与<u>这段服务，但客户会感知到这种服务的存在和必要性，从而对企业产生更深的信任</u>。将此例用图21进行说明。

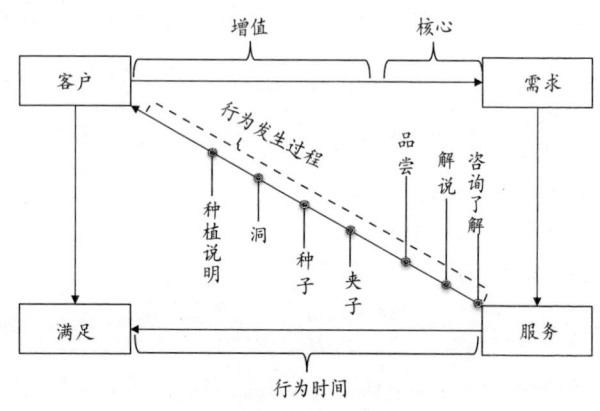

图21　行为满足示例

毫无疑问，客户需要一盒花茶，商家既可以只满足核心需求，也可以同时满足隐含的行为需求。在静态服务价值链中，隐含的需求若发生，通常由客户主动提出服务需求，再由服务或售后部门解决，显然客户的直接需求为解决某问题，而在被动服务过程中企业多会强加给客户一些不必要的流程，这些单向流程多会造成更多潜在成本或资源浪费，若再将这种需求从服务内容扩展到心理、态度层面，多数情况下会引起更大的矛盾冲突。<u>客户需要好的产品或服务，同时更需要产品或服务在使用过程中不会给他们带来过多的麻烦和时间精力的损耗，这便要求企业须将被动、</u>

单向、集中的服务资源同行为发生过程和行为持续时间进行结合并动态匹配。

以锯形结构中的"持续卖出去更多""让更多人购买更多的频次"为服务目标，这种功能除市场认知外更是给用户建立某种安全感，让这种安全感服务于全过程，并在此基础之上进行其他关系认知的塑造，从而可形成企业独特的服务体系，这种服务体系既要满足用户核心需求又须尽可能满足用户行为需求，将这种关系简化，便如图22所示。

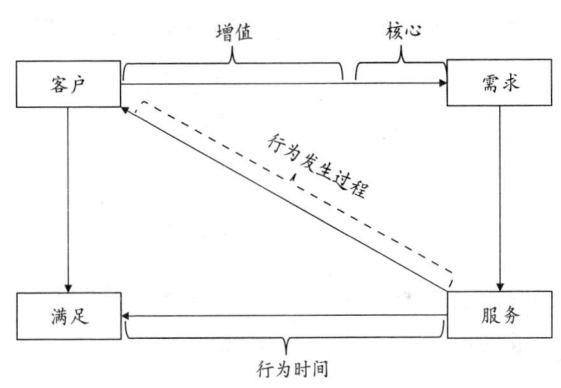

图22 行为满足结构

客户基于使用产品或服务过程中伴随的需求，需要企业或组织持续提供满足这种需求的服务，就服务本身而言客户更关注的是是否可以获得"满足"，这种"满足"也是企业服务的最终导向，在服务行为发生过程中，这种满足通过不同节点的行为需要和伴随着行为发生的心理需要进行感知累积，最终形成"满足"的状态，这一"满足"持续于整个行为时间,从而为企业提供了服务的空间,也为企业服务过程中的不足提供了弥补的空间。

相较态度需要,行为需要在实际生活中会更加动态,这种动态随着社会人文环境、科技环境、产品服务使用情境等会发生较大变化。例如,面对单一部门事务办理窗口,民众觉得耗时、耗力、流程烦琐,随之出现了市民大厅,以平台式、流水式、集约式的方式提供一揽子服务,不仅提升办事效率,同时也打破了长期窗口权威封闭环境造成的心理反感,满足了透明、高效、态度好的需求。再如,海底捞餐厅为排队顾客提供擦鞋服务、为小孩子提供玩乐场所或玩具、为用餐顾客提供表演等,这些对行为需求的满足体现了企业及组织的服务能力。

如何基于行为需求进行服务能力构建,如下简述。

服务原则:①用户需要的是直接解决问题而非繁多的服务流程。②用户想得到的是满足而非固定的服务方式和内容。③用户不愿耗费时间和精力。④用户不愿隐私被侵扰。⑤用户不愿与服务者产生过多的交际关系。

需求构建:①基于群体特征的洞察和分析。这种洞察和分析既基于过去行为演变,又基于行为现状分析,更基于行为发展探知,这一点在信息时代大数据集成智能分析技术下操作更加便捷。②基于客户反馈的改善。这种反馈包括回应投诉、回访、采访等形式。将所有信息分类并以行为次序排序,从而得出整体优化方案,如服务过程中的行为问题、服务内容的标准问题、烦琐的流程问题、态度问题、内容实用性问题、服务内容质量问题等，如此一来，便得出关键行为环节和关键行为环节客户的主要诉求。

资源匹配、试行并进行服务潜值分析：将现有服务资源和服务效率、效果梳理作为尺度进行新服务价值链下的资源匹配和成本核算；试行并进行反馈记录分析；衡量潜值，如满意率、消费频次、单客产值、获客成本曲线等。以儿童辅导为例，当家长送孩子参加课外学习时，其直接需求为巩固提升成绩，而学校为孩子提供的核心服务主要为上课，但上课和家长所期望的成绩巩固提升结果之间还存在一定的时间距离，那么要满足行为需求需要这样做：①入学能力评测，为家长分析孩子的强弱项，并提供学习期间习惯养成和互动如赞扬、交流、聆听等。②阶段知识点掌握提升比较。③过程中以即时通信方式互动学习情景、学习表现和提升情况。④期间学习结果评测，呼应前者强弱项对比分析。⑤后续学习指引方案。这是新东方的一种教学服务方式，以动态且符合孩子行为需要、家长行为需要的服务内容设计为学生提供全程学习方案，从而取得学生成绩巩固和提升，同时也最大程度满足了家长在服务进行过程中的各环节行为需要，得到了家长们很大的认可和很高的满意度。

<u>企业对用户行为满足的过程也是一种反向的资源匹配过程，同时更是一种资源利用效率最大化的过程</u>，这个过程以资源效用

和效果最大化为目标进行所有管理措施的集约，前者包括在服务人员安排、服务热线设置、服务材料库存流转、服务流程、组织结构、服务管理费用等方面的高效匹配和集约利用，后者如价值挖掘、需求获取、关系塑造等方面的集约价值发挥。以一种习惯的、不侵扰的、舒适的状态伴于客户左右，如此一来不用刻意想起也不曾相忘，在需要的时候出现于眼前，一个取一个予，恰到好处。这是一种关系间的平衡，在不受供给限制需求多元的时代，这种平衡的关系更具有可持续发展的效用，同时也是企业发展过程中不断进行集约管理措施的轴心。

显然，企业中的每一个职能和岗位均是为了分工，这种分工带来高效的资源利用和充分的能力发挥，为企业的发展注入了持续不间断的力量，然而每个部门的存在并不是为了将分工分得更加彻底，亦不是为了部门自身的单方面的完美和高效，而是为了企业共同的目标，以此为起点，进行信息交互传递、资源传递、能力匹配，相互促进和影响，并以此为终点，形成最优的优势合成和集约效应，从而实现效益最大，这是部门职能存在的最核心必要，也是管理的最核心要务。

第三章

10元

9 TAR

你见过相同的鞋子，但见不到相同的脚！企业就像那双脚，尽管使用的管理方法和工具是相同的，但穿上鞋后足部舒适程度却各不相同，人可以不穿鞋子走路，但企业不能不用优秀的管理方法和工具。管理方法、工具会为企业带来优秀的能力。优秀的能力在企业中以集成的、分散的、显性的、隐形的、宏观的、微观的力量存在于每一个角落。这既是工具也是技巧、方法、理论、模型、工艺；既体现于个人，也体现于团队和组织。当能力和资源相遇时，它们便发生"化学作用"，产生各异的结果。管理过程中的每一个结果均由不同员工所代表的不同能力发挥所致，这种能力发挥受外力影响，同时也受内在因素和内外环境因素影响，如将沸水置于寒地，冻结也需时间，寒冰放于炎热之处，融化也非顷刻之事。

如前所述，规则会导致动机的改变，而动机会在个体知觉或不知觉间改变行为方式，从而便影响了能力的发挥和能力的效用。一如制度影响，包括制度对人员能动性的限制、制度所引起的应激反应等；二如烦琐的流程，原本签一个字，审批一次便可以结束，当签字三五次或审批环节更多时，即使积极也会变得消极；三如标准衔接，当一件事、一个部件从上一个环节、工序流入本环节、工序时，15mm 标准的要求总是出现 14.5mm 结果，便可能导致将错就错、返工浪费或消极应对；四如威权管理方式、坏情绪、指责、埋怨；五如企业管理人员自私自利、多疑寡义……六如组织风气不正、氛围不佳……

当一切信息、资本、工具、材料、人力等综合资源要素聚合并施于人、施于每一个工作情境和过程时，其所带规则或潜规则均会影响效用和效率，这种影响看似于资源本身，实则被以人为中心的利用者或承载者本身所左右，而后又反之施以影响，对资源效用最大化和资源效率最大化的发挥有着乘数影响，这种乘数影响可被视为能力杠杆。

企业必须强化能力大小和能力杠杆作用，通过寻求能力最大化来实现资源利用效率最大化，尽管这一理念被人所知，但当运用于企业日常经营管理时多被两者本身所困扰，如就招聘而招聘、就战略策划而战略策划、就宣传而宣传、就培训而培训、就研发而研发、就制订制度而制订制度等，因其独立分散致使能力应对分散、能力发挥分散，分散的背后则是，规则对每个人能力发挥的制约或不同能力发挥合成时造成的冲突、叠加或浪费等。一个动作、一件事、一个整体决策、一个企业全盘运营，以何所起？以何为终？以何种方式形成合力？这些问题导致身囿其境者常常走得太忙碌、走得太远而忘记为什么出发。

能力附着于每个人身上，但并不能简单加总，其加总结果也远不等于组织整体能力，这主要源于资源效率发挥的影响因素，而这诸因素又因能力而起，故能力变成了贯穿始终的轴心。每个人均是能力发挥的源头也是组织能力构成的单元，其以经历、经验、技能、性格特质等被企业遴选并准入，随后成为企业人力资源的一分子，在经历岗位技能培训、组织战略需求培训和自我学习后，所增生的每一个细胞都将影响企业能力，但这并不意味着将个人的能力成长视为组织能力成长。当个体能力与个体能力相交互，部门能力与部门能力相交互，部门与职能组织间能力相交互，职能组织与职能组织间能力相交互，所反映出的企业整体能力去除外界不必要因素影响之后，剩下的能力方可被视为企业能力。交互作用便成了能力的关键影响因素，而交互作用既受个体情绪、精神状态、兴趣、意识等因素影响，也受个体与个体间的交际行为方式、沟通方式、交流方式等因素影响，同时还受组织形式、组织结构、组织权属等因素影响，若去除上面所提规则于资源本身带来的影响，这些因素的影响显然更加直接并附于能力本身。

个人对个人、个人对组织、组织对组织，当从点到线再到面进行能力集约、优势合成后，或者能力大于加总或者能力小于加总。例如，小张让小李将销售报表填好送给销售副总张总，销售副总将会以此为依据研讨销售策略，小张负责报表结构、数据合成逻辑，小李负责数据汇总、数据准确性，销售副总则是运用销售报表里的数据进行能力现状分析、产品线分析和市场环境分析。

基于此，总经理方可在研讨和思考后进行一系列资源匹配，如销售政策制订、相关人员招聘计划制订等，当按照措施执行后，次月结果远低于预料，核对发现问题的根源在小李，数据准确性出现了问题。如此，小李的个人能力影响了整个组织的能力，显然这个能力小于正常加总。还有可能的是，出现问题的是小张的数据合成逻辑能力或销售副总的数据分析能力，或者是小张不愿意配合，更或者是销售副总怠于思考、执行等，这些可能均可使组织能力发生改变，这种改变会因合成优势倍增或倍减。

与此同时，能力输出便成为一种资源，这种资源因规则、规范发生效用和利用效率的高低而变化，同时因能力的变化和不同更影响其他资源（如资金、材料、客户等）效用和利用效率的高低。因受技能、技艺、责任心等一系列因素的综合影响，能力本身有大小之分，企业中这些从大到小的能力或者因为本身欠缺，或者因为发挥干扰而产生影响，无论是培养能力抑或提升沟通能力、交流方式等均体现于能力这一范畴，因其根本目的在于能力最大化和能力合成优势最大化。

显然，当需要集约、聚合时，任一能力单项为零均可能导致整体覆盘或整体能力衰减，想要保障最大化的杠杆优势，便需要相得益彰地发挥环境的作用，或者优化硬性环境或者优化软性环境。若要以在相对稳定的环境中形成的良好显性规则或隐性规则为能力发挥提供最优保障，则需要一个常态化、基础性的因素将两者进行聚合并形成正向影响，这一相对稳定且通用的基础性要素可视为目标。

目标是航向，也是一切能力与资源匹配发挥的动力源，当企业因个体聚合为组织并形成某个共同体时，目标便成为共识的主轴，这一主轴不因意见分歧、能力大小、人员多少而改变，从而使企业各分子整体航向一致。当企业制订一个目标后，通常情况下能力发挥往往会超出正常值，这部分超常发挥可被视为能力潜力。能力潜力在明确的指向下伴随着资源的密集高效利用，这种利用因平时不被观察到和自动觉知而无从释放，如现在让你写一篇新闻稿，你会觉得"天呐！我文采不好不会写！"而若告诉你一个小时必须交稿，你会立刻思考怎么写，需要找模板范例，上网搜索如何写开头、中间、结尾……过程中越写越多并私语自己"我怎么这么有才！"在这个过程中，你调动了电脑、笔、隐藏于脑海的词汇和认知，结果是你觉得很不错，比想象得要好。就团队整体而言，个人能力发挥和资源匹配效率则更加明显，如要实现新增营业额××万目标，市场部告诉设计部和采购部需要什么样的包装并开始宣传推广，采购部议价，销售部联络销售渠道和制订销售政策，生产部匹配工艺功能，总经办进行资金预算并制订团队奖励方案，经过快速优势集约，每个个体能力于每个环节均做到了最大最优程度，整体也达了预期目标，这便远远超出了走走看、试试看、能做多少算多少的效果。当目标在每个个体心中集合成整体目标，整体能力的发挥和资源效率的发挥便远远大于个体能力发挥，结果也会出乎个体预料。个体目标在航向一致的情况下可以集成为整体目标，但整体目标并不能自然而然地分解为满足集约要求的个体目标，这便要求目标和能力与资源进行集约，这种集约基于人员能动性通过规则、文化氛围、资源匹配、机制、制度、结构、流程等一切要素发挥作用。<u>企业需要一切有利资源来为目标实现服务，也需要对资源进行约束以使各资源利用最优，还需要将能力发挥到最大来实现资源利用效率、效用最大，更需要将能力发挥到最大来保障目标达成，亦更需要以目标为中心进行资源利用和能力发挥的集约，从而实现企业运行循序迭新、持续前行。</u>以图 23（TAR 结构）为例进行说明。

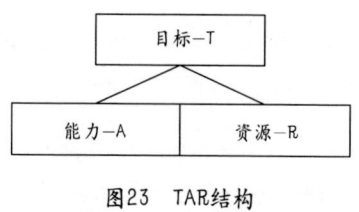

图23　TAR结构

TAR 结构（可取音读"它结构"）可视为元，即所有管理存在的锚或管理变得系统与集约的锚，如企业所拥有的全要素资源、愿景战略经营目标、企业整体运作能力（资源如资本、材料、专利、技术、市场份额、客户保有量、区位、政治等，目标如营业额、市场占有率、净利润等，能力如生产能力、销售能力、研发能力、客服能力等）；这其中能力和资源在不同情境下可相互变换称谓，但实际管理中并不能等同，当且仅当能力稳定并形成正向作用时，是一种人力资源，资源利用效率水平可整体视为企业管理能力。当一个为"本"时可以将另一个作为"标"来解读，一个为"标"时可将另一个作为"本"来诠释，如能力很强时，我们会说那就是人家的核心资源，看到别人有很多资源时，我们会说那也是人家的能力，因其相互呼应，当一个变化时另一个也相应变化。就有形和无形简单而论则较易分别，<u>资源显得更加有形，能力显得更加无形，无形作用于有形时，有形便发生无形的改变，有形作用于无形时，无形亦会发生有形的改变</u>。资源、目标、能力于宏微观处可以情境权变相用，但整体于企业管理中的逻辑主线和效用并不会发生本质改变，简单理解便是在达成目标时，既需要能力保障也需要资源保障，如其中之一不满足时，其有效性便受到影响。通常说达成目标的能力时，这中间以能力为核心却又包含了资源效用发挥因素，通常说达成目标所具备的资源时，这以资源要素为核心同样也包含了能力因素。因能力需要培养并进行优势合成和集约，资源需要约束以发挥效用最大、利用效率最高，本书将于"管理的左侧"和"管理的右侧"章节中分别阐述其实现方法和关键管理要素。

任何动作总会从一个目标开始，为这个目标投入资金、采购原材料、租地、招人，以一种工序或技术来完成产出，投入的资源在能力的发挥下实现变现以完成目标。这一目标的完成过程涉及诸多子目标、细分能力和大小资源投入。在研发时，研发人员需以有效的信息和需求来满足现有市场或未来市场，这种信息的

103

来源和分析便需要能力，因不同的能力，同样的信息资源输入后，其输出结果往往有很大差异。信息在人与人之间交互时被加工、利用和流转，上一个环节输入的信息在下一个环节被利用再产出再输入，达到终点时便收获阶段性目标成果。这个成果以一种资源形式会再次流转到其他职能环节或部门，如产品需要销售到市场，产品需要与客户链接，便需要销售部门以其销售能力进行渠道设计、市场定价、销售策略设计，市场部门则需要运用市场推广能力进行视觉设计、群体定位、多重曝光等。销售部和市场部首先需要资源推动一系列工作开展，除产品本身外，资金、政策、市场资源、媒介资源等同样属于这一范畴，但并非资源具备便可将一切完成，每个部门职能能力的大小会决定资源投入的多少，同时在资源输出的过程中，每个部门职能亦会反向输给其他部门职能或环节资源，如销售部输入给研发部需求参数、市场部输入功能需求或设计需求、市场部输入给销售环节话术要求、销售部输入给市场环节推广人群、标语等。当能力不足时，人力部门便对应能力短板进行内外训以弥补不足，财务部门会进行资金预算以配合激励，总经办会进行人员变动或组织调整等，这一系列操作均伴随着资源输入输出而发生，同时伴随着能力发挥而不断变化调整。<u>目标未完成，或是资源缺失或是能力缺失，而目标完成时，是否存在资源浪费和能力浪费，均是管理中最核心的考量</u>，那么通常最常见的营销管理、市场管理、商业模式、战略管理、执行力、沟通力、领导力、时间管理、财务管理等算管理吗？这些与目标、资源、能力有什么关系呢？

不可否认，任何管理都是管理，或者是一种管理形式，或者是一种管理方法，或者是一种管理分类，当其互为表里时便是一体。TAR 既是一种指向也是细化到每个动作的考量，当每个职能或个人拘囿于事件、而事情本身未将这三者进行串联时，便出现冲突和损耗，如部门墙的存在。当管理的形式、方法、分类以能力发挥于资源并满足于目标实现时，这种能力便冲破了附属不必要考量因素的束缚，如权利、情感、自尊等。同时也强化了能力所要施加和发挥的方向，更要求企业必须致力于这种能力的提升、这种组织能力的提升，以便不断进行并达成最大合成优势。故企业在招聘培训时，其核心是能力建设，是将分散的人力变为资源。当企业在梳理、分析事情来龙去脉时，要确保方法更优、执行更快捷、目标完成更高效等，其核心是为了能力提升以保障资源发挥出最大效用或提升资源利用效率。当企业制订某些规则、流程、标准时，是对资源进行一些约束，确保能力发挥最充分或将资源效用、效率发挥到最大，如此以不同形式体现于事件、时间节点、整体、个体、分析、总结、工具优化运用、模型构建等日常管理各个方面，并集约成整体运营体系或管理系统，这种集约状态和集约程度代表并体现着企业内在核心的竞争力，也不断推动着管理方法、结构、管理形态的演进与变化。

10 目标

你会忘记人生曾走过的很多路程,但并不会忘记某个美好的结果,就像你经常会想得到某个结果,但并不会提前思考该怎么去做。我们总会有目标,我们也总在期盼心中的那个结果,那么简单而明确,从不复杂,从不拐弯抹角,即使我们告诉别人时遮掩隐藏,而于自己内心时却直白简洁,这便是我们的意识和心理。但这种简单的想法融入企业管理时,又变得异常复杂,复杂到需要用分子分母的公式来表达,复杂到必须加以权重,复杂到每个目标须多级评估,复杂到每个目标都要完成,每个目标都不敢放弃,那么简单一点又如何?

当说起目标时,大家便会引到绩效。企业在管理过程中将员工的收入与绩效挂钩。绩效从开始被引入并越来越多地被设计、应用,企业则需要专业人力资源和管理资源来设计相关复杂的构成、格式、参数和权重,并在日常管理过程中记录、期间期后评估,以核实绩效高低并作为依据运用于管理。在这一过程中,单一绩效事务便涉及企业诸多的资源,比如,人力部门将精力放于绩效设计、评估和考核,决策层投入评估和讨论的时间资源,管理者在过程中反复以绩效指标为中心进行团队管理如人员能力沟通、业务指导，被管理者则花更多时间和心力思考分配精力、时间、手头资源来保证指标的达成等。这种以绩效为核心的管理约束体系便时时刻刻围绕在每个人左右，在这个过程中一定程度实现了企业良好运营秩序和运营的稳定性，但同时也牺牲掉部分员工的激情、创造力、活力、专注、快乐等，牺牲掉的这些又恰好多是能力发挥的核心资源保障。以什么样的方式方法来设计绩效，并且管理者花更少的时间和精力进行管理，同时被管理者有更多的时间和精力进行能力提升和运营效率提升，则需要企业对目标的设定和绩效的考核进行简化并集约，避免绩效本身占据过多资源。

在管理过程中，企业对绩效有不同的定义和作用表述，若依常态将其一分为二，则分为绩和效。绩可视为成果或目标，因一定程度可以进行唯一性设定并考量，从而站在起点设为目标，即从事某个动作所要达到的结果，如每小时装配35个零件，每分钟组装几台车，今年要挣多少钱等。效则为在达到这一目标或结果过程中所有资源的利用效率，日常多见可衡量的资源，如投入的资金、材料等。尽管目标可以相同，但是能力发挥、利用效率并不尽相同，例如，同样给基金经理100万元，甲每年赚20万元，乙每年赚10万元，显然100万元的资金资源双方利用效率差异很大，而这种资源利用效率并不因是否考核或目标设定就可以确保达成。但日常管理中，周初、月初或年初等目标设定初期，企业多以此为目标进行设定并将设定目标纳入考核范围，如年收益须大于等于 X 万、年收益率须大于等于 X%等，将其作为 KPI 分别进行单独考核或整体考核或施以权重评估。当企业在设定整体结果性定量化的指标时，已隐含了资源利用效率的考量，如果这一考量无法取以维度或无法进行范围确定并衡量，则企业对资源的投入、使用和评估便存在一定的模糊或日常不多关注。

如此一来，便产生两个导向：①企业必须设定一个定量的或某种可定量衡量的目标来作为最核心的指标进行行为指向、能力指向和资源匹配；②企业必须对所有投入资源利用效率进行评估，以确保资源利用效率最大或损耗最小。在这两个导向之下，一个作为能力要求底线，一个作为能力最大限度发挥的空间，进而生成不同的管理方法方式或手段，并以其为体用于各管理过程。例如，要求销售额达到 100 万元，平效 5000 元/平方米，前者属于结果性定量化的指标，后者属于资源利用效率的 KPI，尽管这两者在日常管理中均不陌生但不同企业在不同运用过程中则表现出诸多不同，如将两者同时考核或只考核其中之一，更有甚者，将态度、形象等指标统统纳入考核体系，在过程中进行记录并以此为依据进行工资核发。管理都是一种管理方法但效用却不尽相同，如果企业未能厘清差别，便可能导致不同的负面影响，例如，分散人员专注力。使人员将心力和精力花在规则理解上、忽略业务能力提升或攻计于满足领导、进行分子分母调整致使资源浪费、利己行事忽略团队、员工过多负压、疲惫、亚健康、弄虚作假、颠倒真伪等。烦冗的显规则或潜规则导致的负面影响使企业期间成本和资源损耗以不易察觉的状态存在管理全过程，从而要求企业必须在目标设定和绩效考核中进行极大程度的简化和集约，这里有几个参考要求如下所述。

①以定量化的目标作为唯一性考核基线。②以资源利用效率（KPI）作为激励空间。③行为、状态等一切约束性要求融于惯常性的管理体系并形成自律以避免不必要的资源投入。④管理者创建并维护积极、活跃、具有创造力的团队氛围。⑤将 KPI 分析放到最大，将考核缩到最小。⑥以 KPI 为核心进行 PDCA 能力迭代。如此一来，每个人，无论身处管理层或执行层，便会将目光聚焦于唯一的指标，并以此来寻求资源，发挥能力所长并达成这一目标，企业再以资源利用效率作为强大的、未来的牵引动力，牵引其将企业资源利用发挥到最大，同时过程中将精力分配投于能力分析和能力提升。当目标达成时，其 KPI 并不会太差，即使 KPI 在这一过程中被忽略。

<u>管理中，在一段时期，就执行个体或整体而言目标只有一个，企业必须保证这个目标的唯一性来确保团队精力的专注和聚焦，进而确保团队能力的集约合成最大。</u>在过去对千余家企业辅导咨询的工作中，我发现多数企业并未能简化这一复杂的体系，从而在其团队能力发挥和资源投入上存在极大损耗和浪费，这一体系以图 24 进一步说明。

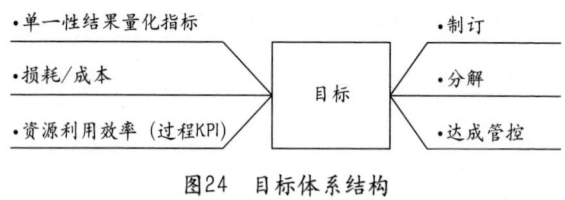

图24 目标体系结构

在管理中,不是所有指标都是先行指标,许多指标是后行指标,这一后行并不因先行管理、约束或考核而发生实质性改变,影响其实质性的因素有过程中人员行为、工作方法、机制效力、情绪状态等,当这些因素变化时,过程KPI也随之发生改变,最终影响整体结果或成效,故企业并不能以管理约束条件为管理内容,而须以管理变量因子为管理内容,这便要求企业在原有的管理基础上简化一部分动作并加强另一部分动作。行业各异企业各异,但企业结构类似,这种类似更多是由人本身对简单、快乐、融洽、幸福、专注于一件事时的成就感等一系列原始诉求的渴盼与追求所致。<u>企业虽需致力于这种简单或简约,但并不意味着整体管理方法或必要管理动作的删减,这一简单更多倾向于实际管理过程中的管理行为和动作简单,以减少执行者执行时的心理成本或执行者与执行者、执行者与管理者之间的交流成本。</u>

就目标制订时所需考量的因素以图24为例分别说明。目标就是那个起初最简单的想法和愿望,这一想法愿望可以凭空想象但不会凭空实现,于个人而言如此,于企业而言更是如此。目标牵附着所有资源投入和能力匹配。目标过高容易导致资源不必要损耗或战略性的重大失误，如当企业制订一个过高目标时，员工深知其达成不可能，遂产生放弃和气馁的情绪，原本达标100则变成达标80，这就是人力资源浪费，同时对其他资源利用也会存在一定程度的浪费，如不顾误差或质量囫囵合成一个产品，将零部件肆意替代或将就使用，以致后期返工或出现成品质量问题等。目标过低亦会出现资源利用浪费或效率低下的情况，而这种情况在管理氛围不佳或管理者目标感不强烈时更易出现。

若要相较稳定衡量并科学取值，各行业的管理人员在经验基础上可参照三个方面——历史依据、现有能力及能力潜值，以及现有资源及资源趋势。历史依据包括历史数据，可视情况取不同周期的数据，如同环比法，并在数据基础上进行核算参照，核算方法包括算术平均、加权平均或指数平滑法等。能力及能力分类参数可依据历史数据进行核算，相较现有能力的方便计算取用，企业人员能力潜值易被忽略或难以找到更大发挥的方法，这其中可采取短期激励、制度优化、组织结构重构等一系列措施。历史依据和现有能力非正常时，对目标的预测制订往往会出现偏离，在制订目标时企业须将其进行充分考虑并设置一定预案，以免资源被过多损耗或浪费。

目标制订后，为使其呈现一定程度的系统简单集约效果，应对其进行分解。分解时需以个体和整体相向方向进行相互匹配，基于分解匹配办法，如可进行分类逐级编号，按照职能线或职能级别以一、二、三、四、五顺序位进行编号分配并记录在案，如按总监、区域经理、主管、组员顺序，进行销售额总监 500 万元、区域经理 100 万元、主管 50 万元、组员 10 万元的分配。然而，这一分解看似合理但并不能视为目标信息传递的合理，当一个目标限于数字时，其本身所带有的意义和对管理的指导性或执行人员的行为指导性极为有限，故还需要进行能力方向和资源方向的转化，如区域大客户谈判数量 50 个、主管关键客户拜访 50 次、组员接触客户 100 组等，接着再就行为动作开展所需资源进行匹配，如培训、技巧演练、资金预算等。而后于实际执行中原来每个人承担额度便附于后，而置于面前的是每天做多少量次，并在动作过程中不断优化方案和提升能力，如此便衔接了目标和管理内容，同时也将目标达成过程管控进行了系统与集约。

因各企业人员能力差别，因目标数字实现路径并非合理有效，路径过程中行为动作并不能从个人集约成整体能力，个人动作集合也并不能确保合力最大，从而便造成了不可控性和波动范围。但无论是能力强大的企业还是能力弱小的企业，每个目标均需付诸实际动作和关键环节来完成，如何提取这诸多关键动作和环节，如何进行目标沟通和关键目标传输，如何将简单的目标进行考核或绩效匹配，便构成了实实在在的对管理者管理能力的诉求。就数字本身的理解到位并不能代表执行到位或管理到位，从而便要求企业在目标达成过程中进行管控，这种管控结合实际路径和动作需管理者反复分析（如 TOC 法应用）、思考、优化和调整，并加强能力短板提升和资源配给优化来确保最终结果的完成。

目标因设置简单而易被理解，同时在执行时也便于人员聚焦和专注，更便于个人资源调动利用和企业资源调动利用的集约。在目标设定的同时，需将达成其目标需的资源损耗或成本进行关联核算预设，这一预设或者基于整体占比要求，或者基于资源投入进行核算，均需纳入企业财务整体预算或阶段预算中去。通常情况，企业会在财年初总目标确定时进行预算工作，就实质而言这一预算必须附着于能力提升需要和资源必要损耗。虽这一基于内容核算方式模糊并包含了预算大类如采购、生产、销售、人员配置等，但就部门而言这是实现部门业绩能力以及管理能力提升的核心动作之一，其中对企业整体而言这一方式亦有非科层化、网络化、更精益化的探寻必要。在一定的资源损耗或成本要求之上，为更进一步加强资源利用、资源效率提升和资源效用发挥，管理者必须将KPI进行统筹并分别衡量某种资源利用情况，如校验合格率、组装差错率、抱怨投诉率、一次修复率等，当各资源要素进入某个环节时，其被利用的效率代表着该环节能力现状，基于这一现状进行原因分析并改善其中方法、参数、工艺和流程等以达成能力不断提升、资源利用效率不断提升。在这一过程中，管理者若以黑带大师状态存在每个过程和细节，便对目标的达成起到决定性的作用，其对应的KPI既是一种能力考察衡量评估的指标，同时也是目标达成时的一种保障参照。

<u>企业有长期目标、有短期目标、有个人目标、有组织目标、有战略目标、有战术目标</u>，一一列举繁杂扰目，造成人员疲惫困顿。企业在管理过程中必须将其简化以聚焦执行者的注意力和专注力，同时努力使其作用于各要素资源时保证资源利用效率最大，在唯一性下再相应进行其他条件所对应的内容规范，如怎么做、做多少、做成什么样的标准或效果，以量化、细化、标准化的导向来实现这种动作和心理上的集约，最终达到目标体系的系统和集约。

11 能力

只鸟旋枝头，大雁飞千里。与强个体同行其强也弱，与强团队同行其弱也强。个体的能力是起点，以起点为基础、以资源环境胶合便构建起组织能力。许多时候组织能力看似稳定平衡，但当资源优势变弱时，任何关键个体能力的缺失或流动均可能造成组织整体的动荡。当这种动荡通过不易察觉的诱因发酵酝酿后，便进一步导致组织整体能力的衰退，从而要求企业在关注运营的同时必须将能力放于首要位置进行思考。这种能力的思考既针对个体，也针对组织，<u>个体可以增强或衰减组织能力，组织能力同样可以增强或衰减个体能力，但相较能力泛泛和平庸，强组织能力在个体能力变动时更能益于企业运营的平稳和持续</u>。这便要求企业不得不从个人能力提升开始进行组织能力构建，而这一构建过程将使企业不得不付出资金、资源、精力、时间等，同时再发挥资源环境集约优势进行组织整体能力的培养，从而使两者互相转换和互相促进。因组织能力决定着整体资源效率发挥，企业在思考或着手提升组织能力的同时，需要同时考虑个体能力发挥影响因素和组织整体能力发挥影响因素。例如，当一个人饥饿时，其力量随之下降，当一个人情绪不稳定时，其执行意愿会下降，同样，当制度不合理时，因动机制约，其能动性会受到一定影响，领导者风格、企业文化氛围、激励机制、企业家精神等均为直接或边际影响因素，从而对不同影响因素的归集、整合和分析便成了能力管理的必要内容。

能力以其广义或狭义价值普遍存在生活环境中，存在大企业、小企业、大组织、小组织、决策者、管理者、执行者、各行各业个体之间，同时也存在各抽象概念和分类之中，如战略能力、运营能力、策划能力等。能力既抽象又能落于细微动作之处，更甚者，可以以各式各样数据指标来表达体现，便形成了管理中非常有效的度量标准。这种度量标准存在企业日常管理的方方面面，也存在管理者管理内容的方方面面，在不断强化、不断可计量化、不断逻辑和系统化的趋势下，这种度量标准也不断促使人员职业的异动、产业的异动和分工的不间断迭代变迁等。当其用来评估或特指一些行为时多指某种特长或某些动作，当其用来考核衡量时多指具体数值，当员工用来自我思考提升时可内化为某些方面的感受感知，当用来培训教练时可生成具体的内容和方法等。这些不同种类和维度的能力在不同目标和资源环境下集约合成，从而导致不同的组织能力发挥，进而导致不同的行为成果或组织目标结果，这种结果因资源集约程度、执行氛围、组织领导方式发生各异差别。例如，某企业在正常管理状态下，其销售团队成交能力为10%，激励提成和工资以月为单位计发，月初下达目标后团队各自执行并负责进度，执行人员负责客户信息的获取、记录、维护、过程接洽、成交、服务等一系列工作。当企业设置一个情境，重设一个目标，并进行一系列资源集约和能力合成时，可做如下工作。

①设置一个总方向指挥人员，将工作流分段进行专业资源对接专业能力（如信息数据分析收归专业分析人员）。②每位执行人员在自己的分段执行过程中有完全的自主权，如果需要资源支持可在设定范围内无条件申领。③设置最低目标底线并辅以制度约束。④分设3种激励，即每日工作量激励、每周进度激励、每月结果总激励。⑤形成橄榄式的工作流状态，前段信息收集与传递端统归移交于一人专业处理，并双向交互；中段放大工作过程中最有价值、最核心环节，并将执行人员精力和专注力聚焦于此进行能力最大化发挥或追求服务最大化；后端进行集中式、一站式专人服务。⑥管理者每周和所有执行人员集中对过程进度差距进行原因分析和对应能力短板培训，管理者日常要对关键问题、战略目标影响因子进行狙击式化解。⑦统一员工与员工间、员工与客户间关键衔接、交际的行为方式和软性约束，以减少摩擦。⑧进行例行化节点聚餐并提出身体健康保护要求，同时提供健康保健资源。⑨以即时通信工具作为信息传递平台，直面问题，设置信息传递时限要求，并设置0层级传递规则。⑩岗位、职能间作业传递进行统一化标准要求，如格式、量次、表述、要求、时限等，便于信息效用最大化及快捷传递和接收。如此一来，在短时间范围内，该企业组织能力提升了3倍以上，员工满意度及个

体能力也得到了极大提升，而其中所投资源，包括成本、时间、材料等均未增加。这种能力合成和资源集约使得整体目标达成、能力发挥和资源效率都得到了最大化趋向，这也正是企业管理中管理作为有形的手必须要达到的效用。

在上述案例中，显然员工精力和注意力等软性资源被集中高效利用，这一高效利用使得员工的能动性得以发挥并促进了其他各相关资源效用的最大化发挥。虽然企业不能以短时间为参照来要求长期管理取得这种极值，但是每家企业均会有这种短时间集约一切的需要。对企业长期稳定持续高效运营而言，这种集约同样需要且必须以理想化的极值状态作为日常各职能或层级管理者管理的导向和诉求。如何以及从何种维度或条件进行这种能力的合成，使个体能力得以提升与成长，又可使组织能力得以提升，图25将进一步说明。

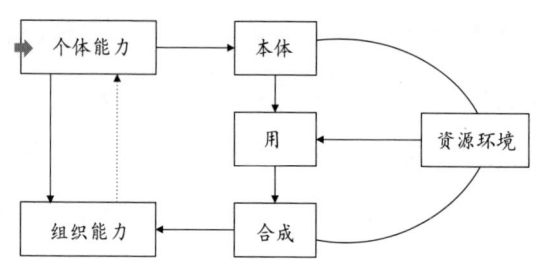

图25 能力关系结构

就企业的每个个体而言，其能力在一系列工作中可大、可小、可发挥多、可发挥少。有的人告诉你"今天心情糟糕，不想工作"，有的人告诉你"太麻烦了，左签字右签字"，有的人告诉你"做了也没有什么好结果，就这样吧"等，这是事实也是管理过程中普遍存在的一种混沌状态，这种状态多数不可避免。无论在什么样的企业、环境或组织，个体行为习惯、意识、情绪、对规则的感知、交流沟通方式等一切差异或变量，致使混沌之后产生不同的效果或效用，这期间企业并不能以道德高低对人格、修养、教养等作负面评价，如"忠诚度不够""人渣""小人"等，虽这样的态度环境因员工间交往接触多有存在，但不足以成为企业管理者或决策者的管理依赖或管理方式。每个人均会有负能量，同时受体质欠佳、技能欠缺、兴趣不足等因素的影响，每个人会不可避免随机性地降低组织频振，但同时每个人均有向上和归属正能量组织体的心理需要和行为趋向，因为这种社会性特征，每个人均会受到环境的莫大的影响，如企业中的标杆人员、标杆部门、标杆行为等对整体氛围和士气的增益影响。若一个组织中的纪律破坏者、坏情绪人员较多，组织整体负能量较浓重，即使非常正能量的人也可能降低其积极性，再如管理者、决策层无法直面异议或个性化建议，以威权方式进行管理，又亲和遵从行为较多的人员，那么也会对直谏或思维活跃人员形成一定的影响。所以，<u>要求企业必须在市场异常激烈的竞争机制和环境趋势下，在日常管理中致力于提供进行能力聚合、统一航向、集约优势的一切必要资源环境来保障这种混沌过程无过多资源耗损、行为冲突、负</u>

面情绪渲染,并把这种导向作为管理的日常核心内容和核心宗旨。

这便给企业提出要求,提出管理导向或范围,企业管理者必须集合考虑个体能力持续成长、资源环境约束持续迭新和组织能力持续提升。从个体能力出发,其能力强弱、大小、高低强关联因子似乎与经验有关,比如招聘时企业大多衡量应聘者经验多少和资历深浅,其中,经验包含了技能、技艺、资源等,这点与是否会做或者是否知晓方法不同的是,它包含了实践动手、综合认知、决策判断等一时无法替代的能力。例如,一名分析师会计算内部收益率、净现值,分析行业趋势,但并不见得可以成为投资高手;同样,一个会 CAD 制图的高手并不见得会模具制造,因为模具制造涉及的塑性、切割等环节需要长时期的实践动手经验的累积。若以经验、方法、技巧、工具制作应用等作为能力的基础核心,这种基础核心能力既包含过去的累积也包含未来持续精进和提升的职业生涯全程。

在这种基础之上,要进一步保障其核心能力有效、高效发挥便离不开环境约束,如薪酬、激励、制度、标准、流程、团队氛围、文化、企业家精神等影响因子。例如,随着时代发展,激励、奖励措施和方法相较惩罚类措施方法在企业日常管理中明显运用得更多,这既基于人员自身需求也基于整体社会环境变迁和需要。若企业以克扣、重罚、体罚等措施进行管理,则企业会与社会普遍意识或价值主张形成较大冲突,也一定程度地削弱了个体能力的高效发挥。亦如制度限制，设定可以做的范围还是设定不可以做的范围？设定好的要求还是设定不好的要求？日常企业多未能将此进行归整分类并与人员行为需要、能力诉求、组织状态、行业环境等进行集约、整合、区隔管理，如一则制度在拷贝、复制后持久不变，从而发生规则与能力与组织环境等背离情况。例如，某企业设备管理制度有一条为"巡检人员须定时对电机系统进行检查以防故障"，而在其实际管理中，所有设备已实施远程智能监测检查技术，但制度并未相应更新。

个体能力以经验、技能、方法、技艺、工具制订运用等为核心，在员工具备或未具备或部分具备的情况下，企业依人力资源能力发展需求必须进行内训或外训以帮助员工成长。这种能力成长在企业发展不同阶段总会显现出不同的需求，要求企业须采取不同培训方式并持续培训。当个体能力持续成长并发挥于工作过程时，便在上述资源环境约束下进行了变量影响，这一影响使得能力或者被超常发挥，或者被一定程度压制，这便构成了能力发挥的关键影响因素，如企业中创新人才无法施展才能而逃离或自创环境等。同样，具有这种影响的另一类关键因素则在人员与人员的交互或交易之中，<u>因企业中每个人与其他人的合作、互补等关系，在信息、资料、材料等一切资源流通的过程中，一人的状态、行为、语言、工作内容完善程度和交换时间与响应程度等会被动或主动影响另一个人的能力发挥</u>，如此接替、交互，便形成组织整体能力发挥状态。例如，某人做好文件传递给下一个人优化,但未告知其对接格式,优化人员拿到文件时虽内容符合要求,但格式不能应用,不得不再花时间进行格式上的调整。同样,如果一个人站在一米远处将一个文件丢于另一个人桌上,这一动作丢者也许只是习惯和偏好,而另一个人则更容易同时接收了丢来的情绪,从而使其配合意愿降低,更甚者发生口角。<u>如果企业在人员办公环境、情绪渲染、行为方式、工作流通标准上提前预设,则两者便可做到很好的衔接,这比一味要求员工必须具备共情能力更具效力。</u>当企业设置好这类基础性共情环境,则可很大程度提升员工与员工之间的同理心与共情能力,进而提升团队的配合默契程度,提高整个组织的能力发挥。与这类有形环境相比,企业管理中还萦绕着看不见却又无处不在的气场或磁场,这便是企业文化环境或企业家精神长期塑造出的组织氛围。这种氛围因其强大的心理效应时时刻刻影响着员工的行为、情绪、态度等深层次的意识和动机,从而加之于每个工作环节,虽看似有边际效应,但影响力或破坏力非常明显。

在能力获得如培训和能力保障如工资奖金等的基础上,以每个个体能力最大程度发挥为导向,并在用的过程、员工与员工交互的过程中进行一系列资源环境设计、约束和塑造,才有可能在聚合的过程中合成最大的组织能力。这一组织能力既源于个体核心能力要素,也受影响于关键影响因素,同时还受影响于边际影响因素。这三者并非零散存在,无论对其主动、有设计、有编排地集约,抑或放任自由组合,均会合成一个体系。这个体系以是否能满足企业目标高效达成、资源利用最大化、个体能力充分发挥为衡量标准,在此标准下企业应不断强化聚焦、集约从而提高市场竞争力和持续发展能力。虽雁能飞千里,但零散无伴,纵然浑身是劲,其力也多耗,其行也多阻!

12 资源

你很难知道每个个体近 140 亿个脑细胞如何处理信息并在下一秒生成各不相同的意识和动机,你也很难预料 140 亿个脑细胞组织在一起会迸发出何种能量。看得见的有形的资源如货币、材料、人力、机械、工具,看不见的无形的时间、信息、信念、精神等虽有用途但于企业中并不会主动发挥你想要的效用,当以不同人员素养、行为风格、组织结构、流程标准等辅助进行运作时往往产生不同结果。当每个个体在不同状态、不同情绪、不同心理、不同动机、不同方法、不同技巧下又产生不同效率,当资源和资源、资源和人、人和人聚合一起时,是否需要将这些进行约束?若不限制的放任会怎样?若过多限制约束又会怎样?若恰到好处该如何做?企业中由谁来审视这些问题?企业中又由谁来解决这些问题?若要解决该解决到什么程度?若达到某种程度又该如何稳定持续?每个问题都需要答案,每个答案都需要符合预期的结果。

企业中的资源既可大到有形无形浑然一体,也可小到几个客户、一支笔、一段木材、一张纸。我们将所有有关资源的操作分成两个阶段,第一阶段为获取或资源输入,第二阶段为利用,利用阶段包含了组合、匹配、流转、发挥、损耗、输出等。每个企业或每个人获取和输入资源虽性质相同，但方法形式却各异，除现有资源取用外，其他因能力内、因能力外则各不相同。虽然企业中同样存在现有资源取用和不断通过各种形式方法供给的情况，但是就管理过程而言，大多管理者并未过多关注获取和输入资源或如何获取和如何输入资源，也未能过多关注获取成本或输入成本。当所有人员融入行为思维惯性、融入取用和利用的常态时，则更多地将注意力放在了任务执行和完成的过程中，而思考整体资源利用效率者便少之又少。这样一来，只有日常决策或更高股东层面的人员对此进行考虑或分析，而与各自分工、精力、权限、行动等相匹配的则多限于从无到有的资源输入或补给性的资源输入，再或者在某个结点或结尾对资源利用效率进行评估并提出要求（如对资源增值收益类的 ROE、ROA 等），而无法就资源效率发挥的过程进行指导或指挥，因为这些结果多属于后行指标，故即使如何指正也无法改变既定事实。显然企业并非总处于从无到有的"资源输入→资源利用""资源输入→资源利用"这样的单一路径和模式中，而更多地处于如图26的循环模式中。

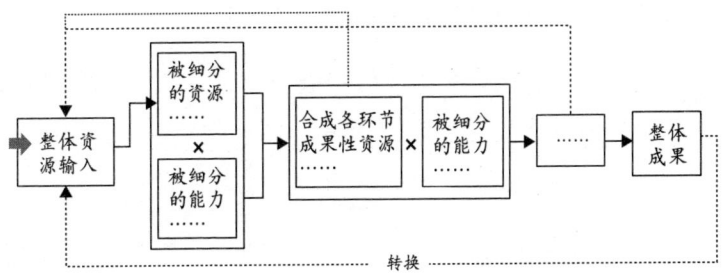

图26 资源效用发挥结构

相较单一路径，当资源以从无到有的状态输入后，将被不同职能环节切割利用。因为各职能环节的人员能力或组织、部门能力各有差异，从而这些资源又被合成另一种资源输入到下一职能环节，这种被合成的资源对被输入部门而言，则同样可视为一次资源输入，再经该部门能力发挥合成，便又一次形成被合成的资源，如此往复，直到整体产品或服务结果成型并脱离主组织或流程体。这个过程中有无数条资源和能力交汇的线路，也有无数条输入和被输入的线路，同样也有无数条聚合、分割、再聚合、再分割的线路，这些线路中任一环节的能力大小、输入、被输入时的质量好坏、效率高低，均可不同程度影响最终的整体结果或成果，如此也带来了企业或组织整体目标完成的好坏或整体能力的高低、竞争力的强弱。

因各资源在聚合过程中路径频多不稳定和所需要能力的不稳定，对资源和能力的相对约束便成了必要，同时对资源和能力的相对不约束也便成了必要。又因这种不稳定既是资源于情境变化而产生匹配路径、多少的不稳定，也是因资源情境变化而所需的能力权变发挥路径以及多少的不稳定，从而<u>企业既需就资源利用相对固定的情境和能力需要进行约束，同时也需就资源利用和能力需要的随机不持续固定状态进行一定的宽泛条件设计及活力空间设置</u>。在这种相对状态下，企业一方面面对的是资源利用效用和效率最大，另一方面面对的是能力发挥最优最大，这之间虽看似本质的影响均围绕在以人为中心的周围,但企业并不能将所有的约束设计告知每个人,这就像你告诉别人屋子中每一个地方都有规则,别人会感觉无从下脚一样。于是,以能动性、才能发挥为主导的环节企业需以能力为中心进行资源动态设计,而资源相较稳定或固定的流转环节则需以资源为中心进行设计,如此一来便实现了约束下的能力发挥最大和约束下的资源利用最大,这一实现方式将在"管理的右侧"章节中举例说明。

无论因能力偏向的属性或资源偏向的属性,又或者因资源的有形硬性宏观或无形软性微观,抑或各自相互交叉,其均需要进行一定约束以求效用效率最大,这种约束主要体现于三个方面:行为意识、行为标准和行为路径。虽然在资源约束条件或规则下可对行为进行一定程度规范,但是当理念、价值观各异并导致情境氛围不良时,这种约束便常常失去效力,故企业须设立某些意识底线,如争论探讨时对他人人格的尊重等。常见的约束形式包括各种制度、规章、准则等,同时,为使行为过程中对资源的效用发挥到最大且不因人、因时、因地而发生过大波动,每个行为动作均需一定的标准。这些标准由大小、轻重、长短等各种参数与极小范围内的动作步骤构成,这就形成行为标准。相较小范围内的动作步骤,资源多数会在不同人之间、不同部门之间或更大范围内流转,相较一定程度的固定规范,这种流转路径的动态不固定无规范,则企业应多设统一、规范、固定的行为路径,以驱动日常所有资源要素流转。

在行为意识、标准、路径各异的约束形式下，资源被输入后如何从被动独立或低效的利用、流转环境过渡到主动高效集约的环境，则需要企业将这些约束同资源效用效率最大化发挥的目标结合在一起进行集约设计，同时再将优势进行集约以达到组织能力发挥最大化。例如，某企业将招聘环节委托于专业招聘公司，将合同社保等以外包的形式委托于专业劳务公司，企业只留人事专员完成文职工作，这一集约看似节省一定成本费用，但其在人力资源整体效用和效率发挥及能力提升培训评估方面则出现了空白，这种集约未能实现资源效用效率最大化的目标，若在各外包的基础之上企业抽调部分职能人员组成能力提升委员会的泛组织，进行能力评估培训或提升等，则一定程度实现了优势系统集约。在普遍集约的基础上再进行优势集约则不得不考虑 TAR 结构中的目标最大化是否实现、能力最大化是否实现、资源利用效率最大化是否实现，如其均未能实现，则企业变不如不变，若有符合核心需要的，则企业可以以任何方式打破常规管理结构进行优化。这时所谓的常态、惯例、行为、职责等都需要以重构的方式来实现这一迭代，而其必要性、可行性和有效性的分析仍需建立在科学化和系统化的基础之上，如资源输入后在一定变量可控范围进行概率计算、损益计算、线性规划、动态规划等，而在系统化结构上则需要以能力全要素和资源全要素及目标要素结构进行设计，以实现优势集约的可控，如图 27 所示。

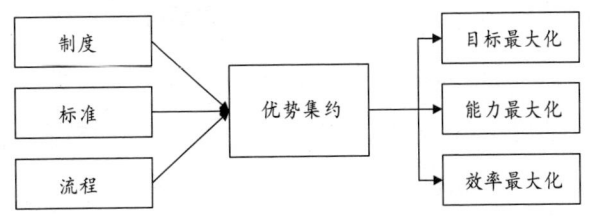

图27 资源发挥的约束结构

企业常常以价值观、文化等渲染和影响员工，但这一约束并不能在全部空间或时间内影响员工，如企业并没有办法约束员工在行事过程中时时以企业价值观为导向展开工作等，同时企业也常常将这一约束与道德和行为理念、行为规范混淆，致使日常作业中行为与道德无法达到知行合一的状态。为便于对资源进行一定的行为约束以达到资源效用效率最大化，则企业需对所针对的某件事情的行为意识设定具体化制度，如在货品堆放处提示"堆放须稳固、整齐、美观"，这相较印刷在企业制度手册里的整体行为规范更能发挥约束效用。行为标准须以明晰的标准条例进行说明，并与制度区分，保证能力发挥不因人、情绪、环境等发生太大波动而致使资源效用效率发挥发生太大波动，行为路径则须以高效快捷的流转为导向进行流程设计来实现资源效率最大。如此一来，当资源经行为意识、行为标准、行为路径在目标、能力、资源效率最大化的导向下进行集约方可实现资源效用效率最大的目标。虽企业内均有同类形式的制度、标准和流程，但日常管理中却因烦琐、麻烦、折腾等被各相诟病，这多因其之间的交叉含混不清、杂乱无序、长时间在路径依赖桎梏下无所迭新所致。因企业在这些方面未能长期进行迭新管理或长期管理缺位，以至于大家形成惯性认知，从而便产生了使用和感知全然相反的状态。如何使这一状态在快速多变的环境下呈现出集约高效并最大限度地促进人员能动性的发挥，在以后章节将再次说明。

当资源以最佳的状态进行约束并以上述三者或任一为主要目标进行集约时，并不代表企业能轻松完成这一过程，如将收银、出纳、会计工作集于一人之身，除风险之外并不能提升效率或能力的发挥，而若将收银的大部分工作自动化，并以软件工具代替部分记账、做账、财务数据分析工作，则在减少相关人力成本的同时更能提升资源流转效率、更能集中人员精力和时间、更好提升服务的便捷性和稳定性、更能拓展企业所需核心财务管理能力，如此能力和资源效率的提升便为目标最优最大形成了良好的助益，从而实现了一定程度的资源优势集约。<u>现实中因管理平稳有序和渐进迭新的常态，企业很难实现全系统、大规模、从点到面的一次性资源集约，资源集约多在小组织、小流程、小范围内开展</u>。这一开展在目标、能力、资源三者导向下还需考虑其他实现方法，如下所述。

①基于分工的集约，将工作中某些环节进行合并或拆减，如

快递公司将取件和信息录入集中于移动端、将收件和卫星定位功能进行集合等。伴随着工具技术迭新，分工随之发生变化，基于分工的需要，资源匹配和供给也发生相应聚合或拆分。

②基于信息对称和传递效率。例如，组织中正常信息传递和流通通过 EMAIL 或 ERP 软件，这中间花费了员工大量登录、索取的时间并使信息传递滞后于工作需要，如将资源流转流程和信息传递进行拆分，资源流转流程通过 ERP 软件实现，信息获取和处理通过即时通信软件群组来实现，那么边做边等的状态就成为先做再申的状态。

③基于专注和精力。例如，设置安静的办公场所、制订茶点、上下班自由制度，创建材料审批流程简单、试验室调用便捷等环境以实现能力和资源的最佳匹配。

④基于权利权限。例如，为提升客户体验的满意度，餐饮店赋予服务人员免单权利，当用户发现某菜品不好或存在卫生问题时，服务人员即可对其免单并致歉，显而易见，若将这一权利放置于服务经理身上，服务人员经申请后再免单便失去了一定效用。

⑤基于流程简便。例如，一定范围内员工可先报销费用，财务部门预先支付费用，员工后续再提交票据。

⑥基于全要素集约。例如，用户信息先集中统一汇总、分析，

而后分配于各执行环节以实现服务最优,或将信息和服务聚集于一个人进行全流程服务等。

⑦基于价值链集约,例如,充分调配内外部资源、内外部能力进行价值链设计,常见的如微笑曲线等。

在行为意识、标准和流程约束下,企业为实现能力发挥最大,进而实现各资源集约,亦需围绕目标、能力、资源等层面(如从点到面、从个体到组织、从部门到整体等)思考分析实现路径,因其在集约路径中处于关键环节或决定性环节,若设置恰当便可取得良好效果。

如此集约,简单理解便是该集合的集合,该约除的约除,因为集合和约除均影响能力的发挥,从而集约的最终目的是实现整体资源效率发挥的优势加总。因各种动态的情境和企业各不相同的经营内容,集约过程中所选方法、方式可竟不相同,但就普遍性的规律而言,可大致实现一致,如就资源本身的利用约束行为意识(制度规范)、行为标准(标准规范)和行为路径(流程规范),以实现当下资源利用效率最大化,同时选择合适的方法进行所有优势资源集约以使整体目标、能力、效率达到最大化,这样的普适性一定程度可为多数企业的内部精益管理提供指导。

显然,所有优势集约是为人设计的,所形成的新环境影响所有人员，故当衡量其效果时仍需以人为核心进行评估，如工作效率是否提升、工作产出效果是否明显、成本是否降低、资源损耗是否降低、资源增值是否提高、工作是否更加轻松、企业活力是否增强、人员能动性与积极性是否提升、创新创造意识是否提升、员工归属感与幸福感是否提升等。企业作为社会组织的一种形式，组织里的每个成员均影响着组织的好坏、企业成效的好坏，从而企业才是每个人的企业，在信息大融合的社会环境中，这种边界更是得到了拓展，如客户接口、服务商接口、外包商接口等，内外资源和内外能力的高效集约显得更加迫切。所以，对所有<u>资源的利用便不再局限于某一个人或某一个层级，每位员工均有对影响资源效率发挥的制度、标准、流程等因素不断完善和优化的义务、权利，同时对资源的优势集约更是具有第一自然责任</u>。企业需在固定周期或频次下不断提出这种诉求，并不断进行各约束条件迭新设计和资源优势集约，如此也便符合了整体社会资源配置、组合等演进的需要。

"元"是一种核心也是一个系统，在日常管理中企业围绕"元"所构建的圆，是最优系统集约状态，就单一系统而言，或许并不能满足目标、能力、资源三者最大化的需要，故集约或优势集约是这一导向，在集约的过程中以这三者为初始点、为原、为元，便回归到了管理的核心和本质，也便减少了不必要的纷扰。在多数情况下，所有企业的运行自成系统，故并不存在整体性集约优化需求，但一定存在不同职能、不同部门、不同中心或不同单元优化需要，当因某一域发生的改变需要全局做出集约改变时再进行连带改变，则企业处于常态化的集约迭代过程中，企业的所有者应具备这种思维来持续推进企业的管理变革，促使企业处于持续良好的系统集约状态。

第四章 管理的左侧

13 情绪状态

假若你和一名女孩走在大街上，突然女孩情绪很低落，看上去非常不好，你问怎么了？她说没怎么。你明显感觉她不对劲，但她坚持没有什么。你会怎么做？你可能会讲个笑话，但她却显得有些愤怒，或者你扮个鬼脸、请她吃顿饭、喝杯咖啡、打游戏等，她均无动于衷。这时你就被困在了当事人的情绪中，而当事人更是被牢牢地桎梏其中，竖起的无形冰冷的墙会阻碍你们之间的沟通以及有效信息的传递流转。这种阻隔在非正式组织中的破坏性不言而喻，在正式组织或企业中，更会带来极大的伤害，除了影响事情的正常推进、资源的流转、信息诉求的传递外，还会破坏组织成员间的信任、尊重、包容等人与人之间、人与企业之间软性氛围和文化。

没有人不生活在情绪中，但你常常并不知道情绪的背后发生了什么，或者那个女孩看到了有人在吃兔肉，或者她瞬间想起早晨和妈妈的争吵，或者她看到有人对过路盲人的不尊重，或者她想起要去的地方或要见的人超级无趣，或者她恰恰处于生理期中的某刻，更或者突然一团乌云遮住了太阳……她心生无名的烦躁。诚然有太多的可能性以至于你无法捕捉问题的原因，无法对情绪的不良点进行快速干扰或疏解。

在非正式组织中，人与人之间也许被影响后方会刻意理解或包容或补合情绪的不足，但在正式场合，若要每个人对其他人的情绪时刻理解、包容、同理体会或补合，需要花费极大的心力和自我心理重塑修复的成本。现实中并不是每个人都做得到，因为大家对工作环境和环境中的各种对象都有最优状态假设，假设每个人的情绪都处于均衡的常态、每个人都应该积极配合他人、每个人的能力应该满足工作所需等，从而使交际双方都会视对方为平等存在，不去想"他能力不足，我需要先指导下，然后让他慢慢适应""作为老人我应该多帮助下他""我多承担一部分使他不要太累"等，反而想"他是老人，应该多担待一点""我入职时间这么短，怎么能知道那么多""没有培训，我怎么会做""作为新人这是他应该做的""这么点小问题应该快速理解才对""应该快速回复我的邮件才对"等。因为一边是潜在假设的对等、对称、均衡，而一边是现实的不对称，从而使双方很难相互理解、包容，不能以宽待和耐心化解负面情绪带来的冲突。这种冲突状态在情绪的发生方和接受方之间因彼此不接受、不包容而来回冲撞，于是事情变得更加复杂、更加糟糕，关乎企业管理效率、效能的各方资源也停止流转，直到下一刻、下下一刻情绪好转或迫不得已再继续进行。情绪冲突之前，资源流转和员工能力发挥近乎正常，无论是效率还是效果均可在未受干扰下正常进行，但在情绪冲突之后，资源流转的速度和资源效用发挥所需的能力状态均会受到影响，从而情绪冲突之前的成果与之后的成果在合成集约之后效用、效能整体下降或归零。

这种致使情绪变化的冲突无论因外界而起抑或因内心冲突而起，对每个身处其境的人而言，破坏力常常使人处于未能足智状态或失智状态，瞬间忘了目的、忘了结果、忘了氛围、忘了行为、忘了自己的常态，使人以前所未见的样子对接身旁一切事物，而问题恰恰就此而来。若在正常常态下，身边一切事物运行、运转均和谐、高效，而一反常态的情绪，则使身边事物的状态一反常态地逆转。这种逆转若不刻意修复、治疗，则会使一切资源效用逆转，如此便抵消了之前累积的所有成效或成果，这种逆转和抵消常常带有颠覆性的作用。例如，一名主管和一名员工对接工作，因某方瞬间的情绪冲突，破坏了电脑，则可能使冲突之前所有的工作成果消失，而冲突之后还要不得不从头再来一遍。诸如此类的状况在工作和生活中常常发生。这样心情状态便变成了情绪状态最明显和直接的影响因素，其在心境、情境、情感偏好之间波动形成一定的阈值（本文中视之为情绪的一种常态区间）状态。

这种情绪阈值状态在生活中往往被接触者感知并解读为一种笼统的性格、性情、心性，如非常随和、激进派、钻牛角尖、热心肠、低调内敛、完美、力量型等。除表达者体现出的内容、逻辑、语言结构等外，情绪阈值状态所外显的心情状态往往被第一时间捕捉并加工成第一印象或在接收者大脑中链接映射为某种固有的认知。人们并不习惯于时时刻刻审视、检核、督促自己改变原有的认知，从而情绪状态或心情状态更容易被接收者第一时间接收和反馈。当心情很好时，接收者也变得愉悦，当心情低落时，接收者也变得失落。如一个人沮丧低沉地对团队说："几乎没什么可能，大家再努力看看。"而另一人很有斗志且大声地对团队说："没什么不可能，大家继续努力，不到最后绝不放弃。"同样意思的话语在不同情绪状态下说出，语音和字段的侧重点不同，听者接收的内容重点、导向和意义就发生质的变化，前者减弱了所有人拼搏的勇气，后者则有可能激发所有人的斗志，若再加以表达结构的不同，则会导致结果有更明显的差异。

每个人的情绪表现通常会处于某一区间状态，多受个人内在如性格、人格、心性等综合因素锚固，接触者、感知者并不能深入其中解读其性格或人格。在工作和组织环境中，企业或企业管理者亦难对员工的性格或人格进行要求，显然，情绪会流转于各人与各组织之中，多为影响之因，也易为影响之果，影响之微或波动之广不易衡量，但一切后果却又在其中，故企业易于也便于对此进行考量或要求，以起始管理。于此，我们将这种情绪阈值（综合影响下形成的外显状态常态）状态以简单二分法（反极区间和正极区间）进行假设排列，如图28所示。

这种假设的情绪状态因不同情绪理论或有不同分类方法，同样亦可以不同职能、不同行业、不同时空进行差异化分类。当将

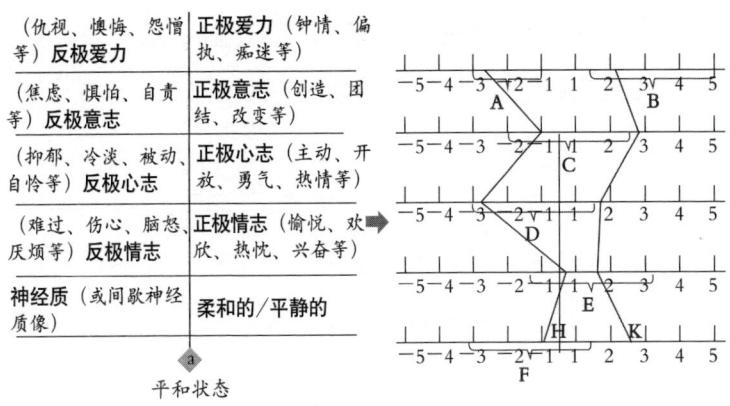

图28 情绪阈值结构

这不同的分类以不同的层级或重要性排序并取值时,如从负5到正5、负10到正10,每个人每种情绪状态都会处于某一阈值状态。这种阈值状态在无外界应激下通常会处于常态区间,如图28中的ABCDEF,当综合不同情绪类别,每个人或某个职能岗位所需的情绪阈值会如图H线、K线。在实际管理过程中情绪的某种阈值常态会持续影响员工能力发挥、影响组织氛围及企业文化、影响组织能力、影响企业各资源效率发挥,故企业在招聘面试、文化构建、管理行为要求等方面需持续关注、要求并有意识引导。

如图28中的柔和平静情绪与神经质情绪之间的阈值范围、正极情志与反极情志之间的情绪状态阈值范围、正极心志与反极心志之间的情绪状态阈值范围、正极意志和反极意志之间的情绪状态阈值范围、正极爱力与反极爱力之间的情绪状态阈值范围,在上述所假设的模型结构中,阈值范围会因不同职种产生不同的取值范围,如酒店服务员、殡仪馆司仪、销售人员、研发人员等各常态取值会有较大差异。你不能让殡仪馆司仪情绪时常处于开心、创造、求新的状态,这既不利于他人感受也不利于本职工作。同样,也不能让某行业的研发人员每天热情澎湃、斗志昂扬,或许一点神经质、抑郁、易悲的情绪状态更有助于其创造性和枯燥性工作。因工作空间和属性的差异,以及各人心性、意识、思维价值体系的不同,管理中不得不在某工作范围或职种范围进行一些常态化的情绪状态要求或应激状态下的情绪状态要求。

日常所见如DISC、16PF(16种人格因素问卷)、PDP(行为特质动态衡量系统)、MBTI(迈尔斯布里格斯类型指标)等人格、性格、职业兴趣等测试,均是对情绪状态或情绪韧性的考量。有些企业对所需情绪阈值的取值范围、界定并不准确,于是各种测试也未能对日常管理起到很好的助益作用,但这并不能成为企业在管理过程中忽略各职种情绪状态的理由。在日常管理中,企业可以以标杆性人员、行业标杆人物的均衡情绪状态来获取情绪阈值的边界,以这种边界作为能力模型中的一个观测点,并在管理全程运用。

虽然情绪阈值是一个相对常态的、稳定的、均衡的情绪状态范围,但是这种范围亦因心情状态变化发生波动,比如你的情绪常态是不会特别喜欢也不会特别厌倦某事物,但当你的心情状态突然发生巨大波动时,这种喜欢和厌倦、开心或悲伤也会相应增强或减弱，这种心情状态变化还会因不同情境、突发应激、学识增长、年龄、地位、地域等因素显得不同，但在一个较短的时间区间、较常态的时空内，这种阈值范围相对稳定。

在某行业某部门内，这种阈值范围并不会在短时间发生反转性改变，但在较长时间、较大差异时空内，则可变得不同。初入职场人员的情绪阈值与从业十余年的人员情绪阈值会有很大不同，一个更容易极喜极悲，阈值范围较大，另一个的悲喜空间则较小，阈值范围也较小。这便要求企业在管理过程中需要对不同岗位、职种所需人员的情绪状态进行动态化的要求和引导，对情绪阈值取值范围做动态化的调整或分类，如日常工作情绪状态常态阈值要求和特别情境或特定应激环境下的情绪状态要求就是不同的。当员工情绪阈值偏离或背离岗位所需或完全阻碍能力发挥或组织能力合成时，企业应纠正或引导员工的情绪，或者是变更员工岗位，以便更好地发挥个体和组织能力。

如上所述，企业中的每位员工的情绪阈值总会处于一个常态区间，这个区间会因企业文化、团队氛围、情境应激引发改变，以致阈值范围波动到两极，而后又回归到常态区间。这种波动会随着心情状态的起伏而变化，而这种心情状态又受心理和生理的综合影响，如员工被上司怒骂或犯错时，其杏仁核激素分泌变化，导致出现厌烦、惧怒等情绪，等员工离开这个环境，稍后在手机看到自己活泼可爱孩子的照片时，又会会心一笑，心情得以平复，情绪也恢复到正常阈值区间。生理性的变化引起情绪状态的变化已被生理、神经等学科研究证实，如多巴胺分泌、海马区变化、大脑神经回路活化程度等对情绪的影响；情境导致的心理变化，如中了彩票、亲人离世等同样会引起情绪波动。无论生理和心理如何相间、相杂，对企业员工而言，情绪状态若总能在各种应激波动的大部分时间处于常态区间，便对企业持续稳定的运营产生稳固作用，也对管理方法和管理者管理能力的培养提供基础、路径和依据。日常说的"你今天心情状态不错""哦，那个人心情状态很好"等均指某人情绪所处的一种阈值状态，如果他的表现和平日有大不同，显然其情绪阈值也与常态有所不同。<u>当管理者察觉某个员工或团队这一刻和上一刻情绪有很大不同，则表明其情绪阈值处于常态区间之外。基于对情绪阈值的认识或要求，施以适当的方法、技巧进行引导或调整，可有效提高管理效率。</u>

除此之外，某个人或某位员工的情绪状态是否持续处于某阈值区间，是否持续符合岗位效能发挥，是否最大程度地促进企业内部资源效率发挥与流转，还受一个非常重要因素的影响，那便是"兴趣程度"。兴趣可极大程度地影响情绪，这种影响从情绪的升起开始，到情绪状态的升温再到最后的升华，无不在其左右。例如，一朋友学佛初始，他聆听禅乐获得了安静，失眠有所好转，而后便进一步开始每周一次打坐参禅，再到后来游历于各大寺院与佛教机构，这期间，兴趣的因素对其行为路径的改变和情绪状态的改变起到了不可忽视的作用，以至于后来我们在交流时他说："这起源于一个兴趣，但最后却发现了一个自己。"

在企业管理中，这种源于一个兴趣的改变也随处可见。一位朋友十多年来挥马销售一线，所到之处势如破竹，其情绪常常处于开放的、热情的、亢奋的状态，充实和满足感常溢于言表。某天，他工作调动，主要负责文案工作，每当提笔他便觉困乏，憋闷成郁，再难看见曾经兴奋、果敢的样子，所表现出的情绪状态和以往有了很大的不同。因两个岗位所需从业者情绪阈值状态的差异，其感兴趣程度亦不能推动这种阈值空间的拓展或改变，从而情绪状态也表现出不协调、不适应，从业者既难发挥能力所长，也难发挥企业资源效用。

另一位朋友在销售工作之后进入了研发领域，虽然两种岗位对技能要求不同，但是其入职后每日沉浸于思考之中，看见一个动画、一段广告、一个产品包装、一幅图像，总能进行边界拓展思考，并关联工作细节，深思、忧虑、短暂的懊悔和暗喜等情绪成了常态，他亦丝毫感受不到枯燥、压抑或郁闷，其情绪状态与之前有了很大的反转，这种反转的前后均分别适应了两种不同职能对情绪状态的不同需要。

管理者在日常管理过程对兴趣偏好的发现、引导、培养或要求，可一定程度影响其管理效率、被管理者能力发挥和组织团队的整体能力合成与频振。例如，我们要写一本书，让喜爱画图的人配图,让喜爱段落划分的人进行段落设置,让专于语法研究的人进行语法确认,让善于整体构架的人构架合成,如此便会高效地进行人力及各资源配置,而若错配则需花费更长的时间和更多的精力来反复调整、纠错或优化。兴趣偏好对情绪的影响以及对行为偏好的影响从每个人的孩提时就存在并一直伴随终老,如幼儿不喜欢他的玩具时,便会挥手拒绝,此时你若按响玩具上的灯光或音乐,他便很快转变,产生兴趣后便抓着不放且玩得乐此不疲。孩子上小学或中学时可能对某学科兴趣不足,这时你若引入其感兴趣的环节,便可有效影响其兴趣状态,进而影响其情绪状态——从厌烦转变为心情平静,从惧怕转变为尝试、主动。中老年人们乐于花较长的时间做一事,如打牌、跳舞、写字、旅游等,当新事物出现时,他们也会有较大的情绪变化,如拒绝或勇于尝试新事物。随着兴趣主体的改变和兴趣偏好的改变,情绪状态也在改变,正是这种动态变化,让企业管理者动态灵活地实施对组织和每位从业人员的管理。例如,管理60后、70后从业人员时,管理者多会采用命令、威权等手段,并以薪金为约束条件,而面对90后、00后从业人员时,这些方式常常并不能产生良好的效应,原因在于不同时代的人对不同约束条件的兴趣程度极大不同。60后和70后对苦难和物质稀缺有极大的心理感知,90后和00后的兴趣重点却不在此,从而同一种管理方式或管理方法应用在不同人身上会产生不同的效果。

除兴趣程度外，身体状态对情绪状态的影响常常具有基础性、直接性或决定性。例如，当我们头痛感冒时，我们的情绪处于低落、被动、冷淡的状态，而若喝醉，则处于豁达或极怒、极喜的状态；又如，手术后的柔和与平静，运动后的乐观与自信，受伤后的懊悔与怨憎，等等。企业不可忽视对员工身体状态的关心与维护，在管理过程中也有多种方式，如定期体检、高温补贴、健身器材的配备、睡眠屋的设置、定时训练等。虽然对员工身体状态的关注方式是各种各样的，但是管理者在单向管理过程中还是有忽视的方面，企业也未能系统地、集约地关注或管理。例如，<u>企业很少将"带病员工不允许加班等"这样的制度写入日常管理规范</u>，同样，<u>对"三伏天车间人员工作环境布置细则要求、手术后的工作量次、连续加班三日后的工作作息规定、在工作中因意外损伤所需食补的标准……"一类情况亦很少被企业从制度、标准、流程、物质协助、奖罚措施、责任关护人等方面进行系统设计、优化和应用。</u>

图29体现了各主要因素对情绪状态以及能力的影响。

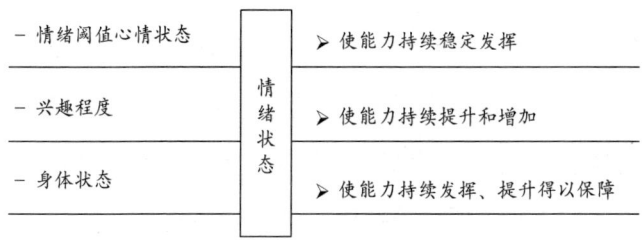

图29　情绪影响结构

尽管影响情绪变化的有家庭环境、理财得失、人际关系、孩子学习成绩等各种直接或间接因素，但是在企业日常管理环境中，这些因素的带入或常态化现象并不明显。较常态可循的多是情绪阈值区间，尽管这种阈值区间受心情状态的起伏变化而出现应激性的变化，但是在人格不断修炼、心情不断引导、心理卫生的辅导下仍然会处于一种较常态的区间，这给能力持续稳定发挥带来了保障。不同行业、工种、职责空间内，持续稳定发挥极大程度地保障了能力的最优最佳发挥和输出，例如，优秀的幼儿老师总能在上课时保持欢快、愉悦的情绪状态，可能上一刻还和家人发生了争执，但在工作环境中其情绪阈值能恢复到常态区间，保障了工作能力的稳定发挥。

<u>兴趣程度会使情绪状态持续长久地稳定，同时使职业所需的能力在时间和空间的累积下不断精进和迭新</u>。若没有非同一般的爱好，这种情绪状态很难持久，如同一个不爱钓鱼的人平静地坐五六个小时是非常困难的。爱好的深浅在工作中总有体现，即使是同一工种，但员工们对工作均会表现出各自的爱好或偏好倾向，兴趣程度有差异，有些员工可以轻松愉快地做完工作，有些会更深入地研究工作，有的几乎废寝忘食，兴趣程度虽然不能管理，但是通过调节方式、形式、结构、路径等来触发兴趣。例如，企业规定"员工每天须统计汇总其工作数据，并以一段文字总结"，在这一规定下，员工总是随便应付，甚至很难准时上交总结，后来企业

以绩效的方式进行 KPI 考核，但输出质量仍不高，再后来管理者用抢红包的形式来管理，如输出不及时者、质量差者发红包，输出质量得到了极大的改善。

兴趣程度既可引导和培养，亦可以用其感兴趣的方式或感兴趣的触点来激发，能一定程度改变员工工作时的情绪状态，这一点对管理者自身也适用。身体状态具有直接开合作用，如身体发生重大变化，即使情绪状态良好，具有强烈的意志力，员工也难以从事相应工作，但这并非工作时的身体常态，在身体机能基本正常的情况下，以更健康的状态投入每天的工作中，既取决于兴趣程度也取决于心情状态和情绪阈值的稳定，其从基础和根源上保障能力的持续稳定发挥和提升。

无论情绪状态是基于内在还是外在，是心理还是生理的作用、循环或反馈，作为一种外显的特征和感知，影响着每位员工。当情绪状态不好或变化时，当事人可有意识、主动地相应转化和调节，当身边他人情绪发生变化或影响协作、合作时，也应以相应方式协助其调节和转化。就团队或部门或企业整体而言，最便捷的做法便是对其提要求，以目标和资源效用发挥为导向，设立标杆，当个人或团队在任一时间或空间有相应偏离时，方便其自我校正，从而达到整体能力最优发挥。在这一过程中，管理者当以更稳定的情绪状态来进行日常作业和管理他人，这种管理方法有诸多内在或外在干预形式，当相机而动，以科学的训练、培训进行引导，团队能力才可发挥稳定、合成和频振一致，也才能达到最优或不断提升。在管理中，我们很难明白其内是什么，但我们很容易感知其外是什么，尽管路径各有不同，但总要找到一个点出发，以便与每个人的最好的自己相遇。

14 行为方式

当你静下来仔细观察思考时，你会发现人与人之间的大部分冲突是由行为方式的差异引起的。如甲帮你拿了订书机但里面没有钉、乙帮你拿了订书机有钉但穿不透、丙不仅帮你拿了订书机而且拿了与所订厚度相匹配的钉和机型，你如果习惯丙的行为式，显然会对甲、乙的行为方式感到不适；又如你开会时往往会简要说明重点宣布目标后散会，而另一管理者则会花更多时间回顾过去并花较长时间分享交流，你们二人便很难契合；再如客户喜欢服务员微笑着传递物品，而服务员只能做到传递物品等。比这些显见行为方式带来的冲突更甚的是一些微小的行为方式差异的影响，如听到不同意见时的撇嘴、耸肩、转笔、偏头、冷笑或和意见相投者点头、挤眉弄眼等。每位成员行为方式的差异组合在一起，聚合在一个组织、团体，便构成了冲突下的某种文化，这种磁场般的文化存在对每个人的行为方式又会施以一定程度的加强或削弱，构成成员间彼此认同、归属或分裂、对撞，构成能力的叠加或消减，造成资源高效利用或浪费、管理目标的提前或滞后。尽管组织成员时有变动，但这种文化的强存在并不能被随意反转或改变，从而在管理中作为无形的手约束各行为发生的动机。

在这里，我们将企业中各成员的行为方式理解为行为发生时的方法和形式，它不等同于行为是否发生，但更能规范行为发生时所发挥的效用或交互时所产生的后果和影响。例如，街边奶茶店服务员的行为不仅仅是将奶茶递给购买者这一个简单的动作，如果他态度冰冷地传递一杯奶茶，显然这一行为并不能满足购买者。如若在传递的过程，一只手端着奶茶杯一只手托且对购买者报以微笑，这时购买者也会显得愉悦。这其中递是行为，一只手端一只手托且面带微笑面对购买者是行为发生时所连带的方法和形式，后者显然更能服务好客户且能让奶茶店获得更好的口碑。

同样，企业中的每位员工在行为发生时都连带着不同的行为方式，特别当职能、工种不同时行为方式的差异会更大。例如，日常沟通时，销售人员可能喜欢开玩笑，研发人员严肃、一本正经，市场部人员的语言多侧重于描绘，公关法务用词造句精准，管理者喜欢听结果，员工喜欢讲过程，女领导喜欢细节，男领导喜欢精要等。当行为在人与物之间交互、人与人之间交互，细分为交谈、听取、传递、辩论、总结或分析等不同行为，员工各自间行为方式的不同和交互便形成一定程度的交易成本或交互成本。这时管理者首先需要意识到行为方式差异对管理效率和管理结果的影响，其次需更进一步减弱这种影响，最终需要运用一切管理办法来降低交易、交互成本，从而兑现其管理职责。

当你要远行时，你需要选择一条路线，也需要选择一种交通工具。这种选择时刻在身边，当你做一家企业带领一个团队，在达成目标的路上，对团队情绪状态的影响、对员工行为的要求和引导也无时无刻地在眼前、在手边、在脑际或在心中。你需要时刻选择团队需要具备什么样的情绪状态，也需要时刻思考团队以什么样的行为方式来协作。就行为方式而言，如何要求、规范、引导或影响员工，以至于其对能力的发挥形成正向作用，反向求诸便是影响行为方式的关键要因。识别这些要因并在管理过程中运用适当的方法来影响行为方式，在日常管理中已有显见的或未意识到的做法：我们要求员工回复邮件时必须清晰地列明目标、标准和时间期限，面对访客时必须微笑点头，相互协作后员工间必须互致感谢，遇到争执时不能贬低和侮辱人格，向保洁人员致谢等。

诸多的要求或日常行为规范都影响行为方式，我们将影响行为和行为方式的要因归并，其首要影响因素便是行为习惯和偏好，这一点就像全世界没有相同的两片树叶一样，你也很难碰到行为习惯和偏好完全相同的两个人。当不同人聚合在一起时，这种差异会更明显，在每天工作的 8 小时之内，这种差异常常会造成冲突。企业如何对如此之多的不同行为习惯和偏好进行要求和规范，也是管理难点之一。行为习惯和偏好既是人在进化时基因传递的产物，也是后天神经系统控制下的结果，通常我们会看到一个人身上所表现的常态化的一般行为，偶尔也会看到一些特异行为，常态化的一般行为受禀赋所限，很难改变或很难在短时间内改变。某个行为习惯和偏好在家庭教育环境和区域文化环境中已经养成，当员工进入新的企业环境时，依然会按照过去的行为习惯和偏好行事，直到这名员工在职场待得足够久，淬炼了一种良好的普适性品质，即职业素养。职业素养从根本上讲是长时间内形成的行为习惯和行为偏好，当这种行为习惯和偏好成为常态化的一般行为，就成为一种从业品质。

如果企业希望每名员工进入公司伊始就很快具有各职能范围所匹配的行为习惯和偏好，可从以下几点着手来达成。

①构建模型和标准。这主要依据两个方面：一是企业对全体员工整体行为习惯和偏好的要求，这种要求因企业家经营理念、地域经济政治文化环境、行业特色等有所不同，如医院、设计院和广告策划，前两者要求质量毫厘不差、数据精准，后者可用抽象泛概念；二是对某职能工种小范围内的行为习惯和偏好要求。依据这两者构建行为习惯和偏好的素质模型或标准，并以此作为依据在招聘、培训过程中提升某个组织能力，可避免员工入职后的行为盲目和组织、个人间的行为冲突。

②测验评估。企业要评估入职员工的已有行为习惯和偏好，观察评估实习期员工的行为习惯和偏好，综合后以衡量其行为常态是否符合企业整体以及职能岗位的行为习惯和偏好要求。

③定基。结合模型标准和实际行为常态，企业需评估员工已有的行为习惯和偏好是否与企业整体、职能工种所要求的行为习

惯和偏好冲突，若某些行为表现与企业需求相悖，则需对员工行为习惯和偏好纠正并定基，以免在后续工作中产生破坏作用（因行为对资源具有颠覆性的破坏力，这种力量的约束将在"管理的右侧"中重点阐述，此处对行为习惯和偏好的定基视为约束方法中的一种），如企业对员工的某一两种行为习惯进行要求，提醒其在工作时某几点行为不能出现。

④持续优化和修正。这能使企业的团队整体能力处于持续动态变化之中，随着企业的成长壮大，企业员工的行为习惯和偏好也要持续变化。如企业初期允许出入库跳过邮件用电话沟通协调，而企业壮大了则要求员工随时保持邮件、ERP系统在线。一个人靠自律很难时刻进行自我纠正，并且行为在不同情境下也常有自我失控的可能，企业可以进行相应的制度性约束，如将明显不符合且带有极大危害的某一两个行为习惯表现写入合同，列为重点风险因子，或者制订阶段性考核制度，进行制度性管控。

行为习惯和偏好是常态下的一般行为，当一个人从其行为习惯和偏好的一个常态时空进入另一个常态时空时，这种行为习惯和偏好也会慢慢随之变化，特别是新的时空可构成长久持续的新约束和导向时。

例如，一位员工在一家企业表现出懈怠、消极、不合群的一面，而在另一家企业极有可能表现出与之完全相反的状态，尽管这种状态会让其不适或乏累，但时间稍久之后，他便会让这种表现完全融入自己的行为中，这主要基于新的时空环境中所携带的价值观、意识、思维方式等文化氛围。所以，从根源上讲，企业提及的员工的抱怨行为并不完全在于员工本身，而在于产生抱怨的环境，在日常工作过程中很少见企业正视这种抱怨并利用其改变自身环境，而这正是管理者和企业家的责任，也是义务之一。

如上文所述，虽然可以对员工的行为习惯和偏好进行要求定基，使其行为及行为方式契合企业形象、团队协作等管理需要，但只有要求并不能促使良好行为方式的持续，还需要一种保持的环境。例如，苗木矫正可利其生长，但当土壤、水分、空气等环境不适时，生长也会前功尽弃，这犹如将荷花移植于沙漠，无论根系如何强大也经不起烈日摧残。这种环境有制度类的约束、有能力类的要求、有团队成员行为方式的影响、有管理者和企业家精神的感染等，这是一种综合在时间各散点可见和不可见的力量。这种具有力量性的环境最终会形成一种意识、思维、价值体系并体现在每个人身上，它们或许不尽相同但必须大同，这才能具备合力要求，也才能具备能力频振要求。

一位员工新进企业，其意识并不具有清晰的导向，多会延续过去的意识惯性，如不惹事、不关自己部门和职责范围就避一避让一让等。而当一名员工在企业持续工作较长的时间后，若企业不对其意识导向提出新的要求以适应企业的新变化，旧的意识又会形成新的制约，如"我是老员工，企业应该照顾面子"等。这种意识的导向和要求会体现在工作过程中的诸多细节和时刻，也由这些细节和时刻累积塑造构成，如在工作的细节标准要求上、人际互动（部门间、上下级间等）时的行为方式上、与外界（同行、社会、社区等）互动的行为及行为方式上。这种对意识的要求、塑造和培养是要求员工在工作行为发生的每一刻能够有清晰明显的意识来引导自己如何做、如何处理，这种意识的导向和要求必须建立在正向、符合社会契约精神、道德、伦理共识等基础之上。当一种意识形成，其对行为和行为方式的影响相对是稳定的。这便对企业所需个体能力的发挥形成正向助益作用，也对组织能力的合成发挥看不见的助益作用。

举个例子，企业要求员工在工作时必须明确完成目标和时间，而后在每一项工作开始时，员工均会养成目标感和时间感意识，在与其他部门、其他人员交互工作时也会对目标和时间提前考虑。当员工有这种意识惯性时，其与上下游关系商之间的事务联络也会在这种意识的主导下开始，更甚者，其在生活中也多以这种意识行事。在某个单一工作环境、空间或业种特性下，企业对这种意识的要求工作并不烦琐，挑选其中一两个核心要求便能起到事半功倍的效果。

相对意识，思维也属于抽象范畴，在企业管理过程中，常说某个人"思维怎么样""他就那种思维""他思维能力不错"等，这些描述均带有模糊性。在这里就管理应用而言，思维可简单理解为思考维度或大脑形成某种认知的思考结构或方式,如逻辑思维很好,大体是说某个人会充分辨别 A 和 B 的关系,这种关系通过肯定和否定间关联影响来进行一种界定或输出某个结果。再如批判思维,也是一种认知结构,当事者多会从正面反面以及所衍生的他面进行综合对比,形成某种认知。在管理过程中,从事不同岗位和工种的人会有各不相同的思维,不同的岗位和工种也需要各不相同的思维。这些思维或思维方式或思考维度大多是没有名字的,如公关人员在处理市场危机时的思维,若只推卸责任显然会适得其反,而若能从当事者的人身安全、心理影响、社会影响、群体情感或企业内部管理等方面进行综合性思考并寻求妥善解决方案,这种思维的空间和思考后的结果会比单一的推卸思考方式和思考维度理想得多。在不同岗位和职能或情境下,存在着更多思维的陷阱,企业如果能将管理过程中隐性的思维方式方法以知识沉淀和输出的方式显性化,这对员工的思维能力提升则大有裨益。

在意识和思维的影响之外,还嵌套着个人价值体系,这种价值体系是世界观、伦理观、人生观等价值观念的综合体现,即使我们没有明确的意识导向如接待客户的方式方法,也没有受到相关思考方式、思维结构的培训,但我们在人生教育过程中所形成的如孝道、与人为善的价值观依然会影响我们的行为方式。在某种价值体系下,意识和思维方式均会产生相应变化,如"别出风头""别惹闲事""各扫门前雪"等类似模糊的价值认知,所造成的负面影响便是人们对社会公平正义的伸张力量和价值主张的弱化。在管理中，企业同样需要符合企业自身发展的组织价值体系，常见的是以企业文化的形式张贴于墙或写入制度中，但在管理者自身行为标榜、行为标准、价值主张权利上未能多关注，以至于这种价值体系受行为习惯和偏好以及亚文化左右，进而企业难以利用其修正和影响组织成员的行为方式。

企业很难在短时间内通过培训来达到行为习惯、偏好、意识、思维、价值体系的养成，这些需要足够长的时间和通过各种环境来渲染、沉淀，而后成为某种风格或精神品质，再在行为过程中表现出相应的行为方式。虽不能培训获得，但如前所述可通过一些管理方法来优化，除此之外，行为方式还有极为重要的影响因素——情境和成本损益。例如，一个人即使习惯随地吐痰，在飞机上也会有所收敛，无法克制酒后驾车的司机在吊销驾照的法令制度下也会努力改变。这是情境的约束作用，也是制度规则对成本损益动机的导向作用。情境应激和成本损益会因人的意识、思维、价值体系等不同有着天然差异，这种差异在后天知识和智慧习得过程中会逐渐改变，从而使决策和想法发生临时性转变。例如，每个人均知晓要安全驾驶，安全第一车速第二，但当碰到别人故意超车或插队时，往往因赌气提高车速或相互比超而忘了初衷。若将这种情境再做改变又会使得行为完全不同，如之前因这种赌气比超发生过事故并产生极大损失，再遇此境时，便多会忍耐。所以，企业并不会因无法改变人之本性而无所行动，当整体行为方式稍有改变时，新进者或陋习者也会有所改变；当整体不变并相互冲突碰撞时，冲突碰撞多会随时间推移愈演愈烈，直到某个用破裂来重获平衡和稳定的临界点。这种情境应激和成本损益对人的影响通过意识辨别、价值导向寻求再到行为习惯的克制和改变最终会落在行为方式的发生和转变上，企业认识到这点便可努力寻求方法创造环境以便企业持续发展和员工能力的持续发挥，这既是人文环境的需要也是社会文化的大同，它并不会产生额外的成本和组织损伤。我们将行为方式的发生和影响用图30来体现。

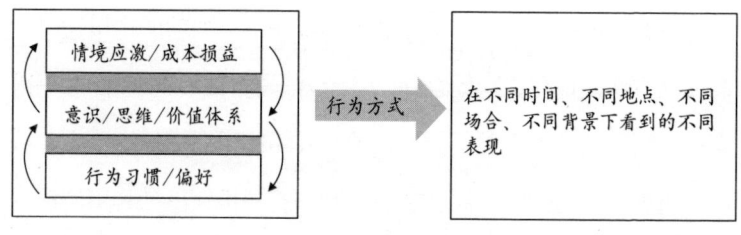

图30　行为方式影响结构

如图30所示，情境应激和成本损益会影响行为者当时的意识、思维和价值体系，在短时间重构的意识、思维、价值体系下，其行为习惯和偏好多会有偏离，从而表现出反常的行为方式。同样，企业对员工的行为习惯和偏好如能要求和约束，长时间其意识、思维、价值体系也会发生相应改变，在某种应激情境和成本损益规则下，其行为方式也会发生较大改变。例如，目睹小偷偷窃时，部分人会刻意回避，并不会立刻上前干涉，这主要基于过去大人的教导以及对小偷可能有凶器或周边团伙将会危及安全的恐惧，这是情境下的损益心理。若有人立刻制止并按住了小偷，原本不打算干预的旁观者则大有可能伸出援助之手并伸张心中的正义，这一短暂的过程，并没有改变其整体意识和价值体系，不过在利弊权衡和不同动机下，当事人进行了一点点意识和价值观的调整。这种调整是在他人的行为发生之后对其意识、思维、价值体系以及行为习惯、偏好的影响，若每个空间内大部分人行为习惯、偏好、意识、思维价值体系均正向且促使组织能力最优发挥、生产资源最优发挥，空间内有差异者也会受其影响并渐渐地将原有的行为方式进行优化和改变。

我们常常行走匆忙却忘了为何出发，就像企业成员间因输赢对错抵消掉了起初的那份同心协作。虽然企业中的行为习惯受过去的认知、环境、动作路径、惯性、基因、原始条件等影响，意识及价值体系也在感知、认知、动机、人格、社会环境等各因素下综合形成，但企业在管理过程中要尽可能培养、塑造、修正，也要激活许多正向的行为方式，从而使每个人在时刻变化着的企业环境中能够更好处理应激环境和成本损益关系，同时也让各能力集约合成为强大的组织能力，进而为资源效率集约的发挥奠定根本性的基础。

15 技能技艺

用刻刀在漆坯上雕琢千次万次，每一道清晰的漆层纹连同题材景韵一起显得精美绝伦，这是扬州漆器，你似乎很难想象出那一次次的雕磨需要什么样的技巧与工艺，不是每个人都可以轻松做到。一花一草一凤鸟，百镂千琢总鲜活，这是剑川木雕，从作图到雕刻虽有机器可以替代，但一个个镂空，一笔笔线条的技巧与工艺却始终难以替代。诸如此类，非物质文化遗产的手工工艺所蕴含的技能、技巧、技艺虽难以量化说明，但它们却真真实实地存在，这种存在为一块普通的刻材注入了灵魂，这种存在让某项能力有了难以替代的内核。企业中使一切资源高效发挥或呈几何式发挥效能的核心力量正在于技能技艺（这里暂用技能技艺来总括，其所代表的内容和覆盖范围后续将扩展说明）。

一个人完成同一项工作有进度快慢、质量高低之分，一个团队面对不同项目有进度快慢、质量高低之分，不同组织面对同一行业同一经营范围内的同一资本投入，其资产回报率也有高低之分，除不可控的自然因素外，高低不同多数是由不同的人、不同组织、不同企业单体和组织人之间的技能技艺发挥所致。我们将构成技能技艺的核心因素分为三类，分别为：专业的或具有针对性的知识和理论；行业的或特定的经验和方法；某一核心从属的稀缺技术、技巧、工艺和工具。这些均紧密围绕在企业员工日常作业行为过程中的每一个瞬间，譬如开口说话，在组词用句之前，员工的思维过程充分集合了一定知识能力、行业语言经验和高效的沟通方式，这一集合过程虽看不见，但是通过说话行为，对方能够感知到此员工是否专业。

在细分的社会分工趋势下，不同行业的专业知识和理论分裂得越来越细，繁衍得越来越多。某些行业的专业知识和理论已经累积上千年并不断迭代升级，如造船业，从木舟到上万马力几十节的轮船，只要有史册记载，其制造理论均可拿来比对，前者总能被后者拿来学习。而某些行业的专业知识和理论则稀缺，如人工智能的算法，只能在摸索中前行。任何知识和理论只要留有痕迹便可被他人学习，被后人迭代升华。每个细分领域的专业知识和理论都具有极其强大的技能技艺塑造锤炼能力，不管年代远近，其出现总能益于后人。例如，西方经济学从 18 世纪亚当·斯密起便不断被升华和迭新，每次迭新总能解决一些社会时弊并能推动社会文明的长远发展。再如，物理学专业知识和理论从牛顿到爱因斯坦到现在，不断叠加繁衍并持续细分。专业知识和理论成为每一行业、领域的能力区隔，这种区隔强化并推动着能力的高效发挥和升级，从而使行业从业者在其核心技能培养过程中必须不断学习行业专业知识和理论的来保持其技能不断增长，这种持续增长也保障了企业组织能力的持续增长。

163

在企业管理过程中，这种专业知识和理论也同样存在，如从分工论到生产力与生产关系，从计划管理再到科学管理理论、标准化管理、交易成本、资源配置效率理论、企业流程优化、流程再造、分工合作、目标管理、看得见的手、六西格玛、现代生产管理、Z.X.Y 理论、精益管理、人文管理等诸多理论，不同年代的企业均能从中汲取管理思维和管理方法，并付诸实践获得相应生产力的提升和资源利用效率的提升。诸多理论和专业知识既克服了当下的管理思维障碍，也被当下管理研究者和管理实践者升华以适应更精细、更集约的管理要求。同时，企业管理者对专业知识和理论的学习深度和广度，也影响其日常管理过程中的管理思维和管理行为，进而影响管理目标的完成程度和管理效率。专业知识和理论通常包括思想、理论体系、方法模型等，因其具有明显结构和逻辑性，使得思考的维度变得简单而全面、系统而周密、紧致而具有逻辑性，从而在实践过程中也具有高效落地指导性。如在时间管理方面，工作人员会依照重要紧急四象限来思考。再如制订一项计划时，常常采用的 5W2H 分析法、流程改善所用的 DMAIC 方法、质量改善的 5W 方法、生产中的人机料法环、汽车经销管理中的人车客店系方法等，其在生产管理和行政事务管理中均有高频次的使用价值。每个行业中的每个细分的职业均存在类似的思想、理论和模型，企业需不断培训、提升、淬炼专业知识和理论并运用于日常作业，当每个岗位的员工形成这样的工作思维体系、积淀了这种理论知识后，其单体工作能力发挥便得以保障，同时组织能力也便有了最大可能进行频振合成的必要条件。企业在培养这种能力的过程中除输入资源外，还需构建知识管理体系，不断提炼那些最接地气或自下而上的管理理论、专业技能理论、方法模型和知识来构建企业的知识储备库，使之成为企业组织能力最核心内容保障之一。

企业在日常管理中要培训和提升员工能力，无论是基层员工、中层员工还是高层，首先他们需要接受岗位所需的理论和专业知识培训。这种培训相较技巧、方法和步骤方面的培训更具有框架结构性、整体性和系统性，更能提升员工的辩证思维和思维的宽度与广度，所培训的知识可有效降低其他知识输入时的理解冲突和理解遗忘，同时对员工的心理也有积极的情绪助益作用。例如，企业将员工送往商学院进行理论、宏观方面的外部培训，培训后虽其很难将某一知识点运用于日常工作，但这并不影响其效用的发挥，这种效用会融于思考维度、沟通表达内容、自我情绪调节、人格的修复、行为潜意识修正中，在实际工作中体现出复合的效用。当企业进行内部培训或要求员工自我学习提升时，可提供一些理论书籍、论文、期刊或聘请专家研讨和诊断，亦可以取得同样功效。专业知识、理论、思想或模型并不会一成不变，当新的需求形态出现或管理结构、存在结构改变时，其也需升级和迭代，管理者在这一点上要有清楚的认知，不能在新环境下被过去理论的束缚，应该勇于优化老旧观念或思想，如社会分析中的PEST（政治、经济、社会文化、技术），后来又增加法治和生态环境维度，或许后续还需增加其他维度如网络环境、交通环境等。虽然专业知识和理论会有新环境下的适用性制约，但是其基础性效用往往并不会被颠覆，好比手机持续换代但电话和短信功能仍然被人们需要一样，企业在专业知识和理论能力上的提升也需在学习、构建、升级这条线上持续循环前进。

作为员工，除了要具有工作能力和组织能力中技能技艺核心的专业知识和理论外，还要具备一项重要的能力——行业经验和方法，这一点是毫无争议的。行业的高层人员的选聘和任用上，经验和方法会占据较高权重。这种类型的人才除自身所带资源外，还有一大部分经验和技能的储备，这种经验便是技能和技术的一部分。在汽车经销体系管理过程中，经统计对比分析，经验所代表的技能技艺会影响企业每一层级人员的工作成效，当执行层面员工不稳定且流动率超过40%时，作业成果和服务效果会出现较大波动。这种波动所带来的后果是作业成果标准差持续常态化扩大，如一次修复率和工时的波动、服务满意度的波动，这既是由新入职无经验工作人员所导致的，也有员工高流动率对员工心理和情绪的影响；而在中管层层面，无经验工作人员所带来的影响主要体现在隐性方面的如沟通成本、工作时长、管理费用的提升，显性方面如单客成本的提升；在高管层层面，则直接影响企业的组织能力和企业投入产出比，如资产收益率、净利润率、费用率等。

经验是行业职业细化下资源高效率运转的必要能力要素，既是企业管理中的人为选择也是市场下的自然规律，在长时间的沉淀和累积下，人人均可累积起这种能力。工作过程就是这种能力融合其他新理论、意识、思想落地于实践和日常行为过程。如何累积经验，直接影响个人能力和组织能力的提升，在科学管理宗旨下，通过一次又一次的修正、优化或实践，这种被科学标准化后的经验才能不断地提升和升华，不断沉淀和积累，可见经验通过科学管理和培训后方能在相同时间中累积到最大程度。这种方法如运用科学管理思想来提升经验并不和科学管理思想中的科学化标准化替代经验化相悖，这是因为科学的研究和标准化作业也是一种管理经验的累积，且这种累积并不因科学标准化作业而间断，如流水线的设计和运用是科学化标准化的，但在更新设计、装置过程中却离不开管理人员的经验。除此之外，还可累积和提升经验的方法有行业发展历程学习、行业现状分析和趋势的剖析与研究、社会发展趋势下的行业趋势与预测、某项职业技能发展历程研究和现实技能模拟学习等，通过横纵向的系统学习与思考，经验也会较快累积。

在日常管理中，企业需培训员工快速提升和固化专项经验，以便资源在利用传递过程中效用最大。这种提升和固化可通过三个方面来获得：一是纵向系统研究与学习，二是现有作业标准化拆解并标准化学习，三是反复演练习得，在这过程中，一是向前人学习经验，二是经验习得转化，三是经验固化运用提升。例如，一名市场经理开始负责宣传推广工作，他最好对广告宣传、信息传播的发展历程、媒介、特点、优劣等纵向学习，从而知道动态和静态广告特点、线下线上广告特点、不同渠道受众习惯及传播方式变迁特点等，再对当下不同产品属性传播方式和传播组合以及传播方法对标拆解学习，而后在实际工作中练习运用，如此便可快速弥补过往经验的不足，相较在工作中缓慢累积经验，如此作为则更能有效发挥企业输入其部门的每一资源。行业经验和现有的作业方法在一定程度上是当下市场环境中资源利用的能力现状，放眼将来这种能力现状虽存在诸多不足，但在当下却是最好的选择，如过去流水线工人和现在机械手、机器人之别。经验升华迭代的过程也是能力升华迭代的过程，企业在胜任岗位能力上以经验为基础选拔员工，同时也需促使经验标准化，不断锤炼、迭代升级经验，随着时间和行业职业的发展，经验不断累积并传递于后来者，员工能力持续提升得到保障的同时企业亦获得了持续竞争的能力。

在专业知识、理论、模型和行业经验方法对能力影响的基础之上，还有着更细小、更有支点作用的能力要素，如技巧、稀缺技术、工艺和工具等。如果你对某销售经理讲要把一表格中的数据和另一表格中的数据关联并生成透视表，随着每日数据的变化，可以及时了解进度和商品短缺情况等，但一周后，销售经理仍然没有完善好，迫不得已他只能向数据统计专业人员求助，才将表格关联好，这便是工作技巧要领掌握与否的差距。一如前文所说的非物质文化遗产手工艺者的独门技艺一样，在作业过程中掌握者和未掌握者在工作成果和效率上会有极大差异。汽车常用的发动机、变速箱等部件中均有齿轮，齿轮铸压成型后还需在表面进行喷丸技术处理，但在喷丸材料和工作环境参数设计上因各厂家差异导致齿轮耐磨程度和寿命也有极大的差异，同样，在一些电机碳刷技术上，石墨混合、压制、加工技术的差异，导致电机寿命也有极大差异，这其中一方面是技术的稀缺性所致，另一方面则是工艺的毫厘之差所导致的千里之谬。

诸如此者在工业界不胜枚举。各人员之间有差异，各企业之间有差异，各国之间有差异，从而使得不同企业在市场上有着不一样的竞争力差异。技巧和技术、工艺的差异往往会集成体现在工具上，工具上的差异再反作用于生产、作业的过程，经叠加又构成新的竞争力差距，这在日常多有所见，如专业知识和行业经验均无太大差异，但企业在新型工具上投入不足，导致部件产出良品率低或生产效率低等。技术技艺的形成过程均是积淀、累加和升华的过程，如将专业知识、经验、技巧、工艺聚合成工具、培训培养并规模化使用，在降低投入、减少费用时，对成果的高效产出会有极大助益作用。在日常管理中，企业需要持续培养员工技巧的娴熟度，鼓励员工学习稀缺技术、钻研积淀独特工艺并结合专业知识、理论、经验、方法等将其尽可能集合为工具，企业在封闭环境中如不具备这种动力，当有同业竞争者超越或遏制时，便陷入困境。无论在制造业还是服务业，这种工具集成的必要性和良好效果均在，如软件行业从静态 CRM 数据库系统到动态的 CRM 大数据云系统，餐饮企业的纸质菜单到微信公众号菜

169

单、各行业机器人等，集成且工具化是组织能力提升跨越的一个节点，也是能力不断被替代的必然，其在推动竞争力提升的同时也构成了企业市场竞争力的区隔。

将技能技艺几大核心要素进行集合显示如图31所示。

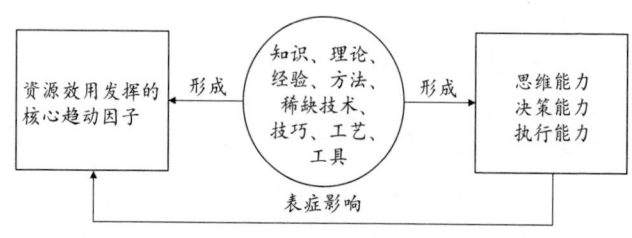

图31 技能技艺影响结构

是否技能技艺由知识、理论、经验、方法、技巧、工艺、工具所影响而无他因素呢？比如天赋，静态而言在管理过程中当员工在执行某任务或作业时，这些多为常态化的影响，天赋多能解决部分创造性的问题，就其根本，天赋体现一个人长时间强情志、心志等情绪状态。这一状态经累积和叠加同样会落在这些因素结果中，使其在一些知识和理论认知上更加深刻或独到或系统或真知，在经验和方法上更精炼，在技巧工艺技术上更独有稀缺。当这些因素综合起来，便无时无刻地影响每位工作人员的思维能力、决策能力和执行能力，这些能力进一步影响组织能力，而组织能力会影响到整体资源效用的发挥、资源利用的效率、目标的进度与达成。在许多相关问题上。企业多有困惑和矛盾，如自己的员工养成后成为其他企业的骨干、如何计提培训费用、是否考核并纳入绩效、成本和收益无法衡量等，其中企业最担心的多为员工离职问题，这点企业决策层或高层管理者需以更大的视野来审视。

在民营企业的发展前期，急速增长的市场需求和供不应求的矛盾多使企业跨越式前进，管理体系和管理方法零散并多有拼凑。一方面，这是市场与社会各环境因素的影响；一方面，是内部管理系统和经营哲学的不完善结果；另一方面，是不同制度和模式下从业者的个人价值取向影响，这一点与20世纪40年代前后日本企业员工离职率高大不相同。当一切慢慢趋于平衡，当企业开始稳步走，这种担忧不能再成为困扰，即使新创企业仍需以培训各技能技艺为组织能力提升第一要务。能力的每一个提升的过程均可不同程度促进资源效率的提升和效用的发挥，其助益作用在不受外力影响情况下，可通过评估工具和参数如产出率、良品率、成交率、占有率等来测量。技能技术需要培训培养也需要积淀，这对企业提出了双向的路径，一是重视赋能，一是重视储能，当其形成短板或软肋时市场看似出清的是产能或份额地位，根本则是能力。

从企业组建的那一刻开始，这便是不可忽视的一环，就像花朵要成长绽放必须有养分和阳光一样，累一点苦一点耗心一点……这便是管理者最真实的存在。当花漫大地，其苦也甜，其难也乐，以最热切的企盼寻求发现最好的技能技艺，成就最好的自己也成就最好的组织，成就最好的过往也成就最好的未来！

16 结构性约束 / 企业文化

举个日常例子,当你带着孩子出门游玩,买玩具、买小吃、打游戏……很快你会发现花掉了 100 元,于是每次出门你会按照日常孩子喜好和花费经验做好预算,你总会极力满足孩子源源不断的要求,这期间 100 元每次总能花到不同的地方。现在,出门前对他讲明,第一,每天只能花 100 元;第二,上午只能花 30 元下午只能花 70 元;第三,每天零食花费不能超过 20 元。若他理解并同意,你会发现他并不会每见一样东西就不计成本地花钱,估计金额后他会谨慎地选择是否要买某个喜欢的零食,要买多少……再做个实验,第一,必须要买最有意义的东西;第二,尽可能买最多的东西;第三,要买自己最喜欢的东西。这时他多会放弃占据 100 元一半以上金额的物品,每次也会思考自己是不是最喜欢,特别是碰到已经拥有的某个东西,即使看到别的孩子手里拿着自己也很想要,还是会努力说服自己不需要再买,另外,他还会考虑这件东西是否很有意义。

不管是前者的花费结构,还是后者购买物品的价值导向要求,这均是一种约束。约束会让孩子的花钱速度极大减慢,同时培养其不断思考问题的能力。我们把前者看成一种结构性约束或结构性条件，把后者看成一种文化价值导向（其内在也是一种约束）。这与企业管理过程中的有形和无形约束极其相似，如我们在做销售部门绩效设计时，如果设计好各业务结果指标提成奖金，毫无疑问销售人员会毫无保留地冲向总量以达到提成最大化；若对各业务结果的利润指标加以要求（如毛利率不低于35%），并在利润率符合指标的基础之上对盈利部分进行分成，此时销售人员则会将单个业务结果利润率做到最大以达到提成最大化。再如，在前两者基础之上乘以各业务服务过程中的服务质量系数，此时销售人员多会将精力和能力不均等地分配给不同的业务模块，以达到提成最大化。由此可见，不同的规则结构导致不同的动机，不同的动机导致不同的行为，不同的行为产生不同的行为结果。在这个过程中，规则结构便是一种显性的结构性约束机制，如在既考核企业利润率又考核资产周转率、资产收益率、负债率、费用率的情况下，企业经营过程中的导向和仅考核其中某一项要求的经营导向和结果会有极大不同。在此类结构约束下，企业作业人员在个体工作执行或与其他人员协同工作时，便不同程度地发挥其能力，通过能力的输出再影响资源效率、效用的发挥，最后便影响了整个企业经营的质量，同时也影响整个社会资源的利用质量。

企业中的这种结构性状的约束无处不在，最常见的如财务权利结构、人事权利结构、经营权利结构、股权结构等各大类别之下诸多事项运转结构。这些结构均具有明显约束性，如企业将人事去留决定权放在人事部门和管理部门，其对当事人和部门管理者的约束效力会极大不同，将财务预算权全部放在首席财务官（CFO）手中和分置于各部门同样会出现完全不一样的效果。这可以被看作一种结构性制度，但其并不完全等同于制度条例效力（在后续"制度"章节另述），大抵是因为在某一文化背景下结构性制度更具有隐性权利和力量，如企业制度明确规定员工的去留由当事部门发起并具有最终决定权，但当员工碰到董事长时，对其会比自己的上级领导更加敬畏，这种敬畏同样影响职位升降和员工去留。结构性的约束力量并不直接对企业资源要素进行效率、效用约束，多直接约束员工能力和组织能力，进而再影响整体资源效用发挥，如我们将总经理的决策权放置于 CFO 之下，在决策执行之前，先分析评估风险和制订预警机制，再经董事会审批通过后执行，此时总经理的能动性和其下部门能力的直接快速发挥便受到一定影响，而若经现有团队能力评估总经理直接执行某决策，后报备 CFO 或董事会，这两种结构对个人和组织能力发挥会产生极大的不同作用。

企业在认识、审视、分辨不同结构的好坏的同时，还需关注以下三点并不断保证这些结构的持续优化和调节能力。

第一，结构设计与迭代。企业在搭班子定战略时须首先考虑结构，且将结构性约束的力量放在首位加以关注，在设计的过程并不是任何结构都符合企业当下的组织能力现状和资源要素禀赋，则以某一核心为宗旨，在结构性力量对员工能力和组织能力的直接影响下，如员工能动性、人性（如名誉、成就感、获得感、利益等）、社会影响等是首要考虑因素，以事项、行业特性需求需要为纲，可一定程度减少盲目性和误差。

第二，各结构分子权利分配。如将每天100元分配给上午和下午两个时段，上午时段消费权限30元，下午时段消费权限70元，这是一种结构分子的权利分配。再如将员工的收入分为固定和绩效浮动两部分，固定部分核准权限赋予本部门，绩效浮动部分赋予相关联部门，如客服、售后、财务、总经理等，这也是一种结构下各分子的权利分配。如同结构设计一样，各结构分子权利分配并不在于权利的分配，而在于其是否可以对个人和组织能力进行正向最大化约束和负向最小化约束。

第三，各结构分子下的行为权利标准。因结构和各结构分子权限以及各结构分子下执行者权限多具有交互性和交叠性，如总经理有采购权，采购经理有采购权，采购专员亦有采购权，当没有行为权利标准时，模糊交替的部分若不发挥正向影响作用，便常常发挥负向影响作用，如采购经理或总经理同意采购时，采购专员如何保证不合格品不流入企业，这时便需要对不同结构分子的权利标准做出界定和要求，如采购专员在不合格率达到某一数值时可以有最后的权利拒绝采购，这便是一种各结构分子下的行为权利的标准设定。图32展示了影响企业运行的这种结构性力量。

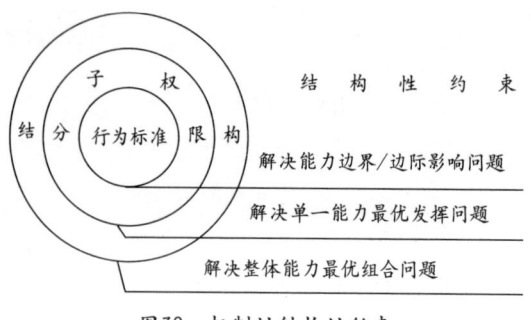

图32 机制性结构性约束

有组织则一定有结构,随着社会及企业管理文明的推进,若不是结构下的人性自由,也会是人性自由下的结构,这些结构的存在并不是为了约束,而是为了用反约束力以获取更大的能力释放,将无形存在的东西以有形的结构进行反向体现,如此便有了结构性约束的意义和必要。良好的结构可以让团队能力合成处于最优最大状态,同一资源状态其所发挥出的效力向内是企业能力状态,向外则实现市场声誉和份额的占据,而各结构分子权限和各结构下人员行为权限标准是保障结构性约束效力最大的必要路径,一个解决单体能力最优发挥,一个解决单体能力边界和边际影响,只有两者相得益彰,组织和团队整体能力才能达到最优组合。这一点虽好设计却难有统一量化的衡量方式,因为企业各异,所以在管理实践过程中管理者要以过去的结构为标准进行新结构试行,并衡量内外部客户服务状态、协同效率、工作效果等是否提升,若评估有改善便可替代旧结构,并再一次以其作为基础标准循环至下一周期。日常工作中,每个员工、管理者、企业均处于各自不同的管理、行事结构中，受着不同的结构性约束，但就供给需求价值链变化和商业模式形态变化进行不断设计优化而言却常处于被动的状态，多数中小企业并未有相关组织和机制来持续定期推进结构演变迭新，甚至某一结构固化几十年直至僵化被迫改变或被市场清出。

结构性约束多会构建一种平衡，也会打破一种平衡，如从固定薪水和提成机制变成合伙人机制或股权激励机制，这种对部门或公司整体员工的结构性设计往往会打破平衡状态，使人员效能极大提升或内部冲突极大凸显，但无论预期好坏，企业总需要在不同的发展时段结合社会环境变化和商业形态变化调整尝试这种结构性约束，从而使企业组织能力不断提升或资源利用效率和效用发挥最大。

结构性约束作为一种整体的、无所不在的、全大而又微小的约束力量，常无形渗透于每一个作业环节，在长期的持续的常态影响下形成一种文化。这种文化和显见的、意识的、口头的、标识性文化理念或制度性文化诉求交织在一起，形成企业显文化下形态迥异的亚文化或潜规则文化，使每个从业者既要相信推崇面外的存在又要遵从里内的约束。就各企业设置文化的起初导向和诉求而言多在约束之意，于是企业文化似乎起到了一定的约束效力，但就其根本则不在约束而在反向促进，这种促进亦可视为正向的约束，故用"约束"一词。

文化或企业文化一词显得极其广阔和宽泛，在不同理论、要素、思想、模型等下，管理者多意会而言它，若不论本质、特性和导向等，管理者必须思考文化可以用来解决什么问题？就本组织特性及内外环境而言，企业需要什么样的文化来解决这些问题？自己如何构建这样的文化体系？这是围绕在组织中人员与人员之间的较狭义和常态的概念，它像影子也像一只无形的手，在指引、导向、阻止、同化等方面其功能不亚于有形的各种管理准则或条例。它是谁？我们该怎么样认识它？在企业经营的核心和终极导向之下，文化首先会影响员工心态，进而影响能力的发挥、能力的合成、能力的频振，而后影响资源利用效率、资源效用发挥，再而后影响每个大大小小的目标与目的达成，助益组织能力最大化便是文化存在的必要和必须，以资源利用效率、效用发挥提升为导向并围绕能力的发挥和提升，集约各纷繁的文化形态去构建则是路径之一。

企业如何构建在于如何认知，而如何认知在于如何解决问题，从以下三点展开论述。第一，若将一个组织中的各种主流文化、亚文化、潜规则文化进行合并、删减并集约，将各标准、口号、价值观合并、删减并集约，最后仅剩一项，是什么？若最后仅用一个词或一句话来体现标准，其内容会是什么？这是一个非常艰难的选择，企业管理者在塑造或诉求文化核心时，总觉得不够，还不能完全做某种约束要求，于是便在交叉和叠加中放置了连自己都做不到的价值标准或文化因子，更不用说如何在制度、管理标准、管理者行为方式中去体现或量化管理或落地。所以，若企业文化要简化所有的烦琐，集约成最后的唯一，这个唯一便是"信念"，信念不再高高在上，不再空洞无形，不再是所有人瞻仰的牌匾，而是组织中每个人的"行为基线"。企业文化第一解决的是行为底线或基准线问题，行为底线或基准线是一种信念或信仰，亦是企业文化原始核心，每个从业者在发挥能力时应守住底线，资源效率效用发挥时应持续保持在某一水平基准线之上，避免因能力波动发生颠覆性错误，避免破坏资源和浪费资源，如干净卫生是餐馆的行为底线，是每个环节中每个人的工作底线准则。

长期则是文化从一个人的信条变为组织的信念。例如，某咖啡店的行为底线是"通过服务细节让每个人感觉到温暖、舒服"；某种子企业是"确保不让一颗坏种子流入农民手中"；某服装企业是"不求规模，为每一针每一线负责"；某行业流水线成套装备企业是"坚持钻研每个细节，让故障恢复时间趋于零"；某理财公司"不空许诺，审慎传递风险且向客户解读三次"；等等。以某种行为底线或基准线作为信条信念和文化核心是因为其让资源利用可以最大化，让每个从业者在实际工作情境中时刻有意识和价值观、行为的唯一导向，让输出端的客户产生最大的信任与信赖，让管理者可以从一而终地坚持某一管理经营哲学，如此便形成最核心的文化集约力量。资源效用发挥必属的行为底线或基准线是文化意识必须附着的轴心，若没有底线，其他文化毫无助益，行所不信，何植于心。

第二，解决团队能力合成氛围问题。氛围是一种磁场和气场，是交互者面对面时所能接受的所有有效要素的集合，如常见的沟通方式、情绪表现、行为方式、交际标准等，因工作过程中每个人并不能随身携带制度、标准或流程进行作业交互，在临时的、偶然的、随机作业交互情境中，个人本能、行为习惯、情绪阈值往往会起主导作用，更甚者，偶然的非理性状态会在外界应激过程中过分地体现。如何约束导向这些良好交际、能力合成所必需的氛围，企业文化便是最基础和长久的要素。前文论述意识、思维方式、价值体系对行为方式有引导和约束效力，同时亦影响情绪阈值，而企业文化作为组织集体价值导向、意识导向或思维方式导向也影响能力的发挥与合成。若企业文化中所倡导的最核心的信念对每个人进行能力和各资源要素集约，团队能力合成氛围所必需的文化内涵的助益作用则会使这种在每一个单点的集约更快速构成整个组织的集约，如企业中常见这一属性的文化内容有职业、敬业、忠诚、负责任、精益求精等，类似这些意识、价值观等方面的文化内容标语被贴于墙上、被收集在手册中时，若无每个人最内心、最核心的行为底线约束，集体性意识、价值导向即使历经员工入职、员工升职等环节培训，亦不能产生最根本的个人能力发挥驱动，因效用发挥基础缺失从而使约束和导向效力一同降低。这中间即便存在管理领导者精神或制度等辅助约束，但在个人动机失锚的状态下效用亦难最大限度发挥，从而使团队能力合成效果减弱。如果一个人不爱你，即使你极力表现讨好，你的爱也难入其心，爱和被爱是一种交互，心不在效用也便下降。

第三，解决情感共鸣、精神追求和人文环境归属问题。这类文化环境的塑造在商科案例和现实企业经营中较常见，如家文化、孝文化、忠文化或儒家思想的核心仁、义、礼文化等。其在认同企业团队个人价值观最大公约和社会文明方面起到相应助益作用，如企业要求并塑造爱心文化，对动物、花草、老人、小孩要有爱心并推崇爱心力量，基于社会文明大同，这无论在个人或团队均可形成公约并不会有价值观较大相左。若企业要求恶文化，显然会和个人、社会价值形成冲突，进而难以获得情感共鸣或人文归属效用。解决情感共鸣、精神追求和人文环境归属相关的企业文化内涵、要求或元素可在一定程度影响个人和组织能力发挥以及资源集约，但并不能解决绝对性问题，因其形而上且组织由不同管理者和人员构成，要将某一大同文化诉求形成信仰在不同情境、动机下极难一致坚守，故在组织生产服务环境中，个体能力最大化发挥及合成、组织能力最大化发挥、资源最优集约并不能由这类文化因子或元素形成充分条件。虽然企业要求员工信守正直，但在具体工作过程中和与其他人员协同工作时，正直并不能对具体事务形成约束，譬如要求员工细心接待客户增加用户良好体验时，正直却构成据理力争的意识导向，形成反效果，如此一来，倘若企业中员工能力不能发挥，资源效用不能发挥，正直文化于企业而言则无直接意义。又如，若某企业文化在员工能力发挥和资源效用发挥上面有很好的助益作用，但在员工的情感归属方面不能起到导向作用，久而久之便导致高离职率、恶性破坏、颠覆式损坏现象等问题，故在解决情感共鸣、精神追求和人文环境归属等问题方面，企业必须入心塑造和培养，这既是人的精神需求，也是社会人的人文环境需求，更是企业经营哲学的需求。以上三点论述参见图33。

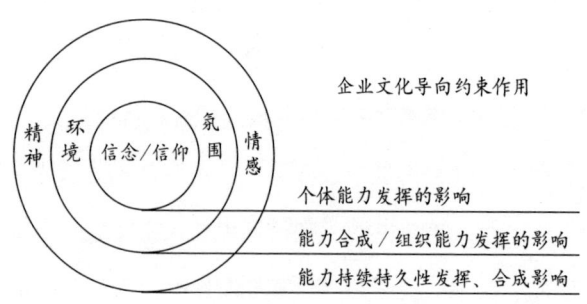

图33　企业文化结构性约束

基于文化对组织习惯和风气的影响，在企业文化塑造方面，企业无论以盈利为导向抑或属公益性质，其所塑造的文化必须首先解决个体能力发挥时的行为问题，而后到组织整体再到持续持久性问题，情感或精神上某一单一要求和导向若从形而上渗透至形而下虽有认同和否定之效，但其效用多有递减和衰弱，企业在衡量和塑造过程中需以实际经营内容和属性多加揣摩并塑造，除此之外，<u>企业文化并不等同于老板文化或管理者文化</u>，同样，<u>企业文化的塑造不能等同于老板或管理者的价值观或个人追求</u>。虽然管理者的价值观或个人追求对企业文化有一定的影响作用，但是企业文化仍需以企业、社会、客户为用，以能力、资源发挥为本进行塑造，无论这种塑造是主动的还是被动的，均需坚持主轴，修正个人偏见和单向倾斜。另外，任何层面的文化并不因意识标语的存在而被完全输入和领会，还须在目标、制度、标准、流程体系方面做出反向约束从而实现效力最大最优。最后，文化外延如愿景、品牌形象、企业社会价值观等并不等同于文化内涵，其对内管理过程助益作用亦有极大区别。

作为对个体能力和组织能力的主要影响和约束因素，<u>企业文化和各形式结构所形成的约束效力多形成无形的手，环绕渗透于每一个行为空间并促进和阻碍能力与资源效用的发挥，又因其相互影响相互促进，进而导致管理的随机性、不确定性以及不可预测性</u>。管理者在不同层级、不同结构权利、不同事务责任、不同情境权限下均需观察体会这些影响因素，持续优化管理方式、方法、工具和机制等以实现管理者的职能，将不可预测的、非理性的要素纳入理性的、可预测的框架之下，促进整体企业资源效用最大化发挥，这犹如黑夜进屋，虽不知灯的开关方向但会触摸墙壁尝试开灯，在相对固定的管理方法方式中解决相对不固定的问题，并通过迭代持续将方式方法升级，相较颠覆式管理创新亦能保障企业持续竞争的能力发挥。

17 企业家／管理者精神

很多次，我在碰到挫折的时候，总会想起母亲唠叨过的话"抬起头，别怕，路没有脚长，慢慢走总有一天会出人头地"，也很多次总能恍惚看见母亲多年来一个人的身影——坚韧地、勇敢地、瘦弱地开始渐渐佝偻的身影。有时忧伤似乎是一种力量，它背后蕴藏着信念和坚强，让你不再彷徨。有时就是这样的一种精神力量，影响一个人又一个人，修正一个关头又一个关头，让你从崎岖的路走到平坦的路，让你从黑夜奔向光明，一个人时不再孤单，一群人时不多纠缠。家庭是个组织，父母会给予子女精神力量，企业也是组织，同样需要一种精神，它因创始人而起，因企业家而生，伴随着日常生产服务无时无刻不在，这里我们将它称为企业家精神或管理者精神。

企业家／管理者精神集合了意识、价值、思维、行为偏好等一系列行为宗旨或导向类的认知，在日常管理过程中不断从下往上反射形成又不断从上往下映射成形，每个员工的行为所表现的文化内涵便是企业家／管理者精神的外延，它就是你的样子，你可以从中汲取精华，做出修正改变，也可以对其熟视无睹，但它一定无时无刻不影响每一位员工、影响每一个生产服务的过程，进而影响效率、效益和生存，于是企业家和管理者如何塑造这种精神以不断符合行业、业务、业态和社会的演进变迁则是从始至终不停歇的思考和行动。

企业家精神起初是一种创始者或带头人的人格特质，这种特质叠加了行业特性以及产业上下游生态环境，或助益或衰弱整体资源的发挥和团队能力的发挥，进而慢慢进行一些修正和融合。如初衷，企业家的初衷以某种精神状态伴于企业运营管理的过程，但渐渐被行业、产业、社会等环境糅合调整，进而可能背离初衷。这一背离或者较大或者较小，或者好或者坏，但均对企业整体经营产生影响。同样，这一点在管理者身上也有体现，如每位管理者身上的人格特质融入管理者精神中对团队人员的情绪、行为方式、技能习得发挥、资源利用产生影响，这种影响可促使资源利用效率提高或下降、生产率提高或下降、利润率提高或下降。因这种精神组织内每一管理层级的人都存在，其在相合或相对立状态下产生合力并影响整体组织能力。在不同国家、区域、组织社会、政治、法律、文化等不断变迁的环境中，这种精神具体指什么，该有什么样的内涵来作为大一律概括和表述虽难有准确的统一，但世界社会、经济发展史或人类文明进步史对此有较为普遍的认可，如创新。在此将说法归并集成如图34所示。

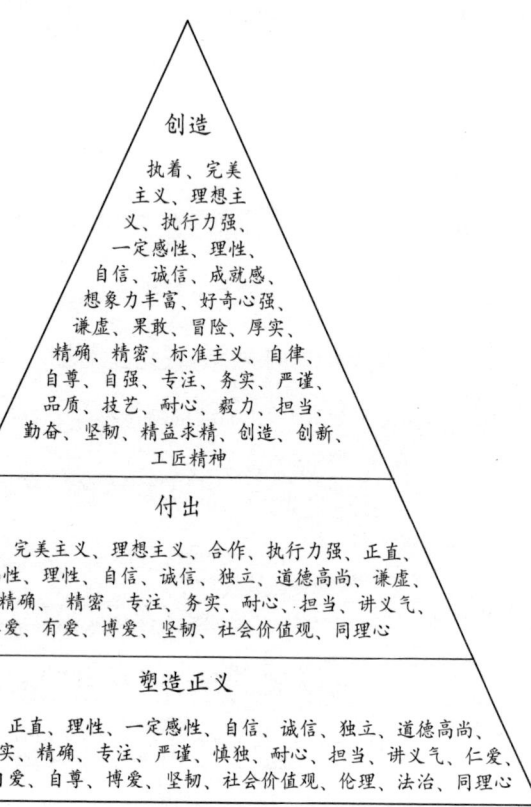

图34　企业家精神金字塔

不论企业属于何种行业，生产何种产品，提供何种服务，首创者一定是从无到有开启的，新来者又在其上创新叠加派生出更高级别或更多种类的产品和服务。若无颠覆性的环境变量，几乎很少看到某种倒逆现象，这种持续的变革、变化、迭新多伴随贸易、商业、企业等组织的持续变化而演进。当新的替代者出现，淘汰大部分老旧者，又出现更新者再淘汰掉次新者……企业作为人们生活资料的主要生产服务单位必须意识到和洞察出这种自然律和演进变化并极力追随和引领，不断淘汰过去、创造未来并构建、培养、强化这种能力，以一种不衰减的精神从高层到中层到低层来强化组织主体意识。

因为每一个创新在极其微小的空间或短暂变化中均是从无到有的，在极大的概念和空间中也是从无到有，故在此将创新统称为创造。于是，创造便成了企业运营的第一要务，无论现金牛业务如何舒适丰盈，总会在周期末端不可挽回地衰退，而创造出的被需要的新产品、新服务、新模式均可从一颗小小的种子成长为大树。这种使命和持续的动力以人为核心存在，便是一种持续的精神追求状态，对创始者、领袖而言，这是企业家持续拥有的企业引领精神状态，若在管理层便是管理者持续拥有的管理精神状态，在执行层亦是其持续拥有的执行精神状态。这种精神状态为每一个业务环节指明了方向，从而使能力和资源得以集约，助益效率、效用持续化和最大化。但这一精神并不会独立存在，往往有更多情志力在每个人身上体现和包含，如图 34 所涉及的执着、完美主义、专注、务实、勤奋、精益求精等。

诸多子因素作为某种企业家/管理者精神状态、价值主张均能支撑创新创造的实现，若在某种相反的精神状态之下，如投机、注意力分散、不追求品质等精神下，实现创造的可能便大大降低，除天赋和偶然因素外，在能力不集约的状态下，创新和创造并不会自然而然地出现。在创造之下，任何一种助益创新创造的精神状态均可称为企业家精神或管理者精神，企业可依据经营属性差异化塑造，这点因不同行业、不同环境而不同，但可殊途同归，如电子机械企业企业家/管理者强调精益求精、动漫行业强调想象力丰富。在精益求精的过程中，员工必在每一个细节上进行持续的创新创造来不断蜕变以求实现目标。每一种精神并不会单独存在，多种精神糅合而成为一种最终的精神状态便是创造。虽然这种精神状态适用于每家企业、适用于每位企业家和管理者，但于实际应用中可依行业、环境等变量的不同取其所属，如餐饮店致力于"每一盘菜让顾客赏心悦目"、IC行业研发部门要求"寻求最小纳米的制程和最稳定的性能"等，或再具体一点……这样不但便于组织所有员工整体理解，也便于组织所有员工付诸行动。

<u>因创造决定企业发展的牵引力，其在聚合资源并集约其所有效用致一时，也集约着所有的目标和所有的能力合成</u>，故每一点

细微的改变、每一种创新无论在哪种产业何种行业何种职类工种均是一种创造，当其适用性和效用普广且引起整个产品、服务、产业、行业发生变化时便变成了众人可见的一种创造，也给企业带来了新的营收和成长。将这种无数人、无数微不足道的创新和改变进行汇集所得的创造成果，以企业文化为导向进行营造和渲染，让每个员工能关注、专注于一点点微不足道的创造和改变，在不多增加资源损耗和成本的情况下，也必助益整体创造成果的实现，如此这般精神方可对企业、对整个管理过程助益，也不再以形而上口号飘于空中。

除创造外，企业家/管理者还需有付出精神，这一点在诸多管理学说中无多提及，但在管理实践中却是至关重要的。这包括企业家/管理者在时间、精力上的付出，在管理过程中对产品或服务品质的付出，在金钱和物质上对员工的付出，在心理上对员工人文关怀的付出，在社会上对环境保护、群众利益的付出，在上下游对产业链良好生态维护、营造的付出，在客户上对客户需求和体验的付出等。有些付出被法律和行政制度约束形成了义务式付出，但随着社会变迁，更多需要自律式付出，如共享经济下企业对保护用户隐私的额外投入、企业对社会公益投入等。<u>付出不只是给予，有些是一种克制，有些是一种隐忍，有些是一种坚</u>

守,有些是一种公义的引导。从初始资源类产业(煤、矿、土地等)到加工类产业(金属件、机器设备等)再到信息服务类产业(互联网、文娱等),企业家的付出正在持续扩大,如从单一的工资、社会税金付出到物质、精神、上下游、用户群体等多维度多元化的付出,这些付出是一种社会演进的动力,同时也伴随企业经营形态的前进变化。例如,手工业作坊时劳动力的工资为企业家的主要支出,而自动化时期则出现文娱设备设施等方面的支出,再后来出现心理建设等方面的支出等,这些微妙的变化既是员工个人的也是社会整体的需求,既是一种显性的成本性的付出,也是一种隐性的意识和精神性付出。

意识、意志力类的精神,和创造一样需要诸多精神素养、心理内涵来支撑,如执着、诚信、专注、耐心、担当、义气、坚韧等,这些精神或人格力量,在日常行为过程中常伴随着付出的状态,但并不是每一个企业家或管理者都能持续以此作为导向或精神力量或作为长期的心理建设锚轴。人们在工作过程中常常会自问"为什么要这么拼""为什么要这样付出""又没有什么好处""算了吧,放弃吧"……通过自我说服,人们多会放弃这种精神,从而企业家或管理者对这种精神状态的秉持便变得被动且断断续续,但正是这种持续的精神推动着个人和团队、组织能力持续成长增强，也推动着公司持续的成长变强。当企业从小变大成规模时，就一定需要这种付出，也一定是许许多多人付出的结果，其中企业家或管理者的付出首当其冲。在每个管理核心的凝聚下，付出精神聚合了强大的推动力量，促使企业快速前行。企业发展初期，因工作内容的繁杂和职能的交叉模糊，每个员工往往需要强大的精神力量和氛围来推动，当企业变大成规模后，这种付出可在制度和职责规范边界中得到一定保障，但仍然离不开文化氛围。当环境中每个人变得自私并寻求利益交换不断为自己索取时，即使制度做了一定的约束，这种合力依然会缺少最有效的黏合剂，从而使组织资源和能力发挥大大下降。

<u>在企业运营过程中，付出必须是一种常态，这种常态必须由企业家或管理者来践行推动，即使这种付出精神起初并不是自发具备的，并需要克服人性中贪婪和自私的成分，但亦必须以付出作为精神导向来不断修正思维方式和价值体系</u>，企业家必须首当其冲地担当这种角色，培养自己具备这样的意识。企业家是核心影响人，无论在企业初期的身体力行还是规模后的制度设计，企业家不具备这样的意识，其制度体系亦难有贴切的文化轴心。作为上行下效的起点，付出是一种精神，也是一种人格修养，既是一种企业发展最直接的推动力量，也是一种企业社会群体最需要

的人文力量。摒除狭隘占有欲,为企业持续发展在研发、上下产业生态方面付出,为员工在个人、家庭、亲情方面付出,为社会在公益、环境、文明等方面付出,均是优秀的企业家精神。这种精神在影响管理者、每个成员的同时也在影响自己,通过正向反馈和循环,让企业运行得更加健康并推动社会更加文明。

如果创造是牵引力,付出是驱动力的话,企业家还需具备与社会环境相吻合的、决定企业稳健长久发展的基础性力量,这便是塑造正义的能力和塑造正义的精神力量。这一点似乎是处于至高的道德制约层面,但实际是最务实和最渗透于每个员工细微行为动作中的标尺,它决定采购人员会不会放松入库标准、决定生产人员每一厘标准的严谨、决定每个环节和整体良品率的高低、决定客户使用过程中良好的细微的体验感知……它往往有基础性和颠覆性的作用,每位员工心中所秉持的正义感,在点滴累积过程中最终会体现出巨大的力量,或者好或者坏,虽然好处难以测量,但人们常常会看到极大的破坏性力量,如三聚氰胺、瘦肉精、假疫苗事件等。与其背道而驰所释放出来的颠覆性力量往往在于中断信任,而信任是社会人一切关系的基础,是企业一切创造创新运营发展的基石。有些信任中断后还可以接续,但正义的信任中断常常伴随着覆灭。企业家必须担当这种精神,无论是从用户、员工和社会角度还是从产品、情感或更多角度，均需时刻推动和践行信任。企业家或管理者在日常组织运营生产过程中，所能影响的每一个人均可影响其身边每一个人，若每一个企业均能影响每一个员工，众多企业则影响几乎所有人，这种力量既是社会进步和文明进步的需求，也是企业发展所需顺应的需要。

这种精神和前两者一样在实际运营生产服务过程中发挥着持久的不可或缺的效用，因其不仅仅局限于企业领导者的意识形态和价值主张，更多会体现在每个生产服务过程中每个员工学会如何面对弄虚作假、偷懒糊弄、寻租交易，如何优化流程、更新标准、潜心创新。企业家或管理者必须强调一种或某种正义，其必须是每位员工的核心行为或准则，以形成结构或文化性约束力量，成为多层面、多业务范畴自我和外在督进体系。

企业，作为社会生产组织单位，所构建出的组织内文化亦是社会文化的一部分，其推动社会进步的同时也须符合社会所需。企业家/管理者精神作为这种组织内文化的构建、渲染和推动者，在主动导入的同时也须因势而变，内化社会最优文明趋势为组织内在文化文明的导向。企业家精神是这种导向之初的力量，在引领企业为社会付出的同时，主动塑造正义，赋予每个日常管理行为细节去实践，让这种实践反哺社会，再回馈企业，回归企业家

193

自我最优价值。同时，管理者也必须具备这种精神，这一点在诸多内外管理理论中无多提及，管理者作为社会分工细化下的一种职业角色，作为职业经理人和资源组织利用者，在为股东负责的同时更是社会组织者角色的担当，其精神可影响组织内诸多人员，这一点可正反双向说明。例如合伙人管理机制，也如一个管理者影响破坏组织文化环境后，后来管理者往往被组织、员工反向影响，从而陷入负循环，这让股东和投资者痛苦不已。在网联管理结构和便捷的信息交互环境形势下，必须持续迭新和重塑企业家／管理者精神，让每一种符合企业、行业、产业、工种环境、职能范畴的精神发挥创造、付出、塑造正义的内涵和力量。

第五章 管理的右侧

10

在 TAR 结构中，企业所有资源要素需集约利用，同时还需考虑如何进行优势集约或集约后需体现最大程度优势，这便对管理者提出了极高的要求，即管理者必须更加系统思考架构、更加了解各部门／工序／事项能力支点、更加了解业务细节。在进行一系列管理动作或策略措施时，企业所运用的制度、标准、流程需在集约中体现目标达成最大化、能力发挥最大化和资源效率最大化效用。那么如何在每一个管理细节、过程和情境中形成这样的资源集约并形成优势集约？以什么样的方法和工具来指导资源集约实现？用什么措施来维系所有资源管理细节？通过管理理论的不断累积、迭新和社会生产方式、分工方式不断演变，企业日常管理形成了最常见且最基础的共识，分别是制度、标准、流程，其中制度包括要求、建议、准则、规范等。制度、标准、流程分别对资源的应用发挥有着不同空间维度的约束效用，如图35所示。

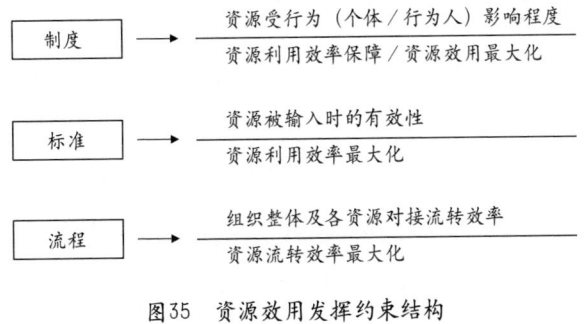

图35 资源效用发挥约束结构

如前文所述，能力作为人力资源的结果往往具有不确定性，因其需在对接各有形、无形资源或能力输入资源时才能发挥出资源效用,故对资源的约束也便是对能力发挥和发挥过程的约束,如此一来,本章不另将能力作为资源另行说明。如图35所示,在既有理论和实践基础之上,对资源应用的主要静态约束条件有制度、标准和流程,其中制度常作为约束人员行为的力量,来保障资源在被人加工利用的过程中不发生负面破坏性效应,如常规定的"轻拿轻放正面向上",若没有此项制度的约束,很有可能一件物体会在不经意间被破坏。<u>这种行为性的破坏常伴随无意识的行为动作、情绪的起伏、行为习惯等发生,不受约束的行为多具有破坏性</u>,且这种破坏性常会超出标准、流程规范,故制度旨在约束人的行为,特别是约束负面行为,以减少资源在利用过程被超规耗损,保障资源效用发挥到最大、保障资源在利用时利用效率和效用不受负面行为超规影响。虽然这一点在诸多企业冗长的制度条文中显得模糊,但是每个企业和组织均会有相关设计和体现,就其所发挥的效力而言,不系统和未集约状态在各管理情境、标准、领导风格等下显得低效而苍白。

除制度外,标准也属于广义的制度性条例范畴,其效用发挥与制度相比在宽度和针对性边界上各有不同。企业在具体的工作、工序环节上多表现为具体的行事要求,从而使得资源在输入到下一个环节时比未受约束和规范变得更加有效(这种有效是要标准精准且系统而集约,若相反则易合成谬误),且使得资源在利用时效率最大化。例如,甲同事将部分稿件字号设置成四号,部分稿件字号是三号,甲同事所合成的资源输入到乙,乙是被输入者且需花时间优化甲输入的成果,即调整字号大小等,如此一来,被输入的资源有效性下降，乙利用资源的效率也下降，最终导致整体资源利用效率降低，而资源利用效率降低则意味着能力合成优势下降，更意味着时间成本上升、管理费用上升、利润额下降等。这种情形在服务业或生产制造业发生或者因为标准本身，或者因标准集约程度，或者因管理者领导方式，或者因执行者动机等，又不易被察觉，久而久之形成管理黑洞，如每个部门、职能、工序、行为过程中的耗损不合理却又对之无奈。

流程是对资源利用效率的约束，随着在人员与人员作业间的流通、随着时间的推移、随着空间的流转、随着程序的交互、随着职能和权利等的利用，资源在或长或短或繁或简的流程中效率也发生变动。最简单的理解便是，如果某种资源流转的时间是1小时，另一个是2小时，在效用不变的情况下时间越长效率越低。流程决定着资源流转效率，就像水管对水的流速影响一样，企业中任一流程均能对单个资源和整体资源流转效率产生影响，如何优化流程确保效用和流转效率最大是每个管理者发挥核心价值的一个方面。

18 制度（集约制度体系）

我想大多数人都喜欢旅游，新奇的风光、不一样的环境、不一样的空气、不一样的心情，自由的心和飘荡的思绪，若时间无限，每个人都不想旅游结束。你总觉得旅行美好，即使路上诸多不快也随即忘记，但工作却不能，在一个组织体中任何不快都容易被铭记，在没有极强的文化信仰和制度环境下，聚合在一起的人们更容易彼此受伤，这种受伤并不完全因情感冲突而发生，多由制度负累而起。制度会造成自我冲突，会造成事件之间的冲突，会造成人员与人员之间的冲突，会造成人员与事件之间的冲突。例如，员工本想和客户多交流一天，但公司财务规定只报销拜访当天的机票，此时工作兴趣动力驱动和利益驱动便造成冲突。再如，销售部门为迎合市场变动需制作一本新的宣传册，执行时却又受到预算的限制等，诸如此类，制度会无时无刻不对人员的行为和行为方式以及团队协作约束。这种因制度出现的理性的条件约束，若从单一层面或点或单线条而论总有两面性，如企业要求轻声细语服务，若面对老人客户，员工并不会自动提高音量，实际操作中需要对年轻人、小孩、老人制订不同的标准或因对方反应状态再进行语调、声音和表达方式的调整，如此才能改善单一约束的效果。这种对制度单一性的约束补充，一方面是结构性约束，另一方面是不同情境下的权利敞口。除对具体行为要求外，企业管理中还需对不同情境或不同业务环节、不同人员进行不同资源权利的分配，以保障资源利用效率最大化，同时还需有结构约束作为整体资源效率和效用的保障，如图36所示。

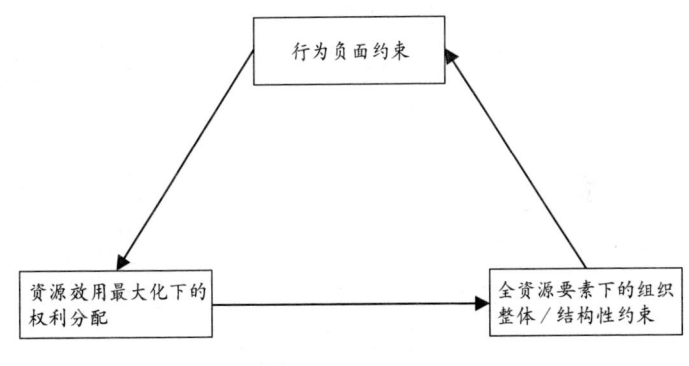

图36 制度约束结构

在日常管理中，常见的制度多是分类存在的，如人事制度、卫生制度、安全制度、采购制度、销售制度、财务制度等。分类存在的制度从文字、逻辑及导向讲，均具有指导性和有效性，但在实际执行中却无法对应每个业务环节中的每位员工行为，即制度效用被忽视或滞后，一方面是因为制度的分类集成，另一方面则是因为制度的内容导向综合模糊，如人事招聘制度中"选人时需保障性别、出身、民族平等……"这样的制度要求并没有错，但执行中用人部门可能会说"我们的岗位偏向男性……"，而若制订成"不得就某岗位向应聘人员进行性别、出身和民族方面的诱导和引导……"前后表达意思虽有微妙之差，但就制度在使用者心里而言，后者约束效用在实际中会更加明确而深刻，如此制度效用才更好。

制度在实际管理中是正向导向还是负面约束，这一点并没有形成鲜明的观点，如上所述，通常制度是综合的和统筹的，同时在每个员工的岗位导向或岗位职责或入职工种培训中并无过多细分宣导，从而使得制度的纸面意义大于实际执行操作需求。如图 36 所示，在制度的约束效用中，无论哪种类别总需对应在相应业务的执行人身上，无论何种内容管理者总期望能发挥正面且助益的效果，这便要求制度对于受用组织、部门、岗位和具体个人而言是便于记忆、容易理解并能顺人性、能被有效执行。若以具体的执行个人为核心设计制度，则不需要烦冗的正向导向，只需要负面约束即可，将正向导向设计于岗位目的、定位、目标便能涵盖一切，而负面约束相较正向导向内容要简单得多，且"法律效应"要更明确。以旅游景点对游客行为的约束制度"请勿任意丢弃垃圾""将垃圾丢进垃圾桶"为例，其中部分游客将垃圾丢至隐蔽的沟槽或山坡等看不见的地方，因此行为可侥幸规避公共道德指责，但为环境污染治理和保洁工作带来极大的成本，若在不同区位竖起制度性宣传牌"请勿将垃圾丢至沟槽和难以清捡的地方"，虽可能有人将垃圾放置路边影响卫生，但就大环境和清洁成本而言，效用可能会更好一些。

在制度体系中，对行为负面约束类似于"负面清单"，最大的效用就是不碰底线，有多好并不需要制度指导。企业文化、管理方式等诸多因子均可约束导向，但对负面行为并不能有效约束。在执行过程中，若员工没有负面行为底线意识约束，在情境应激或情绪失控时则会发生较大的破底线行为，这种行为偏离会造成极大的资源损耗、成本和代价。行为负面约束可根据不同工种、职能、工作情境、工序环节等进行设计，在个人岗位说明、职责表或岗位制度中明示负面行为、解读负面行为，培训学习负面行为，就执行者个人而言，所起到的制度效用比从制度分类手册中读取更能深入行为过程并体现其效用。将这些分散于每个人或每个业务环节的制度集合并归类则是常见的手册，从整到散和从散到整的过程，不仅仅是形式的变化，更是制度系统化、集约的过程，在集约中可形成更高层面制度价值观轴心的构建，并能将重叠多余或错配的制度删减和合并，这一点在从整体到具体的制度体系中并不能一次性构建。如幼儿园的价值核心是"为孩子提供健康、安全、舒适、周到的成长环境"，作为最高层面的制度或文化导向，要在每一个教育情境、教学规范或从业制度细则中体现出来是相当困难的，若没有行为上的长久执行和营造出的惯性氛围，制度或文化导向多会是空洞的口号，若从"在教学场地中不阻止任何创造性行为；当孩子大声叫嚷哭泣时，默念三遍'冷静'再寻求解决方案；不把撒落一地食物的行为视为没教养；当孩子专注玩耍时不打扰不干预……"等制度细则中提取，则可将价值观从不同项和情境中进行集合再生成总的价值导向，如"用耐心和包容构筑健康、安全、舒适的成长环境"。如此，从整体到末端和从末端到分项分类再到整体，制度体系在其效力、效用、企业文化形成等方面会大有不同。<u>制度对行为负面的约束并不会像对行为正向的导向一样繁多，也不会出现情境真空的现象。在底线思维和核心信念准则下，其在不同时间和空间总能体现一定的生命力，如此在简约而高效的制度约束中，企业中的每个从业者也相对减少诸多心理对抗和心理成本负担。</u>

行为负面约束会占据诸多管理空间和时间，如尽管我们要求员工不可以向上级送礼和行贿，但是明文规定下的不许可在其他利益和情境影响下可能会发生，这便要求在行为负面约束上还需约束资源流转的执行空间，这种约束必须有一定的威慑力和制约力。例如，制度可要求"当下级向上级行贿，上级可以直接拒绝并开除当事人；当上级受贿索贿，下级或检举人可无条件免责检举并××倍计入绩效系数"等。在证据充分且符合企业行业特色下，这种制度规范便形成一种结构性约束，我们将这种约束称为"全资源要素下的组织或组织整体结构性约束"，可对单一组织设计约束亦可对全组织体设计约束，可就某一工作领域设计约束也可以对工作全域进行镶嵌式约束设计。在行为负面约束基础之上，结构性约束的合力须为正向导向的方向，其存在在不导致理解冲突、动机混乱的情况下，将制度体系或文化体系中易出现交易成本的潜文化或规则进行了显化，这使得员工并不需要再将多余的心思和精力投入到猜测和揣思上,以非常简一的导向来集约所有员工将精力用于工作,并在其中获得成就和自由。当每个员工多发挥一点点,企业整体效益和资源利用效率便出现极大的提升,这一点对比以往的人情、金字塔、威权、阶级等管理体系显得尤为需要。

除此之外,便是最常见的制度对不同权利的赋予,如常见的部门分类、分工、部门领导者的权限和不同部门权限,某个特殊业务环节的权限和某个情境下的权限等,这一点似乎沿袭和秉承了泰罗、法约尔管理思想和管理理念。但在网联化、共享化、人格个性化自由化的管理背景和趋势下,传统的权利赋予多强调了人的权利,在没有边界和范围集约以及结构性约束下,基于事项开展、作业效率和资源利用效率的助益,因没有细分主客体明晰导向,在模糊的管理范围和权利界定下,往往出现不同动机致使资源效率、效用发挥受损,如管理亲私不亲贤、搞利益圈子、设栏卡塞等现象。<u>制度对权利的授予并不指授予某个人,权利虽由人来发挥运用,但就本质而言,具体"事项、事物、事件、情境等"才是主体</u>。权利首先是赋予事件,以人为客体代为执行,执行完毕则权利运用完毕,故需更改以往一个常见的现象,即授予某个人或部门权利便等于授予了所有时间和空间的权利,或者授予全流程、全要素的权利,于是在持续权利运用和变现下,经效用、信用等累积常出现两极化的权利依存和权利抵触。这两者均会让资源运用到一定阶段表现出极大脆弱,脆弱所带来的意想不到的后果就是资源效用极大且快速地覆灭或坍塌,这对企业而言是一种极大的损失。如,企业赋予销售经理目标核定、人员绩效管理、销售政策制订等权限,常态下销售经理会对目标多少、如何分解,绩效标准、系数、权重设计,销售政策制订等具有绝对定夺权利,但这并不意味着其具有忽视或直接否定销售人员、市场分析人员等对价格、市场趋势、消费倾向等提出建议和对各制度提出修订的权利,如制度可进一步约定"在销售政策制订时,销售一线人员依据终端数据和用户端观察感知可进行最有效方案提案,销售经理需接纳并充分论证吸收意见并做出相应修正……,市场分析人员可依据既有数据模型模拟验证新销售政策方案,在非突破性、创造性行为决策下,当两者发生严重背离时不可执行……"。如此,销售经理对权利的赋予在于其需对整体销售资源进行全局把控、整合和利用,以便于资源效用、效率最大化发挥,而销售人员或市场分析人员同样可对核心资源环节效用发挥进行质控和促进,在同一件事情中,对不同资源进行不同的权利赋予,在一定程度可影响资源效用、效率最大化发挥。<u>在集权或威权管理体系中,因下属或平行协同部门权利被压制,往往发生一言堂和一人拍板全员担责的状况</u>,如在某新车型研发过程中,虽然企业对新车型做了市场调查、论证,但因诸多反对声音调查和论证结果未能被接纳,执意上马新车型,最终导致新产品滞销和市场份额的丢失,诸如此类,多在于权利的泛边界扩张和资源效用最大化下的权利分配不足或权利剥夺和压制。

在资源效用最大化的导向下，制度对权利的赋予可以相互镶嵌、补充和促进，企业管理者应时刻动态观察并调整这种镶嵌结构，无论是部门分类、职能分类还是更多形式，利于资源效用、效率最大化发挥即可。除制度本身外，所有制度所能发挥的效用亦取决于执行者、管理者和企业家们的契约精神和对制度的忠诚，并能在克制、发挥和更新中不断糅合其他要素为企业创造出价值和社会利益。就制度本身而言，其本身并没有严格意义上的好坏，但在组合的制度体系约束下，往往会使行为人动机发生扭转或改变，进而影响各要素资源的发挥。这种影响使得直观结论便是制度好或者坏，企业管理者应时常对这种直观结论保持警惕，并在行为负面约束、资源权利分配、结构性约束方向进行思考和辨认，在矛盾冲突时调节任一方向使其平衡，在互相促进关联不足时设计并集约成系统体系。当在一种管理情境中某一单一制度约束即可发挥最优效用时则不需多维设计，当多维制度体系冗余压制个性、能动性发挥时，需删减合并。于此，保持集约的、简单的、明晰的制度体系，减少制度负累也符合人文管理的需求。

19 标准（赋能标准体系）

企业会不会陷入一种哪儿哪儿都有怨言，哪儿哪儿都有道理的混乱状态？宏观理念层面阳光美好，微观执行层面百种阻挠，从哪里下手？是否有一种能力可以构建企业能力体系并形成持续稳定不断迭代的竞争力？

我喜欢在雨天看雨，我常常在想雨是否淋着了每一片叶子？每片叶子是否张开嘴在大口地呼吸？雨是如何渗入了土壤？又如何通过根系让每片叶子娇嫩泛着绿光？它们如何调节吸收的？又如何适应四季不断换装？雨很均匀地下，浇着每片叶子，冲净了尘埃。从接到雨的那一刻，叶子、树干、根系、每个细胞都在完美地配合着。秋天来了，外界的变化又传感到树木的每一个环节，虽然我不知道是哪部分细胞最先感知外界的变化，总之叶子、树干、根系、每个细胞都应机改变了运行的频率和速度，周而复始，生生不息。

企业需要有系统运行的能力，还要有系统创新迭代的能力，它应该像树一样均匀地缜密地成长，又能缓慢地不间断地随着外界的变化而变化。企业的成长可能是不稳定的，有时成长很快，有时突然停止，有时一成不变，有时跟跄跌撞伤筋动骨，有时员工发生剧烈变动，有时员工一成不变，有时工种间相互推诿，有时部门间相互扯皮。是否有一种状态恰到好处，运行平稳、顺畅和谐、高效？是否有一种体系稳定而持续变化，让能力发挥充分且渐变迭新……虽然多数人并不常碰到这样的企业或组织，但每个企业家、管理者均应思考如何构建这种组织或企业。在这种导向下，企业若想系统、平稳、高效地运行，同时又能适应外界变化持续创新，首先具备的是组织能力体系具备这样的特质来持续推进企业前行，而组织能力又由个体员工能力构成，诸多的员工代表着诸多的能力因子，如何将这些能力集约利用并发挥资源价值，这本身是企业的另一种体系能力，显然就能力要求能力如何，如同缘木求鱼，不知其材亦不知所用。因为能力最终需要发挥所有资源要素，故资源效用、效率由能力发挥决定，反之，以资源发挥来进行能力塑造并构建或重塑组织能力体系，则可构建出一套企业内部能力运行系统。这个系统不再是模糊的、概括的或形而上的，因为需要将每一个资源效用发挥出来且需以更高的效率发挥出来，这种要求的标准便是对所施能力要求的标准。

将诸多标准集合便是对能力体系的集合，将整体资源价值最大化发挥所需的每一小块资源能力需求标准在生产、服务管理过程中进行集约，则变为一个能力标准体系，这种能力标准体系除对资源高效利用，还可动态平抑、平衡个体能力的起伏与波动，让每一个个体能力在生产服务体系中发挥得恰到好处，不抛锚脱轨，并能促进其他能力的提升。管理者必须把这种体系的构建放在不间断的工作全程,本书将其称为"赋能标准体系",如图37所示。

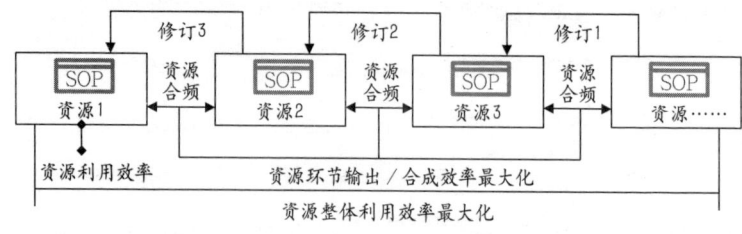

图37 标准约束结构

企业中各输入资源在发挥其价值效用时,不同工序、环节、部门需按不同标准塑造价值。这种不同的标准亦是对能力的不同要求,此时能力不再是含糊的,必须明确到一分一毫或指向具体,如企业要求编辑人员将表头预留2.5厘米,要求将药与水进行各50%的掺兑,要求水加热到100摄氏度并持续3分钟等。工序环节代表资源的流转,从上一环节流入下一环节,资源要达到效用最大和效率最大,便需要资源在单一工序中,在不同时间、不同工作人员间或不同情景下保持输出效果一致,这一方法在既有的管理方法和理论中多是SOP,无论是人工作业,或是机器操作,抑或人工机器混合操作,无论是单一的动作还是集合在一起的动作,SOP均能使资源效用和效率最大限度发挥,这一点在过往流水线作业、机械化作业到无人流水线作业、机器人作业上均有极有力的现实佐证,并且随着技术的日益精进,基于SOP管理方法和理念所派生的管理方法或工序设计亦将会持续发挥其强大作用，这种基础性作用作为管理方法和实践理论在迭代中不可或缺，因为资源在单一环节中效用、效率最大是持续不变的需求，于是这种管理理念也应被管理者持续应用并将其丰富多样化以不断适应不同的执行场景。资源可以在某单一环节因 SOP 发挥最大的效用并实现效率最大，但当流转到下一环节时，即使这两个环节各有 SOP 保障，但却不意味着两个环节连在一起可保障资源在流转过程中或合成过程中仍然效用、效率最大，这之间常见的影响便是输出误差。例如，虽然企业配备了精密的流水线和设备以及出厂检测环节，但是总存在问题手机部件、汽车部件。产品出厂后在消费者使用过程中出现问题并返厂，会整体削弱资源利用效率。

<u>输出误差影响着输入环节资源合成后效用和效率最大化的程度</u>，如图 37 中资源 1 到资源 2 到后续，若在被输入过程中后一资源对前一资源输出的标准无法清晰测出，则导致最终合成一个整体资源流入到使用环节并出现问题。技术盲点总会存在，如手机电池在检测和使用测验时均无问题，但在消费者手中出现鼓包或爆炸现象，显然在电池安装环节，工人或组装机器并不能检测出其不合格，于是当所有隐性因素集合到最后，则发生较严重的整体资源效用下降或归零结果。这一问题在管理中并非不能一定程度解决或规避，如资源 1 输入到资源 2 时，资源 2 必须对资源 1 的被输入标准和需求标准进行对标，从而确保资源 1 在输出时效用最大，这一点在产品、服务设计阶段或实际执行阶段均可操作，<u>资源双方在资源被输入时，必须评测被输入标准，确保输入后利</u>

用效率最大、合成效用最大。但在实际管理过程中，常常因为执行者权利不受限制而人为改变被输入标准，导致风险被累积到最后，也导致资源效用最小、资源损耗最大。对产品或服务而言，资源的整体效用是由无数个环节资源加工生产过程合成的，若没有过程之间的相互标准约束，其效用即使当下无损耗，也必将对上下游资源造成损伤，如产品加工过程中问题零件虽不会当下导致产品整体资源受损，最终却会导致用户资源坍塌，这种末端的受损终将导致前端受损。如此企业在管理过程中，必须通过标准进行两两资源合频，这种合频以最终的末端整体资源效用标准为起点标准，逐级前推对前端标准进行界定、厘定和确定，以保障在日常管理过程中每一资源得以利用。

如上，工作人员发挥资源效用和效率最大化便有了两个依据，一个是被输入资源标准的沟通、评测和优化；另一个是SOP。前者确保资源合频程度，后者确保资源在工序过程中效用、效率发挥程度。此时管理者的职能则是对标准合频情况不断监测、优化和调整，再对SOP不断修正。这一过程是管理能力发挥的过程，也是对企业组织能力体系不断赋能的过程。当这种能力体系相对固化，对后续新进工作人员而言则变为企业的整个赋能体系，这一体系把个体能力合成并形成组织机体能力，从而使得每个企业竞争力不尽相同。

每个企业都像成长的孩子一样，随着环境变化、年龄增长，其能力也发生变化，在旧能力和新能力之间不断迭代。这种迭代的动力若消失或方向迷失则增长停滞，一如小孩从初中到大学到社会所需能力会有较大跨越，若不能适应社会生活，即使大学中的佼佼者亦难以从容地将生活中的各资源要素发挥到最大程度，使自己幸福。企业同样在不同阶段和社会环境等发展背景下需要不同的能力来发挥各资源要素效用。

如何进行能力的迭代，如何确保这种能力的迭代让资源与资源之间合频，让资源整体效用最大……这些的确是企业管理中的难题。诸多大企业在较大的外围环境变化时并没有跨越技术、能力迭代的鸿沟，便陷入谷底。虽然这符合生物界的自然规律，也是市场规律的一部分，但企业是以人为核心的资源聚合组织体，<u>企业以人的思想、行为为变量，促使形形色色不同资源发挥不同的效用，既可以让资源一无用处，也可让资源发挥意想不到的价值，既可以让企业蓬勃向上，也可以使企业濒临破产走投无路</u>，这之间的弹性可因企业家而变，也可因管理者而变，还可因整个管理体系而变。企业家往往有极大的脆弱性。管理者在内外环境变化的触动下往往显得脆弱，那么相较个人、单一的团队组织，涵盖企业家、管理团队的企业整个组织体、整体管理体系是否可以具有韧性和抗脆弱性？毫无疑问，由且仅由这个组织体最大程度承载这种诉求。当整个组织具有一种赋能能力并能防范风险、抵御风险时，这种组织能力对资源的长续保障便远超过了个体或小团队。这种组织是一种体系，这种体系是一种能力与资源发挥

213

并可不断优化迭代的机制，而其根本价值则在可不断赋能并保障资源发挥出最大效用和效率。

本文以赋能标准体系进行定向阐述，如图 37 所示，SOP 和资源合频可保障资源效用最大、效率最大和合成效用效率最大，但就资源的更新、社会环境整体性输出效用效率最大而言，前两者并不能得到充分的保障，这便需要企业如前所述拥有更好的管理机制或体系来达成这一目标，其在实践中最可实现的便是对资源需求和被输入标准的反向修订，如从资源 N 或终端资源开始反向修订 1、修订 2……每一个修订的过程是对后一资源效用效率最大化的被输入资源标准的再次界定。这一界定必定波及 SOP 的改变、行为方式的改变、管理机制的改变、企业文化或某种结构性约束的改变。这种传导性具有反惯性和一定程度的反人性，从而使之难以实现。在实际管理过程中，因无特殊机制保障，传导性多会逆向衰减，并使其作用力下降。企业必须从一开始、从某一部门、从某一业务或从某一业务情景进行这种反向修订机制的设立和践行，并从中发掘保障体系机制，如市场资源中意见客户对整体产品功能的诉求，传导至销售人员、设计部、生产部、采购部、财务部等。<u>效用和效率作为资源最终诉求往前修订便是对上一环节资源生产加工标准的诉求，这一标准再往前诉求便是资源合频的需要和工序中 SOP 的依据，从而使之成为一个集约体系。</u>这一体系虽在任一企业均存在，但并不会充分表现出系统化和集约化，基于单向管理行为方式和思维方式以及这种保障机制与体系的缺失，企业作为社会组织，管理者往往在内部不同部门和职能、人员中间进行社会属性的角力，或者在动态平衡或者在冲突角逐中失去体系构建和不断完善优化的动力，作为组织，企业必须警醒和克服这一属性弱点。

管理者必须专注于企业标准体系研究，同时必须构建赋能体系，如部门经理、总监、部长、总经理等岗位必须将诸多复杂的多元的管理行为、企业资源在不同层面进行不断的优化修订、合并集约，将管理的精力下移至具体事例并以标准体系为纽带合成能力和资源。这种能力不同于职称或学历，不再是泛指和抽象概念，它存在于各工作岗位执行员工具体工作执行情景中，有清晰的指向，必须以点对点、线对点、面对点以及综合对细节、细节对综合的方式发挥。在无标准规范的管理体系中，这种能力发挥就资源利用和合频而言是波动且不稳定的，从而造成资源利用效率的低下和损耗变大。标准体系对能力的需求多是综合的、逆向的，其是一种被输入的对接能力和输出能力综合需求，远不同于招聘时的能力类型要求，在企业无法获得即刻使用的能力人才之下，构建赋能标准体系，培养这种能力则是对资源发挥利用的最大机制保障。

 流程（简化流程体系）

如果一根毛线打 10 个结，一根毛线打 5 个结，一根不打结，让一颗珠子垂直从一端滑向另一端，这时你当然知道哪个快哪个慢。

流程是企业资源在流转时所经历的节点，犹如毛线上的打结处，虽然不是结越少越好，但一定是结越多越"坏"。有些年去行政单位办事总会花很长的时间，比如开个证明，今天保管公章的人不在，明天签字的人不在，后天盖章的人不在，一次两次，每个人都想为什么不能一个人一次办完这些环节？与此类似，企业管理中的矛盾、冗余、繁杂的案例不胜枚举，没有一个公司可以大声说"我们的公司不存在这种情形"。李克强说："我到关口考察，发现很多时候海关查一道，检疫检验又查一道，边防再查一道，查了又查，为什么不能各个部门联合组成一支队伍集中一次检查？"于是诸多环节从串联改为并联，工作效率极大提高，整体工作时间缩短。

这是一种集约的状态，不仅仅在空间上将各环节集约，同时还配合了标准体系和制度体系整体优化，企业同样需要类似的集约状态来对所有业务环节进行优化，提高资源流转效率、经营效率和资源效用最大化发挥。但是企业很难时刻让总经理或高层管理者推进这种革新优化，于是在长期单向垂直的管理体系中，流程越来越烦琐并形成阻力性制约力量，或者濒临某临界点发生较大改变或者被市场清出。

同制度和标准一样，流程依然是一种制度范畴的约束性管理规范体系，所不同的是其主要决定资源流转的速度和资源效用衰减程度，从而保障流转效率最大化，这一点对企业至关重要，从微观到宏观层面决定着目标达成时限、决策时长、应收应付账期、资产周转率和最终的净资产收益率等。<u>因流程所附带的规则会直接导致行为发生时资源供受体双方交易成本，并导致行为动机改变</u>，从而在流转过程中，每个从业人员均有极大的度量权。这一点并不在企业管理权利体系范围之内，即使企业有绩效或其他制度保障，但就企业所有员工而言，当这种交易成本极大并在一致的企业文化氛围之中时，会导致行为动机偏向自我利益，绩效或权利体系则多是丧失整体效力的。例如，虽然军队纪律严明，但若贪腐攀权成风，上下一体的权利寻租和自我利益成为最大价值导向，可能会出现对整体体系熟视无睹的情形。企业中不乏此例者，即使有ERP、SAP、WMS类工具保障并且极大缩小了空间和传递介质对时间的影响，但仍会出现流程不畅的情况，如部门负责人和人力资源两层评估审批或混乱的批返现状。企业若要对流程不断优化及更新以使其保障所有资源流转效率最大，则首先应保持最短路径的状态，即流程不会太长，不会占用过多能力要素，不会涉及过多人员且能保障资源效用不衰减地发挥。这种最短路径的通俗理解便是，如将10个流程节点压缩至3个，将1小时压缩至3分钟等，同时还不可以在1个节点停留时间太长，必须保持"最简状态"。若路径短、环节简仍不能保证效率和效用，或能保证效率但不能保证效用，或能保证效用不能保证效率，此时对管理者则提出另一个难题，即流转责任和担责者的权限分配，即对某件事谁的权限最大而不是谁的权利最大！谁具有批准流转效率最核心需求的权限？在此阐述这几者的关系，如图38所示。

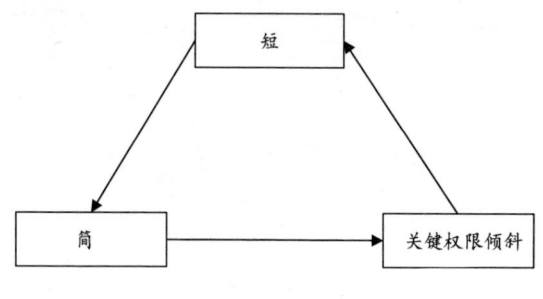

图38 流程约束结构

这个问题的解决涉及新的问题，在一段流程中是否每个环节的权限大小都一样？是否需要对权限分类并结合制度和标准约束效用进行针对性赋予？如图38所示，回答这个问题需要在短、简基础之上进行权限倾斜，由此构成企业流程体系集约的另一个关键要素"关键权限倾斜"。

首先，无论以人为载体运行还是以软件技术等为载体运行，无论时间空间问题如何运用技术解决，"短"总是流程优化或再造过程中的一种需要，如白天管理者可以审签，晚上管理者休息流程会进行不下去，但在信息技术下，软件依然可以做到晚上审签通关并24小时无休。这一点在无人配送仓储系统软件中表现得尤为明显，当一个订单信息被接收，软件自行制单并根据库存情况指令机器人拣货、打包、扫描、分拣到装箱、配送，这之间以软件技术为载体极大压缩了流程实现的时间。当然虽以最快速度完成了所有流程必须经历的路径，但这并不意味着资源流转效率最高，因为诸多流程节点均需线下人员配合并基于流程意外情况进行后续挽回工作，这之间每多一个环节便多一次资源投入或资源浪费，失误率改进过程也是对流程的反复优化过程，并在效率和效用目标之下将流程缩至最短方能进行提升。在其他管理情境中，特别是传统生产企业，这种流程的冗长和不简约更是负面作用明显，如在汽车行业的客户投诉流程中，客户打电话给业务人员或企业服务热线，满意度管理人员多会听取并核实投诉反馈到内部、内部决策如何处理，这往往需要很长时间，客户急需解决的问题并不能在第一时间处理，从而导致品牌负面口碑和客户切身利益的损失，更有甚者，还会出现因各环节人员权限没有定位划分而导致的扯皮推诿现象。流程短是所有流程设计制订过程中第一考量要素，实现这一目标则需将制度和标准效用同时考虑构成一定集约，如采购零部件不合格率大于某值，则对整个部门和关键人员绩效进行降权，同时对招标等环节制订精细的标准要求，为缩短采购供给流程提供基础条件保障。再如，规定员工报销总金额500元以内不需部门领导审批或财务人员核实金额，去掉几个中间环节，可极大缩短流程时间并为其他业务开展余出更多时间，更能减少潜在业务边际交易成本。<u>流程变短、时间变短是资源流转效率的核心因素，无论这种流转是资金、体力还是心理、情感付出，对企业而言均是资源损耗，管理者必须重视这种损耗并以此为核心管理职能来促进企业运行效率的不断提升。</u>

其次是"简"，这一点较易理解，但常态下却是最易忽略的灰色地带。因不容易被察觉，同时被制度和企业文化氛围裹携，于是每一个流程节点所滞留的时间便成了被忽视的地方，这既是基于无相应制度规定定期对流程节点耗费时间进行清查，也源于每个员工在不得已情况下的默随。企业中每一个流程节点的耗时加总就是企业资源效率发挥的最大黑洞，在没有制度标准约束的情况下，或制度标准约束条件模糊不集约，节点环节附于资源本身的权利不受边界影响，致使交易成本变大且资源被极大浪费或耗损，这对企业利润或组织所有成员利益而言均是一种损害。

让所有环节变得"简"一点，便是让流程耗时变得更短、环节交易成本更小、权限更加清晰而有边界的一个核心，要做到这一点且要让资源效率最大、效用最大，每个企业则不得不梳理原有流程并进行一定程度的重构。这一点虽相当困难而有阻力，但在实际管理中就企业整体和长远发展而言却是必不可少的。那么用什么样的方法来实现呢？首先，管理者需借助制度结构性约束对"简"环节中的权利和效用等进行直接或边际影响，如审批时长不得超过4小时且其中不得对已证明文件提出新证明要求……类似的调整均能减少人为因素或制度不明晰因素导致的某一流程节点出现的"繁"，这一点基于实际管理情境既可正向约束亦可反向约束。其次，明晰每一环节标准。标准明晰不会导致再次理解、判断或无效思考，从而在清晰的导向和指引下这一节点的工作得以很快完成，如工序指引卡便有这样的效果，SOP将最核心影响这一环节资源发挥的因素明示或明确列出，同时对不影响或不干扰因素亦明确要求，如此便有了简单的制度性保障。再次，对这一环节的经验、技术、技巧、方式方法、工具应用等能力集合体的熟悉和沉淀，如在此类决策流程中，多有统计数据分析这一流程环节，提取、集成、分析维度或模型构建应用、输出结果等诸多工作细节均会涉及对这一流程节点是否感知到"简"，即使有制度性约束、明晰标准的要求，若工作人员不能得心应手，理解处理迟缓，就外部人看来这一环节也是相当复杂且耗时颇多。"简"这一环节对资源利用效率有着极重要的影响，其不仅仅在制度层面是否复杂，更多是糅合执行过程中的实现难易。

最后为"关键权限倾斜"，这一点让管理者多有"身在山中"的感觉，如我们玩团队接力传球游戏，每人拿一块 U 型板（或把书半卷）排一列，让球从一个人手中开始传向终点，途中球不得掉落地面且不得出现反向滚动，若要夺取第一，只能让开始的人在接续过程中来实现球的稳定和减速工作，其他人无论开始或接续均只需保持一定斜度即可。若在这一游戏过程中每一个人都进行球的平衡和速度控制工作，则接力多会以失败告终。再如舵手、龙舟中的击鼓手等，他们对航向、速度、策略均有一定调节权限，且其他成员不必时刻参与或分权决策，从而使得整体效果最好。这是资源最大化下的一种权限赋予需要，如果制度是常规下的权利分配，而在不同情境或随机个性化事例中，制度总会有空缺状态，如此在不同流程细节中需要对权限进行倾斜分配，以使资源在流动过程中的最关键环节仍有发挥力量，使其效用不衰减和效率不衰减。例如，基层员工在质量把控过程中可以否决生产厂长因产能需求漠视质量的要求，正常情况下厂长具有绝对权利且具有一级、二级上层权利，但在核心质量标准执行方面，执行人员权限可大于厂长权利且不受一级权利约束，如此方能保障因滥权而导致的质量黑洞。

企业中不乏权利的分配和赋予，也不乏主要权利或上层权利的一次性赋予，但往往最缺乏在不同流程环节、节点、管理情境中的关键权限倾斜和赋予，因长期金字塔、垂直管理、人治管理体系，在这些权利差异化、多元化、情境化、多维化方面的赋予往往难以引起管理者的重视，同时管理者难有责任和推动力来思考构建，久之便形成制度的漏洞。

在企业每一个流程中权利并不需要一致，也不需要置于高层管理者或最后环节，为使流转效率更高，决定资源效用且能保证效用的最核心环节人员需要被赋予或匹配较大的权限。如在招聘过程中，从简历到测评到发出 offer 这一前端流程中，如何分配权利、如何认定关键环节和关键权限并赋予哪个环节，不同倾向和

223

做法便决定着招聘的效率和招聘的费用。基于不同工种、行业和企业，有些需对测评环节进行关键权限倾斜，有些则需要在筛选阶段进行关键权限倾斜。再如，为使客户体验得到最大保障且最大程度提升顾客满意度，饭店需要促进内部服务质量提升，饭店赋予服务员在不卫生、多盐等情况下免单权利则比权限集中在大堂经理或老板手中更能赢得客户口碑，并能进行最大客户资源利用，若经申请、查验再免单，一是效率极大下降，二是效用也被极大衰减。对关键权限倾斜是资源利用和流转效率、效用最大化的一种制度性保障，在其他约束基础之上，这种保障让整个资源高效流转体系变得更加系统和集约，管理者需在日常管理过程中时刻动态进行这种方法和准则的思考应用，在最高层面企业则需从体制上保证推动管理者对这一权利的应用和发挥，如此关键权限倾斜，方可发挥出较大的管理价值。

流程在企业管理过程中几乎涵盖所有资源流动过程，人员选育用留、材料采购用销、岗位沟通协作等各方面均通过流程串联完成，对流程的优化便意味着对资源流转过程的重新组合、对资源发挥过程的重新约束和对资源效率发挥的改变。如何应用上述三者进行优化或重构并达到系统或集约的效果，将在图 39 中举例说明。

如图 39 所示，从上到下进行优化和重构，可以看到原流程节选 6 个环节，约除重复不必要的两个环节，则剩下 4 个环节，从而流程变短。这一变短过程不仅仅局限于流程本身，背后每个环节所耗时间、精力、工作内容都会发生集约性改变，若再对第 2 个节点进行关键权限倾斜，变"简"最后两个环节，则最后两个环节可以减少更多的时间，从而在环节 2 的基础上，整体资源流转效率得到了极大有效的提升。

制度、标准、流程在管理过程中虽是一个个分散存在的条文或约束指令，但在资源整体利用效率导向之下，因其互相交织、影响、协同，故只有系统和集约才能不受其本身所累，释放发挥出大于人治、可规模化、自驱动化的效用。同时，在管理过程中，管理者或企业家还需不断推动优化、迭新，以使整体机制体系能适应新的需求环境、社会环境，并在业态变化之中保持组织机体活力。

从一到圆：论企业系统与集约管理

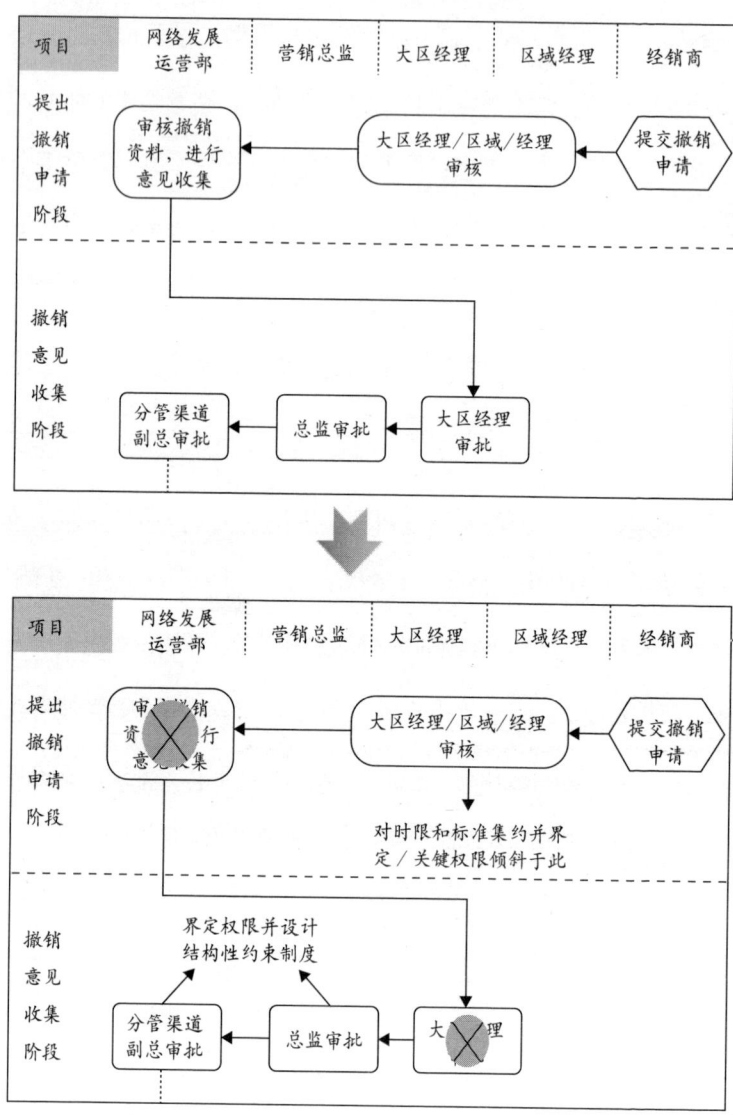

图39　流程优化示例

第六章 它总是一个系统

21　系统 / 集约

我曾去过一家6人的公司，他们有人事行政、财务、销售、售后各个部门，我曾也去过6万人的公司，他们同样有这些部门。在专业的市场细分趋势下，有些职能部门被如人力外服、财务外服等取代，但这些职能需要总在，从而让每一个公司不管大小均能构成一个系统。这个系统以资源输入为始、以资源输出为终、以每个职能效用的发挥过程为"间"，对每一个大大小小的资源要素进行促进和融合，形成新的资源要素或资源成果，这其中每一种职能均会发挥独一无二的作用。在追求价值最大化的过程中，有些管理系统让资源效用、效率发挥得最大最高，有些虽不及最优但依然可正向助推企业发展，其中或许有一部分削弱资源效用和价值发挥从而被市场清出，无论效用上中下，每一个"间"均是一个系统，这个系统便是管理，与其他学科如经济学所不同的是，一个对果进行追因，一个则"注"因塑果。在这个系统中，为使输入资源效用、效率最大化，必须要有一个唯一且能作为主轴的核心力量来驱动所有资源要素发挥价值，犹如树之主干支撑所有花叶生长绽放一样，这个主干便是"目标"，它作为最核心的"靶点"，明示了所有的资源方向、数量和质量，把这主干细分成支撑每片叶子的树干、树枝，它们便是子目标、子子目标，在不同子目标、子子目标的聚合和导向下，目标获得养分和持续生长的动力。

在企业中，目标往往以总业绩、总利润为导向来制订，但在执行过程中管理者往往因其他过程而忽略这些主要目标，特别是在对资源价值发挥、效用效率最大化的考量方面，这使得对重要目标或主要目标的影响因素在执行时被短暂地或选择性地遗忘，这一点即使在带头人或企业家本身也常常出现，即对总目标之下的各细分目标则往往模糊和随意。例如，一家餐饮集团年利润目标1000万元，每一家店并不会以资源要素为出发点核算和分配目标，以对细分资源要素如何进行管理以发挥出最大效用和效率而言，这个系统并不系统集约。要使每一个细分模块或职能发挥互相配合且围绕"靶点"进行最佳振频协同，管理者和每位员工要求能够发挥出最大个体能力和组织能力合力，于是能力便起到了决定性作用。<u>虽然能力大多附加于人的本身，平常又把人视为资源，如前所述，这种资源并不如物质资源般不存在区间变数，因为能力有从负到正的较大区间，从而导致资源价值发挥亦有较大不同，这时对企业中可决定资源效用和效率的能力进行管理便成为这个系统中最重要的一环。</u>企业从人才的准入便开始了能力的管理，招聘具有什么样能力的人、如何与岗位职能匹配、如何发挥其最大价值,均是对资源输入、输出、效用效率最大的考量。这种考量在准入后还有持续培训或自然成长等提升,但是就组织能力塑造和能力体系集约方面而言,管理者多有疏忽和不足,这既是由组织结构缺陷和固化所致,又是由日常管理行为习惯所致。在经营管理目标和资源效用效率导向下,个体能力必须通过组织形式进行集约,这种集约是个体能力与个体能力间的合频,也是个体能力与细分目标及整体目标间的合频,更是资源效用持续最大化发挥的一种组织能力沉淀,为达到这种能力最优,从能力建模、培训、基于制度和规则约束体系的发挥再到持续沉淀和迭代,占据了管理的大部分空间,也应当占据大部分空间和时间,于此便展开了整个管理体系,将这看成一个系统,无论在企业整体宏观层面或者单个人员执行层面,无论是在大企业还是在小微企业均存在,它总是一个系统,它总是萦绕其间。

不管是新建企业、分公司,还是创业创意个体或企业集团,这个系统总是从目标开始。说其简单,是因为任何人、任何企业、任何组织均可轻而易举地制订目标,说其复杂,是因为如何有效执行并得到过程保障。因为管理体系、经验或方法不一,所以执行结果千差万别,有些目标制订得太随意得不到有效执行,有些目标制订得太夸张得不偿失,有些目标制订得太多没有中心,有些目标耗尽了资源,有些目标让人心涣散,有些目标变成了阻力,有些目标达成不足却找不到原因等，于是产生了管理问题：如何制订目标？如何达成管控？如何衡量对资源的损耗？如何找到平衡点？要想回答这些问题，首先需要对问题进行价值回归或哲学回归，即，为什么要有这个目标（或有这种目标的想法）？这一点作为价值初衷和原点最终决定价值回归，如当一个人只想挣钱却在发现情感一无所有、身体病痛缠身时追悔莫及，这便出现了价值初衷回归不了的现象。其次，如何为这个目标匹配资源和能力，如前文所述，基于资源和能力预设目标，再依据目标管控资源和能力，如此便有了回路。

目标的设定如同打猎，首先要考虑有多少猎物，背多少支箭，带多少粮食，是否准备好随从、马匹、精良猎具等，此时历史经验、实际情况的综合分析和直觉便构成了第一影响因子。它告诉管理者大体的数量、区间、近期、远期、总量与分量等信息，在外部环境、内部环境相对稳定的情况下，管理者对此不必有太多怀疑。在相对静态平衡的生态中，意外多为少数，但在动态和复杂变幻的商业环境中，越来越缺少静态平衡的生态，商业生态总是在动荡、冲突、矛盾中演变前行，从而导致企业无法以静态、经验思维来持续决策，即使这种决策遵循一定理性。这时制订相应目标或导向性决策，不得不考虑资源现状和资源趋势，同时基于历史经验进一步考量现有能力现状和能力可调区间，这种思考多不是直接或单一的变量考量，往往具有连续性和多元性，如从营业额到销售数量到代理商数量到区域分布到人口数量到消费者行为偏好等。

连导性使得动态预测变得复杂，而且极其考验管理者或管理团队、组织整体的综合分析能力和思辨判断能力，即使这一过程相当艰难但依然胜过单一经验决策。多思量、思考变量、预测风险才能做好有效管控，管理也才能进入最有价值区间。当一级目标确定或逐级目标确定时，目标必须是确定的数字，为了这一数字的达成，必须综合考量能力 KPI 与资源满足情况，以保证这一数字的有效分解。例如，一天时间加工 500 个配件，以单位小时组装效率乘以零部件数量即可，虽然这一分解在达成过程中仍然存在变数，如工作人员肚子痛、停电、情绪消极、设备故障、其他平台人员借调等，但是相对可控而精确。除分解外，还有目标达成管控这一重要工作考验管理者能力。按照日常管理惯性，目标达成管控多以目标与实际差距为起点，以分析过程原因和思考改善措施为核心管理过程，其在精益生产和管理理念中已被常态化利用，如 DMAIC、5W 等方法，但就其分析维度和方向而言并不成系统，措施也多出现不集约状态，在后一章中以目标差距所导致的能力和资源为例进行分析说明。

制订目标、分解和达成过程管控常常涉及考核或绩效事项，以什么为出发点且以什么样的效果和方式来进行，多是管理困惑之地，在此从两个方面进行说明。其一，以资源效用、效率发挥、资源损耗为评估、检核、约束条件，如各货损率、良品率等。其二，以能力发挥为程度评估、检核、约束条件，如线索转化率、成交率等。这两者实为同本同源，但管理方式取向会各有差异，如资源利用情况可作为基线底线充当胜任力要求且做处罚条件，而能力发挥过程指标作为促进激励因素，代表无上线的牵引作用，不常用于顶线的约束作用，这一区分易混淆。前者是对每一结果的基线要求，后者则是对实现结果的能力发挥要求，如目标是 10 分钟跑 1000 米，有些人用时 8 分钟有些人用时 5 分钟，就资源结果而言 10 分钟之内跑完 1000 米即可满足，就能力而言不同速率代表着不同能力，但并不意味着速率越大越好。若以速率为第一要求，如 3 分钟跑完 500 米，则有些人能达到有些人达不到，基于规则对行为动机的影响，此时便有了做假、影响质量的一系列可能行为。

管理中在资源效用发挥的基线要求之上，目标设定越简单则越聚焦注意力和精力，而能力发挥效率（如对各过程 KPI 的考核）则可作为激励因素不断进行正向引导。这一点在管理实践中多有争议，但就实际管理效用而言，以人性正向导向和激励、奖励因素匹配"交易"方能发挥最大能力和最优资源效用。例如，若一个岗位有 10 个 KPI 或更多 KPI 同时考核，这样会导致员工注意力分散、内心决策多元、动机混乱、执行效率低下、满意度低下等。所有的考核不过是为了资源效用最优发挥，而能力的最优发挥在于正向引导和激励，并不在于考核，这其中的正向引导是对环境、企业文化再对每个环境中的行为人的塑造，激励是向上的触发式条件而不是向下的限制性条件，其中细微差异常常导致完全不同的行为动机。

资源会因人而被利用发挥或破坏浪费，也会因人发生质的改变。在每一种目的或目标的驱使下，资源会被加工利用。就企业而言，输入的任何一种资源都会以另一种资源输出，驱动这一改变的中介是人，发挥这种效用的是能力，这种能力以人为中心涵盖了各种要素，如身体健康程度、心情好坏、性格、性情、学习力、耐心、同理心、手艺、技能、经验等。企业要运用这诸多综合能力要素对投入资源进行最大化产出，意味着就要管理形形色色、老老少少、各不相同的人进行群体劳动和合作，显然这一驱动并不会因为钱而变得容易。作为个体生活中的一部分，工作所带来的使命感、归属感、安全感、幸福感同样会有极大的影响，要使这一工作变得容易，那便是将复杂进行集约，而后得到简单的、系统化的管理体系。

如果所有人或者大部分人因某一点信念、信仰执着而合作协同、分工劳作,这是简单的,因为没有额外的人去做任何类似于管理的额外动作。如果有这样的"某种东西"存在,便是企业家精神。作为资源的初始投入者和聚合者,企业家所秉持散发着的精神,是每一份资源聚合的力量,也是每一个人眺望的航向,然后形成第一传导层——资源协调层,再到中坚力量再到具体事项的执行者,若这种精神力量可层层传递而不衰减,一定会是强有力的聚合力。这是一种企业家精神,姑且不论其是否助益资源效用发挥,但一定是一种精神中心,企业需要这种中心来凝聚共识、行为准则、情境动机并作为频振纽带,当然这种精神不局限于信仰,亦可是一种行为习惯。

基于行业不同,企业家精神可有诸多偏向,但付出精神、创造精神、塑造正义精神总能散发出持久的生命力。这种精神初始为企业家所秉持,而后应由所有管理者、员工所秉持,并相互传导和影响,形成潜在的规则,使企业的血液里富含"抗氧化离子",这是一种平衡的精神生态,小企业和大企业同样需要,<u>企业家和管理者首先应关注并加强,使其对自身和社会化组织发挥出正向作用</u>。

任何一种精神类、意志类偏好均可形成或影响企业文化,除此之外,所有制度规则类约束亦会形成企业文化,它同企业家/管理者精神一样对所有资源发挥施加影响,虽经过员工能力传递,但这种作用会远远大于能力静态的正向发挥，亦有可能导致能力反向发挥，于是使得能力越大副作用越大，对资源的损坏或耗费越大。就能力本身而言，在各种规则、环境、情境、意念等促使下，总能显现出大小不同或无法量化的情况，若最大边际界定能力的影响要素，显然并不能形成管理方法，于是当一个员工走进一家企业时，往往边际影响因素相对弱小，在无线互联世界，尽管信息和人越来越融合同频，但能力依然受整体企业环境影响。在这种环境下，我们认识到个体本身附带的一些要素对能力发挥有影响的主要是情绪心情状态、行为方式和技能技巧技艺，比如不开心、失恋情绪很低落、失落感、生气、发火、怨憎等都是。每个人都会因为这些情况导致行动力下降或行为积极度不够，即使某一事件非常重要而紧急。情绪是一个很重要的变量，这一点已从"一鼓作气，再而衰，三而竭"得到验证并至今适用。与之同等重要的是行为方式，它是企业中同事与同事之间交互所有资源的接口，接口不对不能同频则资源效用下降，最直接的表现如"张五受不了王四说话时的那种质问语气和咄咄逼人的眼神，不愿意和王四多说一句"。行为方式在语气、语法、动作、举措、神态等综合影响下让资源与资源对接变得容易或发生冲突，让能力发挥被吸引或被排斥。除此之外，更为核心的则是技术、技能、技巧、工具和方法等，这成为能力发挥的最核心影响因素。例如，人们常说"一个人可以有脾气但不能无才""有两把刷子""没有金刚钻不揽瓷器活",才能决定每个个体和资源单元是否能匹配结合并进行效用最优发挥。企业首要任务是吸纳这种才能、培养这种才能、构建这种才能体系,通过专业知识、理论、经验方法迭代、稀缺技术习得让其成为企业最核心的竞争力保障,并让其驱动所有资源运转发挥。

当所有资源聚合并被施以能力杠杆时,这时产生的效用往往超乎每个人的能力发挥,<u>许多时候企业员工并不能理解,自己似乎并没有做什么,但企业运行得挺好,也有许多时候有些员工觉得自己做得已经够好了、很累了,但是企业仍然一团糟</u>。管理者往往会忽略个体能力和承载能力,又为了促进能力的发挥而制订出完全不切合实际的目标,有时管理者把个体能力看得太弱,忽略了组织整体能力聚合所释放的能量。能力并不能直接等同于资源效用发挥,这一点多有经典案例,一家企业将各领域尖端人才集合一处并不一定能干出一番事业。如何结合能力和资源并在资源发挥过程中发挥出效用效率最大化的约束作用,如何体现这种约束力量,最常采用的便是管理制度规范。企业中任何条例、规定、文件要求等均可被视为管理规范,因其形式多样而庞杂,我们将起主要约束效力的规范分为三类,分别是制度类、标准类和流程类,制度为资源效用效率最大化的制度保障约束(主要为行为直接和间接约束),标准对资源被利用过程中效率最大化进行约束,流程为资源流转效率最大化约束,从资源输入开始到加工到输出,分别保障资源被人、被能力接触的全程。例如,我们要运送一车货物到某地,首先,对装货人员和司机要有制度要求,如不允许出现人为损坏、丢弃等;其次,在装车、堆放、卸货方面进行标准化作业要求,如大小件、金属件与塑料件等不同材质集装标准;最后,对装车始发、运途和到达目的地过程中的交接、预案等环节设置最优流程,以此保障货车、司机、货物在持续接触、长久作业过程中的工作质量最好、效率最大。

资源效率最大化是在资源效用保障发挥的要求下管理的终极追求,代表着所有科学方法、人文艺术、社会文明、目标价值的统一与结合,也代表管理过程中每一处细节如人员能力建模、考核KPI、风险管理、做一份调研问卷、打一通邀约电话、熬一宿设计、聊一聊未来、谈一会心等,每一种宏观或每一处微观总以此集合成一个系统,总符合一种系统,总需要一种系统,总会在一种最优集约体系中表现得更好,总会在不同理念中呈现出万千不同,此种系统集合如图40所示。

让资源发挥出最大价值,即在效用最大基础上实现效率最大,必须实现系统和系统结构最优。结构最优即各分子最优,各分子最优则为能力释放发挥最优,能力最优则为集约状态最优。中等发展中国家常以人口红利吸引外资吸引投资,提能扩产的过程多

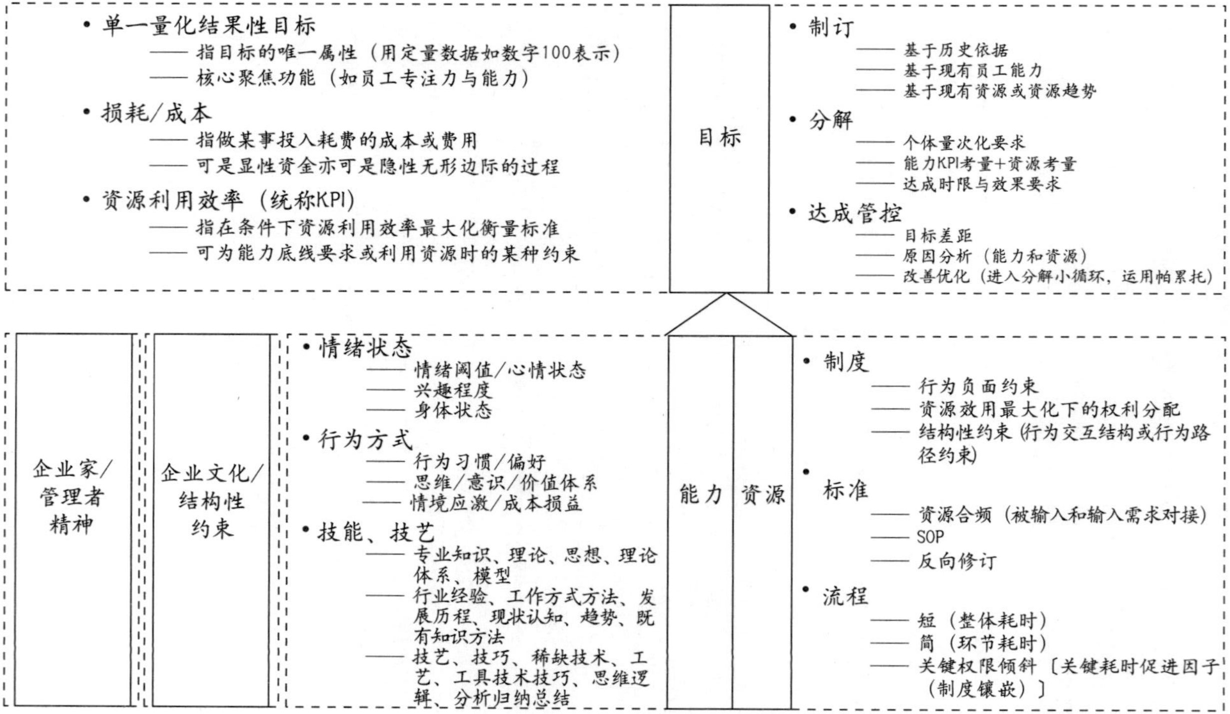

图40 从一到圆结构导图

为基层组织底层员工被剥夺式（时间、情感、身体健康、收益获取等）的付出，当这种付出增长接近于零或无法继续为利润做出贡献时，企业往往将产业迁至下一个红利区，但如此并没有解决管理中影响效率和成本的根本性问题，同时也无法满足引领文明进程的需要。<u>企业和企业家并不是唯利是图或是仅以利益为导向的媒介，企业不仅仅代表着某种利益体，同时还承载着文明</u>。无论这种文明属于生命生活还是社会治理抑或物质物态、精神信仰，企业均需将其注入组织运行血液中，让这种力量塑造组织、员工的价值体系与认知、塑造域内组织文明，并以每个组织分子为传播源将这种文明传播给社会。同时，企业也需通过每个员工吸引社会优秀文明溶于组织血液，在纳新吐故之间达到一定的组织生态动态平衡，往往这种意识、精神领域的力量多会反向优化目标的制订与过程管控行为，会影响能力和资源的汲取发挥，进而得到社会消费者的认可和社会的认可，这种潜在无形的资产往往对企业有极大的助益作用。<u>企业在构建整个管理系统时，并不需要优于其他优秀企业或集所有优秀企业的优点于一身，需要的是在目标、能力、资源系统中集约到最简、交易成本最低状态。衡量这一状态，每个员工均有感知，轻松没有负累，可以将能力发挥至最大</u>，有归属感和向上力，有价值体系和信仰，不为交际而苦恼，有专属的兴趣，兴趣和所从事的工作融合，每一天是自由的或充

241

实的或快乐的，即使这种状态在每个员工的某个阶段更或是一种理想，每个企业家、管理者和员工均应追求。作为一种最优的状态，集约系统让不再复杂，意味着以整体视角和系统化思维来删除合并所有细节，约去没有必要的成本，约除增加成本的，集合可以合并的，集中可以释放能量的，不断聚焦一种习惯并约定俗成为工作环境和氛围，让每个人在其中实际思考和行动，做在其中，乐在其中，企业可以集约内外平衡动态发展，并以其最佳的系统状态持续发展和前行。

第七章 系统集约管理示例

10

在不同时期，企业总是一个系统或者说某种商业组织，总会呈现出一种系统的运作状态，不管是在结构、职能分工或是在权利、技术等各方面，这一点在20世纪50年代系统理论盛行时多被接受并应用于管理，从个体工坊到小作坊到小中生产组织再到大型跨国组织，这种系统性或隐或显总是存在，不过相较其他时间在大生产规模化制造时段显得更加突出罢了。随着时代和技术的进步，管理的形式多会发生较大变化，这就犹如几十个人在车间进行走动管理和一个人在办公室管控整个无人车间之别，特别是科技带来生产工具和生产关系的较大变化时，这种管理的系统状态会更加不同，且这种系统的状态将随着社会形态、生产结构、技术发展演进从不停歇。从这一点讲，企业管理者并不能站在过去某一固定的管理经验上进行管理实践，如曾常见诸报纸杂志的"60后说90后很难管理"一样。在企业管理过程中，每个系统的状态或形式或结构总会发生变化，但就其本质而言，系统形式下所要形成的资源集约导向不变，集约状态下追求生产效率最大化、资源利用效率最大、资源效用最大、组织文明最优的导向不变，进而这种系统化集约的管理诉求便形成了一种终一的管理价值追求。

本章基于前述方法论结构和实践匹配程度，特以汽车行业集约管理示例进行说明，其一，此管理示例涵盖了从生产到销售到服务到行政、人事、财务等所有常见职能环节，其二，汽车行业作为生产制造业和服务业，其综合业态具有借鉴意义。

22 目标制订、管控与分析

起心动念或意味着终点，一如每个结果总源于起初一个动作，日常管理工作总会从一个起点开始，这个起点或是初念、初愿或是清楚的目标，而所有的实际执行过程必定以目标开始。在过程中每个人每个动作和千千万个动作交互成为最后的结果，这个结果或好或坏或和目标一致或和目标背离均有可能，那么如何设置这个目标呢？以股东的收益率为目标或以董事层、经营层的毛利率、净利率为目标更或以管理者的日常管理指标为目标？有时，企业会让管理层扛起一个超级宏大的指标，有时会让其负责一个超级细小的指标，究竟什么样的指标或目标才能更加集约资源并将组织力量聚合发挥到最大，这之间便致使管理哲学和价值导向发生分化。其中，最初分解的便是财务指标和管理指标，如净利润 100 万元和营业额 1000 万元，这两者是否可以等同，于实际管理过程而言可以等同但又完全不同，1000 万元营业额能转变成 100 万元利润，但 100 万元的利润并不能转变为 1000 万元的营业额，100 万元的利润是冰冷的财务数字，1000 万元的营业额融合着温度和人性，人性可以把千千万万个行为动作转变为 800 万、1000 万、1200 万元的营业额，进而再转变为 100 万元的利润，但 100 万利润并不能精准转变为 1000 万营业额，数字理论或许可以，但于实际并不能够持续实现，这便成了管理的艺术和价值。

财务指标作为一种目标，就管理层而言，其很遥远并无过多日常行为指引价值，每个管理者或执行人员并不会每天关注净利润是多少。但一定会关注每天每个业务的实际产出数量是多少。这便要求股东、董事或决策层人员学会站在管理角度带着温度和最基本的人性提出目标，也要求管理者站在经营的立场思考如何让资源效率最大并权衡每一次的投入和产出，在正常情况下两者相向而行互为表里，但因年长日久在精神、意志衰减和金钱疲腻的状态下相反而行也会成为常态。净利润、税前利润或息税前利润等作为财务指标并不具有多少管理指导价值，更无法落实到每个人、每个管理过程与动作，但营业额或销售额、销售量等可以通过分级融入，如何实现这一目标设定并如何将其最终转化成100万利润便考验着管理人员在管理过程中对目标的系统集约设定。

以汽车销售服务为例，进行10至100倍比例缩放，设定营业额1000万，净利润100万。作为后行指标和结果指标，100万并不具有管理指导意义。若按照100万利润分解，所构想出的管理过程或行为动作在社会、经济、政治、文化大环境和组织团队小环境影响下，往往会大相径庭，将后行指标替换为因指标进行管理过程、路径和行为动作的直接关联，逐级生成分解为每日日常工作，再加以整体约束和管控，以达到最终100万元的目标，这个制订过程所需考虑的维度如下所述。

①如何准确设定目标？这便需要考量历史数据、员工能力现状和能力空间、资源现状和资源空间，通过精准统计分析与理性预测设定相对可有效执行的管理指标。

②如何确定达成效果？在一级约束指标中，首当其冲的是约束管理指标达成过程中的成本总量和损耗，这一点在成本预测核算中较能精准分析和设定但于损耗企业多有疏漏，因其隐匿于成本和行为动作过程中，又受诸多无可追踪的微观因素影响，损耗多成为管理中的黑洞，当这种"因指标"累加的结果最终被察觉时则变为财务数据中的部分损益，这多会大大降低经营效率，于是<u>在目标设定中对成本和损耗的设定便成为影响目标整体达成效果的指标之一</u>。

③如何管控效率？每个管理者在目标设定时必须对资源利用效率进行标定，其若等于目标达成效率，即使这一指标经由能力会有较大空间波动，但作为先行考量管理指标不可或缺，这一点无论是财务指标中的资金周转率、次数、流速动比率或潜客管理中的二次进店率、战败率等均有非常重要的管理价值。

④如何确保管理指标对人员思维和行为的聚焦？狙击手会在一个地方长时间地瞄准一个方向，同样你不能期望员工在执行自己工作时兼顾所有无直接关联的指标，这便要求目标设定时必须考虑个人目标的精准性和唯一性，又须考虑团队目标的集约性和系统性。在这一宗旨下，<u>管理者须尽可能避免指标的重复、交叉</u>

和子父指标的倒置。

⑤如何有效地分解？管理者可以给团队下达一个总指标，也可以给每个员工下达不同的指标，可以给同一属性的结果指标也可以给同一属性下的不同过程和因指标，每一种分解方法对员工的动机会有完全不同的驱动，如何最优且最集约也便决定着最终如何达成和达成后的效果（如表1所示）。

表1 目标分解示例

一级	二级	三级	四级	五级	六级	七级	八级	九级	十级
⇦营业额1000万⇦	整车产值600万	台次×车单价100×60000	1000批次	10%转化率	车型占比A:B:C	渠道占比E:F:G	团队占比H:L:K	人员占比H:L:K	个人能力X%×资源
			线索						
	（成本+期间费用+资源损耗）				（激励＜期间费用支出之＞构成×期间人性考量）×文化×企业家/管理者精神+管控结构/方法/措施				
	售后产值300万	台次×客单价3000×1000	10000基数7000VIP	30%回厂率	车型占比A:B:C	分类占比E:F:G	团队占比H:L:K	人员占比H:L:K	个人能力Y%×资源
	（成本+期间费用+资源损耗）				（激励＜期间费用支出之＞构成×期间人性考量）×文化×企业家/管理者精神+管控结构/方法/措施				
	平行业务100万	台次×着装单价200×5000	3100台次	6.4%着装率	车型占比A:B:C	分类占比E:F:G	团队占比H:L:K	人员占比H:L:K	个人能力Z%×资源
	（成本+期间费用+资源损耗）				（激励＜期间费用支出之＞构成×期间人性考量）×文化×企业家/管理者精神+管控结构/方法/措施				

⑥在执行过程中，如何有效管控？所有起初的目标设定既可以说完美亦可以说毫无意义，没有行动，所有的表白终是苍白，没有行动过程中的管控，所有的作为或将集约成谬误和无为、负作为，这便是过程管控的价值。管理者将80%的精力和时间投入

目标执行达成的过程，无论对这一过程有清晰的认知或毫无察觉，时间总会伴随而过，管理价值总会生于其中。在此将对⑤展开示例。

如表1所示，将目标分解为十级，每一级均支撑上一级别目标达成，同时又为下一级的父级，前五级目标为管理结果导向型指标，后五级为管理过程动作型指标。就整体而言，每个业务发生的开始，管理人员所设结果性指标就实际管理动作而言均无意义，于日常工作过程中，起到变量作用的则是行为过程中的动作型指标，为使各指标系统而集约，两种指标所赋予的管理意义便产生不同导向作用，前者必须拆解为过程动作指标以指导各工作小组和人员的日常工作，后者必须确保能有效集约成前者作为支撑结果性指标达成的核心关键过程指标。在静态决策方面，管理者必须思考结果指标达成所需的成本、费用和损耗程度；在动态管理方面，管理者又必须暂时忘记结果指标，全身心投入过程指标达成的保障工作中，即如何调节激励因子、结构，如何培训团队文化、塑造团队士气，如何采取最优管理措施和方法调节、分析和推进。这些琐碎的内容会占据管理人员的大部分时间，每名管理人员有且只有将这部分时间的价值和效用厘清并100%投入贯注其中，才能发挥出莫大的管理价值，而这也是管理效率的目的，管理团队中的每一级管理人员必须在各级过程指标中发挥出这种价值，以精确的细分分工和全身心的职能担当展开每一对应工作内容,而后经自然集约便成为最后的产出。除1000万元的一级指标外,其余九级指标或更多级细分指标的不达成必受子级影响也必影响父级。当某一级指标存在进度问题,除解决自身进度外,通过调节其他指标也可有效解决整体进度问题。其中,在后五级指标中,每一级指标均会涉及不同范围的资源和合成能力,如涉及四级和五级指标的下一级、下下一级指标,在这个交叉纵向指标体系中,仍然存在集约的空间通过管理手段来实现,如前第五级中能力指标需要在后级中对应细分分解,如第六级车型占比中车型是一种资源需关联到三级指标,车型成交所需的客户批次是一种资源需关联到四级指标,车型成交所需能力需关联到五级能力指标和十级个人能力X%的指标,而每位员工不同的能力X%平均成为五级指标中10%。<u>企业中每一个指标均会从最末端的指标中生成</u>,这如同一棵树的生长力量从每一片叶子获得一样,所有的梦想均源于每一个足迹或脚步,1000万元的营业额同样从最末端的指标聚合中产生,管理者的职责在于提升促进最末端的能力,在于分类汇总统计不同级别的能力,在于"拟合—拆解"分析不同结果指标和关键过程指标,并不断调整优化,以使行动效率、质量更高。

随着时间推移,目标达成多会超前或滞后,除制订目标外,大部分时间管理者均会在调控进度的路上,采取的形式或许是一个人思考,或许是几个人研讨,或许是部门周/月例会,或许是公司整体业务会议。管理者应该遵循什么样的思路和方法进行思考或组织研讨分析并有针对性地制订后续行动计划方案，这一点并没有教科书式的范本，许多管理人员的经验和习惯也多是模糊抽象和不同的，更甚者是紊乱没有次序和重点的。例如，第一季度250万元的目标若达成200万元，差距50万元出于何处，每个人均可清晰定位到结果指标如前五级指标中任一细分指标，但若追踪后五级过程指标何处存有问题，则多是模糊不清的，若再深入一级，某个问题因何而起，谁可以负责并准确说清原因，便寥寥可数。这些现象的出现，一是源于对指标的分解模糊，二是源于分工和目标定位模糊，三是源于混乱无序无集约状态的管理过程，而这种现象将持续影响每一次进度分析或会议决议的方向和准确性，进而影响整体资源利用效率和团队能力发挥，同时这种影响也反向加剧了组织文化氛围和整体凝聚力、协同力与其他合成能力。虽在目标达成进程这一期间，管理显得混沌而不可塑源于微，但就分析框架而言亦有经络可寻。本节将目标进度管控与分析结构用图41说明。

在所有分析之前，管理人员必须有明确清晰的目标设定与分解，同时对各结果、过程指标达成所需条件或要素必须依据历史经验和数据结果预设条件。在这两个基本前提之下，当目标进度至某一节点，必有阶段结果，这一阶段结果或优于目标预设或落后于目标预设，但总以一定差距呈现，这种差距集合了所有管理

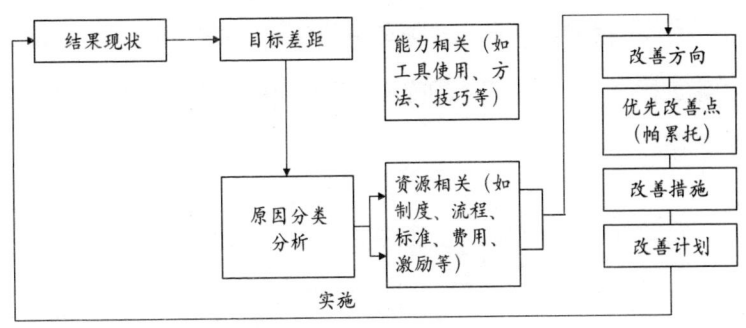

图41 目标进度分析结构

过程中宏观微观原因。当某一细分级别管理指标存有差距，如车型台次，其总关联至两大类影响因素——能力相关和资源相关。资源相关首先在于资源提供是否满足，其次是资源利用，再次是资源流转。作为条件性和开关性因素，资源提供可影响所有环节，可不受人为因素影响，但资源利用和资源流转环节则多会受管理过程中人为因素影响，如对客户接待不热情、服务态度差，便会影响各车型销售台次，如客户已购买但在其他部门办理手续期间耗时过长，则会导致客户流失和销售台次不足，此类中任何问题，总能在对资源效用效率发挥的约束机制中找到解决方案。与能力相关的问题或直接影响能力发挥的因素则会更加明了和直接，如不懂汽车制造原理、接待服务流程缺失等问题，这些原因在正常管理氛围中均可直接了当地发现，当事员工也会明确不足之处。总有原因关乎能力和资源，也总有原因在这两者中占有不同的比重，这也为管理人员提供了主要、重点改善方向。在每一次会议或思考中管理者要寻找到这种方向和重点，再将其中关键影响因子进行罗列排序，将优先改善点和主要矛盾列出，以帕累托最优原则进行改善，制订清晰的改善措施和计划，进而形成每一次完整的循环。

<u>管理者必须具有这种不断改善、迭代、推新的精神、意志和耐力</u>，持续推动业务目标的达成和<u>企业内部管理环境、管理质量的不断优化升级</u>。这既为管理者专业管理水平提供了良好的自我实践学习机会和路径，也为企业整体管理水平提升提供了内驱力。在清晰的目标体系基础之上，对目标达成的管控和分析工作并不会占据管理者的大量时间，而分析之后如何改善并如何进一步促进能力的发挥和资源效率的发挥则是管理者工作的重中之重，若目标设定分解不集约系统，管理者则多花时间在分析上，但这种分析并不会有准确的锁定，以至于管理者不习惯用数据和事实说话，而习惯于"我认为"的管理方式。

无论于哪个职能岗位、何种业务，目标制订管控分析与改善总是一个开端，所有管理过程均会绕此展开。目标制订清晰分解到位不但解决内部业务冲突与损耗，更能形成强有力的执行力与风险抵御能力，它不仅解决了目标系统管理问题，也决定了资源如何配置问题，更决定着能力体系的强弱与人才体系的搭建。企业在持续精益系统集约的管理过程中要强化这种目标体系并持续不断优化调整这种体系以适应业务的改变，把目标体系视为核心竞争力的一部分，其会辅助决策层和管理层让经营更加稳健，不

会因人员变动、管理模式变动和风格变动而发生较大波动。基于这点，任何中小微企业一开始均应着力于这种体系能力的构建。好的目标制订与分解才能解决如何有效进行过程管控，对每一个过程指标发生问题时的严重程度、挽回与补救措施的认知与应对才能更加准确，这一定程度上会减少决策风险和边际成本，也更能快速形成应急措施和直接解决方案，对目标的管控并非一定会显得随机而无章，目标制订分解决定了目标管控的有效性和执行节奏与成本。

管控过程中分析所能用到的方法简单总结如图41中所示，管理人员往往并不习惯按一定的模式或步骤去分析问题，人们更倾向于通过直觉和综合性感知判断，这使得应对措施也多会综合而模糊，或者随机而任性。当管理者或决策人员习惯并强化这种分析问题路径时，每一细分指标数据达成状态必对应着每一管理者或执行员工，在相较静态的分析决策环境下，这对团队中任一成员均会形成思考分析解决问题的习惯，久而久之，员工能力随之得到提升。目标体系是一束线，有头也有尾，厘清两者关联便疏通了所有管理脉络和管理轴心，才能去浊汲清，去繁取简，形成真正的系统化集约。

23 能力需求与能力最大化发挥系统构建

假如我们要做一份回锅肉或寿司，需要一位厨师，请问我们该如何招聘或面试？该如何描述这个职位的胜任要求？三年川菜经验或五年寿司经验？对美食有研究？经过餐饮专业培训？还是试做一份请专家品尝？如何定位所需人员能力段位？如何快速获取对应人才和人才要发挥的能力？如何减少招聘成本？如何缩短招聘时间？如何降低录用后流动风险带来的流动成本？这每一个环节都是企业人力资源部的痛点和难点，有无数人在求职，有无数企业在招聘，但并不会因为这无数而能快速准确对接。

这么多职能工种需求，企业如何结合自身行业、产业、作业特点构建出能力胜任体系或每一个岗位能力胜任模型，又如何对接外部及时获得相应人才？这种困难不算人员录入后培养所用诸多成本就已经让许多企业耗费掉大量的时间精力，使得经营效率受到一定影响。假如一个厨师还不能完全胜任烹饪工作，如何判断其是否适合并如何培训其快速胜任？这便成了管理者必须思考和解决的问题，而这个问题不局限于人事部门，每一个需要人才的职能部门和管理者均应承担这种责任，从能力准确需求和能力提升培养计划再到能力提升程度的过程结果采集和能力胜任模型的不断优化迭代，每一阶段均应关注，为能力体系不断完善付出应有的管理价值。

在"管理的左侧"章节中，将能力的其中一个重要影响因素概括为情绪状态，以"兴趣程度"为核心影响点，对这点的应用在岗位匹配中尤其重要。很少人能将不感兴趣的事情做到最好或极致，如果不感兴趣便会分心、不会投入过多精力来思考、不会花太多心思专注细节，于是勉强应付草草了事。企业所录用的人才往往在不适应或不感兴趣后很快离职，当从业人员对某一工种不感兴趣时，情绪也常处于低落状态，甚至变得焦虑压抑，这样工作效率会大大下降，随之管理成本提升。一名厨师如果不研究美食，对细微口味的研究不感兴趣，大抵也难做出口味极佳的菜肴；一名汽车销售人员对汽车不感兴趣，对汽车品牌和汽车的性能样式不感兴趣，不会主动学习探究，也一定成不了专业的销售顾问，兴趣是第一学习动力也是能力提升第一动力。而在人员招聘中，于细节之处的测试、测验、评估其对应的兴趣匹配程度便至关重要，例如，向一个应聘者展示20个汽车品牌的LOGO，若其全部认识则其上岗速度会远远快于只认识10个LOGO的应聘者。除此之外，情绪阈值和身体状态也很重要，这两者并没有程度的高低好坏之分，重要之处在于人员是否与每一个工种匹配得恰到好处，让开朗外向且胖瘦适中的人员做服务接待工作，其服务感知好于内敛过胖或过瘦的人员，让内敛较胖的人员做数据处理，其耐心程度也好于外向好动的精瘦人员。无论在招聘之初

257

还是员工入职后或长期供职期间，企业均应从不同维度塑造员工能力并使其和各岗位工种高度契合。这一能力需求可在不同能力阶段以同一结构不同要求进行描述，如表2所示。

表2 机电人员能力需求结构

能力结构	能力维度	具体要求／表现（现有机电维修技师参照示例）	模拟岗位能力胜任模型（分值）
情绪状态	日常情绪表现（情绪阈值）、心情常态	1. 较平和 2. 不善于主动开玩笑 3. 喜欢和其他技师沟通互动	
	兴趣事项／兴趣程度	1. 喜欢做饭，最拿手的菜是红烧肉 2. 喜欢提出有关维修问题并和师兄弟们探讨问题 3. 喜欢看电路图 4. 喜欢一个人观摩零部件、研究构造 5. 喜欢拆解零部件，如拆解涡轮增压泵研究其运行原理	
	身体状态／身体依赖	1. 身高165厘米，中等偏瘦，健康 2. 喜欢喝老酒 3. 两天抽一包烟 4. 爱好打台球 5. 无精神病史	
行为方式	行为习惯／偏好	1. 较完美型性格 2. 有一些技术洁癖 3. 每天工作结束会回顾维修过程并发现问题与不足 4. 对小瑕疵会感到不舒服 5. 不喜欢长时间穿太脏的衣服 6. 喜欢领导管理者表达准确，一就是一	
	思维／意识／价值观	1. 做好自己的事 2. 不占别人便宜，不是自己的一分不要 3. 凭手艺吃饭，不看领导脸色 4. 不会刻意讨好别人 5. 喜欢和大家分享技术，互相借鉴学习	
技能工艺	情境应激能力／成本损益倾向	1. 车子在举升机上倾斜或坠落会不好意思并愧疚 2. 客户有异议且情绪不好时，会主动说明，不为自己辩解，态度温和 3. 紧急维修需加班时不烦躁，首先思考时间，心中安排计划 4. 质量出问题时，会虚心接受	

续表

能力结构	能力维度	机电人员能力需求结构示例 具体要求/表现（现有机电维修技师参照示例）	模拟岗位能力胜任模型（分值）
技能技艺	专业知识、理论习得	1. 机动车检测维修工程师 2. 维修技师证 3. 会看电路图 4. 对发动机变速箱配件记号能熟练对应 5. 排除客户车辆问题时，按照先易再难、先常见后其他的顺序，一一排除，知道常见故障排除顺序与方法	
	行业经验/工作方法	1. 上海大众、丰田机电组工作6年 2. 技术经理2年 3. 对发动机各总成大件拆解先观察，对零配件记录拍照，对每个零件清理干净后拆卸，配件拆卸后会及时拧上对应螺丝并做好标记	
	技艺、技巧、稀缺技术、工艺、工具	1. 发动机、变速箱、总成维修 2. 5052诊断仪使用熟练 3. 对活塞环安装能顺利完成，不会敲断，错开，卡紧安装顺序方面有巧妙方法	

如表2所示，在具体要求或表现中，每一种状态和描述并不意味着企业的每位员工均符合或完全匹配，如有些员工喜欢做红烧肉，有些人并不喜欢做饭但喜欢养花养狗，管理者或人事部门通过这些来观察求职者对某类事情的兴趣程度。若某员工对某类事情整体比较感兴趣时，并不意味着他在工作过程中会长时间地将某种兴趣固定下来或注意力集中于工作，了解某事情的细节是一种对其可产生兴趣的佐证，进而需评估员工情绪状态是否在一定阈值区间，以免日后工作中情绪时常处于不匹配状态。管理者可持续明确这种能力需求并以最大能力贡献者为标杆标定能力胜任模型，通过不同维度下不同要求进行赋值，这种赋值分数可成为后续员工准入时的标准，持续优化这种标准，也就是持续优化更新了能力体系。其中情绪状态和行为方式在面试或初聘时较难

发现，企业通常以心理测试、测评来评估，但通用的常规测试并不能准确为行业各工种匹配上符合要求的员工，企业需自行对能力胜任模型进行长时间地优化描述标定，并采用最贴切的方式进行针对性的评估，对应各维度下的能力条件持续与能力结果指标，验证评估条件适用性，如一次修复率、平均维修时间、材料损耗，当能力条件可精准促进能力结果指标最优最高时，这种条件便是本工种普适性要求条件。

对能力有精准的需求，才能对人才有精准的挖掘，这一点在网联化管理阶段尤为重要。每家企业要更快匹配人才就要更精准定义能力，其往往必须细至某种业务的某个场景下的某种具体表现。除对能力需求外，员工招聘上岗上手作业后则面临如何最大化发挥才能与价值的问题，至少在作业过程中需将员工现有能力发挥至最大，以使当下资源利用效率最高、目标完成最快，这便需要清晰的业务向导，在制造业中每个设备对应岗位均有操作指南卡，但在服务业中这种作业指南处于缺失状态，因服务业各工种业务交集和临时事件频多，故基于实践的、清楚的业务导向指南对初入职者尤为重要，以表3为例说明汽车行业。

岗位向导需清楚地描述各工种职责要求和能力要求，对同一部门不同级别的工种职责和能力要求，可从大到小、从面到点清晰描述，这些描述是互为携领和补充。当面对移动或分域管理情况时，以电子化形式定期更新报备，并集合成企业能力管理体系

表3 客服人员岗位向导卡结构

CRM 经理岗位向导（以下显示均为简略示例）			
职责要求			
核心目标：维护客户权益，准确详尽收集客户负面反馈，保证真实有效不满意率低于5%（每月执行时请依据基数核算出具体数量）		能力要求	
工作标准	1. 确保客户信息传递至客服部时100%有效（无效可拒）	情绪状态	1. 坦然听取客户任何语气的言辞，不得反击
	2. 客户反馈记录完整，每周一17:00前归纳统计汇总上周数据占比（维度为……），每月前3日汇总统计上月数据（参照工具模版……）并将最弱5项传递至（……部门、人员）		2. 缓和客户焦虑，热忱用心倾听诉求并盘问记录详细情况
			3. 工作时语调有力、精力充沛
	3. 传递给XX部门结果须满足……	行为方式	1. 不可中断客户未述尽观点，不可臆断结论
工作流程：调查—监督—汇总—分析—上报—改善（详见于……）			2. 以同理心主动缓解客户焦虑与担心
			3. 站在公允立场平衡内外冲突
行为负面要求：1. 禁止包庇销售顾问向客户强制解释 2. 开除接受贿赂的内部人员／部门 3. ……		技能技艺	1. 熟悉客户关系管理6大职能内容、工具、流程与方法
基于客户满意度的特殊权限：1. 如总经理不在时可全权对…… 2. 面对……意外冲突可全权裁决 3. 基于民众安全、社会优良伦理可第一时间接受媒体采访并致歉（以下情形……）			2. 熟悉面访流程、体验流程、服务接待流程、投诉处理流程
工作内容描述： （略）			3. 可制作EXCEL表格进行数据统计汇总……

中的一分子，各职能部门管理者应及时优化内容以确保适用性，对其中目标、标准、流程定期细化调整以达到最适用状态，对能力要求结合能力需求或具体胜任模型进行对应调整，如当企业变革需要新的能力时，胜任模型升级调整后必须调整岗位向导。在日常管理过程中，我们常见这些均为一种自然过渡状态，或者自然胜任或者自然淘汰，有意识调整的管理者较为少见，企业业务或产品在迭代过程中，一定需要管理方式方法、管理体系同时迭代升级，之所以思维容易升级管理体系难以升级的难处也在于此。每个管理者的职能不仅是完成管理任务、目标、事项，还需在工

作过程中优化和更新管理体系。

岗位向导作为一种业务向导，清晰指引每个员工展开工作。那如何将这些融于日常目标制订与完成？如何管控业务进度？如何对应业务进度提升业务能力？如何基于业务能力现状调整业务关键过程指标进度？这些便是能力体系下能力发挥管控的必要所在，管理者必须定期进行过程管控分析以调节目标达成节奏符合需要，本文将这种管控结构以表4来表示。

表4 销售顾问目标管控卡结构

目标	1. 一级目标：16台		制订	1. 历史依据：目标平均15台；客户60批人均；成交率20%				
	2. 成本要求：车均降价小于2500元			2. 现有能力：人员无异动可参照成交率≥20%，按25%计算				
	3. 资源利用效率：邀约到店率≥20%			3. 资源情况：进入旺季前期，预计人均60批新增潜客以上				
分解	销量	W1:3 W2:4 W3:6 W4:3	能力要求	成交率≥25%	资源	现有+正常新增	时限效果：月底达标	
	邀约	100个+30批次		邀约率≥30%		现有+正常新增	时限效果：月底达标	
	平行业务	Z+J+B+Y+X		平行业务渗透率≥35%		现有+正常新增	时限效果：月底达标	
达成管控	Week 1	+1	原因分析：能力达标、资源达标		改善优化：Week 2目标不调整，正常执行			
	Week 2	-1	原因分析：能力不达标、资源不达标		改善优化：能力主要缺失点提升（略）；市场促销			
	Week 3	-2	原因分析：能力不达标、资源达标		改善优化：能力主要缺失点提升（略）；专场培训			
	Week 4	+3	原因分析：能力超标、资源超标		改善优化：进度正常，次月预防XXXX（略）（可为下月目标制订历史依据）			

这种目标管控结构既可以是针对单个人员，也可以是针对部门，既可是单个员工运用，也可是管理者采纳为团队管理的方法或工具，除目标制订与分解外，其余均是目标达成的一种管控结构和措施，如对关键能力的要求，对资源清晰的数量化要求，对

达成过程的管控和针对性改善提升。围绕着目标，每一个管理动作均会指向能力，这是一种能力管控体系，体系中伴随着部门间协同、周月例行会议、市场分析与预测、团队建设等。倘若一个部门没有清晰的目标或目标为一种宗旨方向且不可量化，只需以灰色区域各维度进行思考亦可作为自我任务管控或团队管控结构和工具。

目标管控卡是一种能力集约利用发挥工具，每个企业或许有类似工具或许没有，但在业务开展过程中这一结构混在其中，有和没有的差距则在于资源集约程度，如人力、时间、营业成本、工资等。无论是能力需求、业务向导或目标达成过程管控，均为对现有能力最大限度利用的措施，而能力随着业务难度的提升需持续升级，这要求管理者对每个员工的能力现状进行定期的数据化采集，依据能力差距制订培训计划。这种能力差距的过程数据来源支撑便是目标管控结构中的能力、资源数据差距和事实记录。在培训计划中管理者再次分析员工能力现状或弱项原因后准确制订出培训内容、考核措施、效果和时限等要求，这种培训提升相较模糊的、集中的借助外力的培训而言会更加节省成本和有效，如将外部综合性课程转变为由优秀员工、内部培训师、企业商学院等组织的专题培训，通过培训后效果跟踪PDCA循环至下期目标管控过程，监测员工能力提升情况，再进到下一能力弱项专题，通过反复教练，员工在胜任力和学习力上均会得到较大提升，这既是短期团队能力提升的必要，也是长期企业整体经营能力提升的必须。除此之外，还有对能力的激励，激励伴随着能力发挥的整个过程，最常态的激励便是绩效考核。绩效考核，重点并不在考核而在对能力发挥的激励，这种激励必须具体且能与目标在同一体系，同时必须与子父目标不相冲突、与过程指标不相冲突，在目标分解到位的基础之上还需对过程指标进行准确采集并能就过程能力指标达成情况对结果指标的影响做出准确衡量，再决定是否奖罚。这一点显得重要而困难，企业中常常因为不恰当奖励纵容某种负面行为，也常常因为不恰当处罚扼杀某种良好行为，如我们处罚与客户接触时作业时间过长，但恰恰是这点维系着客户良好的体验感知与满意度，若对这一过程指标不关联结果指标进行衡量，单一进行考核，会有所偏颇和不当。

就能力发挥体系构建而言，有形也无形，无形也有形，一切从人开始，一切也以人结束。对人才的需求和培养，其根本在人，但其本质在于对能力的需求和培养。只有最优能力才能让资源效用、效率发挥至最大，也只有能力最大限度发挥才能推动所有经营管理目标顺利达成，管理者不应仅限于人或人的本身，应更微观和更大格局放眼于不同能力组成和结构，如此才能摆脱人情和发展瓶颈桎梏，也才能以更公平公开的心志营造出持续长久稳健的经营环境。这是一个缓慢长远的塑造过程，虽无经典先例，但需求索探知，让每个员工成为最好的当下，也才能成就最好的自己，企业首当肩负这种责任，管理者也首当肩负这种责任，而非员工反向为企业肩负这种责任。

24 结构性约束与系统集约化管理体系

在许多公司，最常见的部门是设计研发、生产、销售、市场、服务、行政、人事等，这是一种组织结构，代表着一种约束状态，或者非常高效或者非常低效。随着业务的纵深发展，这种结构亦会依照业务类别设置部门，如先成立项目部，进而再成立事业部，再以更大类别拆解组合成大单元横向业务事业部，更或未来以能力为核心形成无边界状态的网联化组织。这均是结构性约束，其最初最原始的职能并没有改变，如研发、生产、销售职能依然存在，只是形态结构改变为组织内部或组织外部，部门内或部门间，一人一职或一人多职，而这诸多变化均围绕着个体能力最大化和组织能力最大化利用展开，去除这一点就形态和边界而言并没有太多意义和影响。

组织结构或业务结构是一种整体化的结构约束，它提供一个框架，为所有业务作业的开展厘定边界，一旦设定，股东、董事或各管理层即使有明确要求如作业过程中可打破各种限制，但人员依然会被无形地限制住，这便是部门墙的弊病，任何一种结构均有这种不利的一面，于是要求管理者多设置变体结构突破这种制约，如各种委员会的存在。而就长远效用来看，企业仍需不断优化组织结构，形成一种企业文化氛围发挥作用，这种隐形的约束力量所涉及的面将更宽广也更微细。企业中类似的这种结构会有很多形态，管理者必须重视这种整体性、宏观性的约束力量，如企业中财务经理是老板娘、人事经理是亲戚，这也是一种隐形结构，对员工能力发挥和经营效率同样有极大的制约。管理者最应负责的任务之一是推动这种不利的制约结构得以改变，同时股东或所有人、决策层亦应有清晰的认识或宗旨来接受、监督和推动这种改变。

除宏观的、整体性的结构约束外，企业中最常见的还有一些制度性的约束结构，如绩效制度或绩效结构，相较其他约束，这种结构更能直接改变人的动机，更能促使员工对成本和风险做出判断，更能影响能力的发挥与资源的利用，更能改变人的行为方式和价值体系。在此以汽车销售人员绩效结构示例，见表5。

表5 销售人员绩效结构

姓名	任务	销售顾问激励方案					大用户
		车台次绩效方案					
		A	B	C	D		
A	14	100元/台	300元/台	400元/台	500元/台	以另提指导价X%计	
B	14	100元/台	300元/台	400元/台	500元/台		
C	14	100元/台	300元/台	400元/台	500元/台		
……	14	100元/台	300元/台	400元/台	500元/台		
金融	6台及以上	3~5台			1~2台		无
XXX	400元/台	300元/台			200元/台		减持300元
XXX	400元/台	300元/台			200元/台		
说明：……							
KPI考核							
考核项目1	目标分值	实际得分		考核项目2		目标分值	实际得分
交车完成率	25			金融渗透率(60%)		4	

续表

销售顾问激励方案							
姓名	任务	车台次绩效方案					大用户
^	^	A	B	C	D		^
订单完成率	15			展厅单车毛利	4	
展厅流程的执行	15			精品	4	
回访达成率	10			综合满意度	3	
邀约率	10			试乘试驾率(80%)	2	
前装渗透率(60%)	8			其他		

说明：……

备注：……

以销售车辆台次、各平行业务数量、KPI 考核为主，其分类明确、结构清楚且财务成本费用核算也非常明晰，按理类似这种激励政策在执行过程应该较为顺利，且每一位销售人员均是利益受益者，企业也在过程中受益，管理者依照结构和标准执行，人事部门和财务部门分别进行相应数据汇总统计和核发工资，一切均应顺当无多阻碍。但是在实际工作过程中，并未如预期那样能够促使每位员工积极拼搏。首先，这种设置使得能力强的员工销量和能力差的员工销量之间拉开一定距离，能力强者持续努力的意愿会降低，多做出的销量因平行业务而减持的可能性会大大提升，从而导致整体收益下降，而能力弱者本会放弃最高目标，加之各收益权衡追求最大目标的动力也会极大下降。其次，在 KPI 的综合权重下，销售人员做得越多，KPI 得分则有可能越低，为确保 KPI 不影响整体，于是在成本损益权衡下，销售人员放弃追求过多增量，1 个月过半如果总任务目标相差太远，所有销售人员就不再主动追求最大量，退而保求存量利益最大化，以至于整个公司业务发展受阻。在各种心态、情绪、动机的交织和冲突中，每个员工心中非常明确如何取舍以换取自身利益最大化，久而久之形成一种工作氛围与文化。团队和组织中，对个人利益的追求远大于对集体利益的追求，若加上管理者领导风格和情绪的不稳定，人员流动率亦会变得越来越大，这进一步增加了人员流动成本和业务经营风险，倘若这种风险延续，则导致管理层和执行层动荡，这大抵是每一家动荡企业管理中的缩影。

这是一个负循环过程，其从机械化制度结构—求利润—求销量—损失成本最小—动机冲突—自我内心不一致—消极—无战斗力—团队无凝聚力—管理者与执行者矛盾—人员快速变动—决策层不信任—管理者变动—经营无序—员工归属感、荣誉感降低—整体文化氛围动荡—利润下降—重构，如此企业或者在这种混乱中变得稍好，或者变得更差，或者被市场清出，这是由结构因素引起的从微观再到宏观的变化，每家企业均在这种动荡和冲突之中，不过有些在过程中变得更好，有些变得更差。决策层和管理层必须重视每一种结构或制度体系对宏观微观环境带来的可能影响，权衡并平衡这种影响的危害，在过程中加入调节因子，使其不导向负面或负循环，减少破坏性则尤为重要，以上述销售人员绩效为例进行调整，如表6所示。

在右侧灰色区域设定个性化绩效措施，以对冲这种负面影响，如日常销量平均在6台时进度会明显降低且效率低下，可基于对

表6　销售顾问KPI考核结构

姓名	任务	销售顾问激励方案					车台次个性化绩效方案
^	^	车台次基本绩效方案				大用户	^
^	^	A	B	C	D	^	^
A	14	100元/台	300元/台	400元/台	500元/台	以另提指导价X%计	• 任务达标≥8分阶奖励：1、2、3档 • 任务达标≥14，KPI系数分值低于80按1计算，大于80以正常计算 • 特项奖：
B	14	100元/台	300元/台	400元/台	500元/台	^	^
C	14	100元/台	300元/台	400元/台	500元/台	^	^
……	14	100元/台	300元/台	400元/台	500元/台	^	^

^	^	平行业务绩效方案				平行业务个性化绩效方案
金融	6台及以上	3~5台	1~2台	无	^	• 正常激励＋一级目标≥14＋200/台 • 以综合满意度100%为免减条件（情义大于利益） • 特项奖：
XXX	400元/台	300元/台	200元/台	减持300元	^	^
XXX	400元/台	300元/台	200元/台	^	^	^

说明：1.……　2.……

KPI考核						KPI个性化绩效方案
考核项目1	目标分值	实际得分	考核项目2	目标分值	实际得分	• 以三大关键过程指标为主，权重各20% • 奖优＋奖勤＋积极性（依据于过程指标） • 以最高系数1.5计分
交车完成率	25	^	金融渗透率(60%)	4	^	^
订单完成率	15	^	展厅单车毛利	4	^	^
展厅流程的执行	15	^	精品	4	^	^
回访达成率	10	^	综合满意度	3	^	^
邀约率	10	^	试乘试驾率(80%)	2	^	^
前装渗透率(60%)	8	^	其他	^	^	整体设计
说明：……						• 团队奖＋团队豁免 • 最优贡献者特殊奖
备注：……						^

更高目标追求过程的风险规避和收益权衡，设定大于等于一定数量后提高奖励金额并按照不同等级来持续提高。首先，销售顾问激励方案激发了能力较强员工的上进心，同时对其他销售人员也有一定的正向引导，当总任务目标超标达成且KPI分数低于80分时，不受KPI系数对总奖金金额的影响，于是销售人员便可放心地追求最高目标而没有顾虑。这基于两个考量，一是高量次一

定伴随着过程质量递减,二是高量次是整个企业一级经营目标,只有完成一级目标才能保障现金流以及整体经营风险最小,在此基础之上过程质量还需以最大程度进行保障,如此可将 KPI 大于等于 80 后的系数向上调整,以促进每位员工在追求速度的同时尽最大能力保证质量。这是一种对过去绩效结构负面影响的补救,同时也升级成为另一种更优绩效结构。

除促进和激发个人能力最大限度发挥外,还要促使团队集体能力最大限度发挥,这便需要另一种导向和约束,即通过团队整体绩效达标奖和最优个人奖以及团队整体绩效达标后的豁免项来实现,通过双向促进能力最优者和能力最弱者同心聚力、相互提携,以整体性团队意识来完成共同目标,在持续的业务推进过程中发挥相当稳定和优秀的合成能力状态,凭此管理者推动业务循环,使其处于正循环状态,如个性化制度结构—求利润—求销量—个人能力最大限度发挥动机导向-自我内心一致—积极有动力—持续战斗力—团队凝聚—管理者与执行者和谐—人员稳定—决策层信任—经营有序—员工归属感荣誉感强—整体文化氛围良好—利润上升—组织迭代升级。绩效结构必须有温度和充分的人性考量,以最优结构来驱动个人能力最大化发挥,驱动团队整体力量最大,驱动企业单一业务环节资源利用效率最大和企业整体资源利用效率最大。

绩效作为一种最常见且最能影响管理成效的结构性约束机

制，每家企业均会采用，形式不尽相同，效果也不尽相同，这种比结构更微观的结构性约束力量在日常管理中会更加频繁地被利用，其多渗透于许多管理方法和管理措施之中。例如，销售经理或展厅经理非常苦恼：年轻销售顾问不遵守制度，玩手机、打手游，不重视客户体验，不自主学习，稍有严厉批评便离职走人，制度几番从严，即使罚款扣钱也不能解决。单一措施或奖罚组合制度均不能有效解决手机带来的困扰，如何才能有效解决便成了管理者最为头痛的问题。生活在互联网和移动互联网等信息时代中的人对网络和网络设备十分依赖，仿佛它们是自己的手足一样不可替代。限制并不符合人性，也不符合整个社会大生产工作环境对其需求和依赖，管理者只能在如何利用这一主基调下实施管理，如允许员工使用通信工具、社交媒体工具、新闻平台，可将手机换成PAD，并让员工分散，不围簇一团使用，在使用期间要求每隔半小时必须在业务相关网络页面学习，以网端统计的学习频次作为使用条件，而失信者或未能做到的员工要为其他做到的员工提供服务。

将一种制度要求融于不同环节的管控措施之中，以此形成结构性制约，这便大大降低了直接使用制度带来的冲突，<u>顺人性并在其框架范围之内合理引导，以设置趣味化奖惩机制实现最终要求和管理目的，这便是在管理方法和措施中对结构性约束机制的利用</u>。这种约束利用的本质不在于是否形式多元或形式好坏，而在于是否围绕员工能动性设计制度体系，同时是否可以促进每位员工能力最大化发挥，是否可以让资源利用效率在每一业务点最大化，让整体资源效用得以最大化发挥。这同组织结构和绩效管控结构一样，均是一种能力集约利用的措施，管理者并不能在某一点制度设计上实现最优而让整体最优，须站在组合、系统、集约的角度让每一制度能最终与其他制度进行集约，而这种集约后的效用对所有员工能力的发挥均能达到最大促进作用，或许这种设计违背了传统经验，或许这种设计没有先例不被其他人看好，但围绕着能力最大、资源利用最大、目标实现最大，管理者均应该尝试并持续寻找并优化它。如海底捞管理模式最初被同行和所有餐饮企业讥笑一样，所有人否认并预测不可长久持续，但最终它却获得了较好管理优势，任何一种制度或结构性约束机制均有时效性，并不会永远获得持续性优势，这便要求管理者在日常管理过程中持续优化它，使其随着社会环境背景、企业内部环境背景的变化而迭代发展。而股东层或决策经营层需要赋予管理者这种机能或者从管理层寻找到可以保持这种迭代的、更上一层的结构性约束机制，如从合伙人机制寻求这种可能性以跨越企业创业者代际陷阱。

结构性约束是一种管理结构和制度结构。这种制度结构集约着制度、标准和流程，往往需要从系统的整体的视角对其进行组合，在组合过中实现增加、删减并进行一定程度的升级与优化，在升级优化过程中形成新的管理系统，如此循环推动企业正向发展。结构性、系统化、集约性的制度导向也是一种文化导向，这种文化导向会连带推动企业所有人员将精力、能力、资源利用向此集中。例如，我们设定汽车零售行业从寄售制、卖场制向为客户提供个性化服务转型，要求所有部门和员工禁止向用户搭售不需要的产品或服务。此时销售部门的服务流程、接待标准、考核维度等均会发生结构性、系统性改变。市场宣传、维修、客服等部门均需对原有的业务流程和内容做出调整，而在硬件配置上则需添置自助娱乐、影音、茶水、儿童娱乐区等设施。为使其更加自助化和人性化，管理者必须花费一定的时间和精力来思考如何提供这种自助服务才能更加便捷并获得客户满意，企业也需配置更多资源来实现这一目标。这便是一种管理体系的转型，其本质和逻辑是管理体系下服务能力的转型，也是如何让客户资源价值利用最大化的转型。

企业中由谁并如何实现这种改变？特别在管理结构已存续多年或长时间固化的状态下，如何实现这种自蜕变？如何实现这种自驱动力？这一点极为困难。较常见的做法便是组建系统集约化变革小组或某种形式的委员会，管理者及主要人员均是成员，其中以能力需要来拓展管理中组织边界，拓展制度、标准、流程边界，以更宽的思维和格局在拓展过程中实现集约状态，并在实际工作过程中检测这种集约状态是否对能力最大化发挥有助益和促进作用，组织整体能力发挥是否受到负面制约，投入资源是否更多或损耗是否更大。以能力为核心进行各边界拓展的过程实质则是重新配置资源的过程，以新的配置方式再构建出新的目标结构、组织结构、权利结构、分配结构，这些新结构让企业将产业以新的形态展示于众，于此引起新的社会产业形态变化，或许有时这种变化出现回逆现象且在不同地方不尽相同，但整体而言均会正向超前发展，这一点在商业形态演进中从未停止。

相较大型企业而言，中小微企业更需要推动并打造系统集约管理体系，且相对容易。在资源优势对比中，大型企业更容易垄断或主导配置上下游横纵向及关联资源，即使在某种不集约状态下，其获益空间也远大于小微企业。就变革难易程度而言，小微企业则更加容易推动变革，企业家认识到这种重要性，并长期锁定管理层这种职能担当，即使变化缓慢，也会获得不错改善，不至于被新的竞争对手快速挤掉。在构建这种体系的过程中，就资源最大化利用的措施和方法可依管理右侧中几大资源约束条件，从不同的维度和不同的层面思考优化。每位管理人员思考并应用措施方法均可推动内部迭新。无论企业规模如何，资源获取配置难易程度如何，就市场口碑和客户忠诚度而言，对所有企业是公平的，人心自有一杆秤，即使多付出成本和代价，用户也愿意选择更高的品质。支撑这一信赖的内核便是企业内部的运营秩序和最佳的集约运营状态，对内是一种最佳最省成本的运作管理方式，对外是一种最佳获得信任的途径与能力，推动并敬畏这种内在的力量，才能让每家企业和每位管理者变得越来越好。

# 25 通过客服职能实现标准反向修订与资源利用效率最优

在制造业初期的大供应大采购阶段，民众去商场或门店购买商品后，如果出现质量等问题，民众会返回商场找销售商进行更换或维修，其对一件商品的好坏性能了解均在现场完成。在互联网和移动互联网出现后，当诸多生产服务商在网端售卖商品或提供服务时，消费者对不常购买的商品会先在线上咨询商家的客服人员，了解商品的适用范围、尺寸、应用场景、配置、性能、价格等相关问题，而后决定是否购买。这在极大提升双方买卖信息对称和信息准确性的同时又反映出另外一个问题，客服职能不再处于末端，如之前当一件商品出现严重质量问题时，会经由经销渠道原路径返回，再到售后部门再到生产部门进行更换或维修，由客服再跟进客户提供一系列服务，而在互联网的助力下，这种客户服务职能通常会在第一时间体现。本书第二章论述过传统价值链的反转，这种反转一经开始便不会再回头，只能向更好、更便捷、更节省资源、更高效利用资源的变体形态演进。如今日常生活中的每一项商业服务均向此靠近，无论是奶茶店、比萨店、酒店还是消费品、工业品等，无一例外的，客服功能均被处于前置状态或被处于前置状态的需要。这种前置是生产消费整体大价

值链的反转,也是一种企业内部价值链的反转,如图42所示。

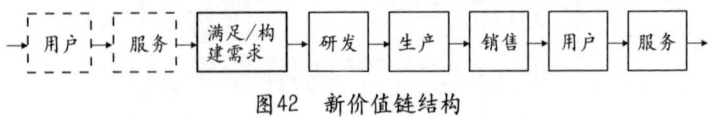

图42　新价值链结构

　　内部的反转或许暂时并没有让企业的部门名称发生变化、人员工资发生变化或部门设置发生变化,但这种客服职能的边界拓展、职责、工作内容、工作权限和流程均会被推动发生变化。这便要求企业客服不再是一个静态的部门,而更需要是在全公司体系中一种大职能范围的存在。这种存在会让销售是客服、市场是客服、设计是客服、售后是客服,只不过不同功能角色所担负的客服职能有所不同罢了。销售人员可采集客户的最新想法、市场人员可采集用户群体的需求趋势、服务人员可采集针对性建议、售后人员可根据产品优缺点提出客户个性化需求,当不同客服职能被分散又能被集合利用,这种职能价值便是一种更大范围的客户服务状态,也是企业客户服务体系的一种最大程度边界拓展,其每个部门不再是单一岗位负责单一职能的价值孤岛、信息孤岛和责任孤岛,这种服务状态基于外部互联状态和内部互联状态,会第一时间和用户对接,再传递于传统的、静态的流程价值链中,于此形成动态的闭环。无论服务业或制造业,每家企业均应拓展这种客服职能的边界,如当生产一辆汽车,只是闭门造车,最终在市场汽车不被认可,便耗费了所有资源硬件、软件、各部门人员的心力和精力,汽车行业多有违反消费者偏好和认知的失败例证。为了减少这种损耗或浪费，企业需要将静态的设计制造生产服务过程置于动态的需求环境，促使资源利用效率达到最优，而实现这种最优状态的第一步便是大客服职能状态构建和存在。以汽车销售服务为例进一步说明，参见表7。

表7 新价值链下客户反馈结构

	服务内容	车辆反馈（内容略）	人员反馈（内容略）	综合反馈说明	管理动作标准优化建议（标准反向修订）简略提示
销售服务	服务热情程度与精神状态	车型：A, B, C, D, E……	人员：A, B, C, D, E……	接待询问穷追不舍，有些问题涉及个人隐私，过程中经常离席找不见人，等待时间长	• 对负面行为做制度性要求 • 离席标准制订
	专业的车辆解说	车型：A, B, C, D, E……	人员：A, B, C, D, E……	/	
	专属的试驾试乘深度体验	车型：A, B, C, D, E……	人员：A, B, C, D, E……	很快就试驾完毕，只能走规定路段，不能接受其他要求，不深入	• 优化试驾前工具并优化人员协同流程、内容与标准 • 列举个性化需求和解决方案进行培训
	合同透明、费用清晰	车型：A, B, C, D, E……	人员：A, B, C, D, E……	其中服务费用解释不清楚，一部分礼包内容并不需要，如果替代更换会更好	• 优化费用明细表和相关注释 • 制订个性化服务选择清单
售后服务	客户权益解说清楚	车型：A, B, C, D, E……	人员：A, B, C, D, E……	/	
	核实车辆内外现况	车型：A, B, C, D, E……	人员：A, B, C, D, E……		
	保养内容解释清楚	车型：A, B, C, D, E……	人员：A, B, C, D, E……	具体内容解释比较清楚，对所用材料和价格最好能与小区维修店差异进行说明，同时对过程中使用情况能拍照、发到手机最好	• 优化现有工单工具 • 制订即时服务状态信息传递内容与流程
	费用估算、明细与结算	车型：A, B, C, D, E……	人员：A, B, C, D, E……	/	
	一次维修质量	车型：A, B, C, D, E……	人员：A, B, C, D, E……	使用过程中似乎有点问题，虽不影响使用，还是有些担心，最好能联系维修人员及时沟通情况	• 前置维修人员服务联系方式 • 制订服务形式、时间、内容、流程、标准
	修复后车辆使用嘱咐	车型：A, B, C, D, E……	人员：A, B, C, D, E……	/	

依常规传统的静态客服职能，客服人员会如实记录客户体验

过程中的建议和意见，如销售、售后服务过程中出现的质量或服务态度等问题；客服人员如实记录并分类统计有效反馈、无效反馈、产品相关、服务相关等各种过程数据，而后提交总经理或集团客服职能部门，再经由总经办或最高决策层制订应对策略或改善措施，进而再逐级顺流程下发并督导执行。这是静态循环过程，其间或因问题总是相似或避免客服本部门与其他部门矛盾或为减轻工作量，在记录和反馈过程中客服人员会主动缩小问题的轻重程度或避免书写记录过多问题，进而导致问题被隐藏或被主动遗弃；另外，当问题传递给其他部门时，多则不被重视少则敷衍了事，就如何改善也是自说自话，敷衍一时不问后事；再如制订的改善意见或措施未经深入分析探讨，是否有可执行性、期间管理成本为何、客户体验如何、是否对每一资源的利用都没有浪费、具体执行步骤与标准为何，均模糊敷衍，执行过程中的效果也便大大下降。除无意识反向修订标准外，各部门人员协同也成了最大阻碍，如一个问题会在管理过程中反复出现，而就问题具体由谁、由哪个部门负责，每个人和部门均会有豁免理由，于是也就维持现状或不了了之。

客服职能会在第一序位提出需求——要修订企业整体资源利用流转标准，这不仅是因为在静态价值链中客户处于终端，也是因为在动态价值链中客户处于始端，而实现这一修订，则要求客服权限结构必须与之前发生变化。这种权限结构不仅限于人员权限，更是这一职能组织在价值链中处于的重要位置，在表7中，若将这种客服职能扩大到销售、售后、服务、人事、总经理、集团职能中心,这种大职能化的存在便对所有环节的业务开展起到了指导和支撑作用。当一种反馈或建设性意见被收集后,不会再因角色的抵触或部门的间隔产生阻力,所能涉及的流程优化、变革、重构均会相较之前容易被接受和推进,所能涉及的标准优化或改进也能在第一时间被快速协同。在大职能范围中的角色不再以小职能范围为主思考利弊,这种变革既是一种结构性制约的变革,也是一种对资源利用效率不断优化的变革,这也是一种动态的集约管控过程。

企业中的管理人员无论面对直接客服信息传递还是间接客服信息传递,无论外部信息传递还是内部信息传递,均应思考这种信息对当下环节资源利用所提出的要求和改变,这种信息是否对当下 SOP 提出优化需要,是否需要在传递至下一个环节或对接上一个环节过程中提出新的标准要求,是否需要整体反向做一系列标准修订,以使资源被利用、被输入、输出效用最大、效率最大。通常管理者对这种管理需要处于屏蔽或最小汲取状态,每位员工多会以等待状态等待最高指令或自上而下的要求,再在施行期间依最优、最有利、最小成本的行为需求进行开展,从而导致企业整体变革的难度和阻力增大。

企业家或管理者在重视客服职能并组建大客服职能体系的过程中,应制订出这种管理制度和标准,形成管理者管理意识和例行性管理习惯，在不断试验实践过程中沉淀出本公司自有的管理理论和方法，如举行例会、客户分类信息的采集传递标准与流程、决策流程、试验试行机制等。在对每个部门或每个管理者具体的要求上则须至少做到两点，一是对现工作环节 SOP 的优化和改进，二是对上一环节资源被输入和下一环节资源输出提出要求并做好协商和对接。这两点在表 7 中如销售顾问和试乘试驾专员之间，销售人员对自身试乘试驾协议签署、需求记录方面需重新做出 SOP 要求，而就这一记录或要求输出至试驾专员环节，则需对资源输出后要求和试驾专员对被输入要求做出标准，将这双向的要求再分别叠加至两人各自的 SOP 中，如此便形成一次对标准的反向优化和修订。

除对各环节标准反向修订外，对整个基于业务价值链全流程的标准修订则牵扯到整体资源利用效率，这相较单一环节的优化和修订会显得更加复杂和困难，它不仅涉及业务环节标准，更多会涉及业务环节组成、人员结构组成、人员职责范围、工作内容、工具、执行标准和具体流程等。它是一个资源再匹配分配的过程，除对单一环节作业效率、资源效用考量外，还需对整体资源利用效率和效用进行考量。以汽车销售服务行业为例，当越来越多的客户通过电话咨询购车事宜时，是否需要专门设立电话接待部门，如何将原有展厅销售人员与电话接待人员每日工作事宜分离或合并，如何分别统计其作业数据、设立不同作业目标和流程，是否需要客服人员参与其中承担一部分管理费用，如若新增独立部门，整体客户资源利用效率是否更高，销售部内部整体管理效率是否最高，是否成本和收益成正比，这诸多问题便是整个新业务价值链和流程重构、标准反向修订中所需考虑的细节。这些细节决定每一种方案是否可以实现效率、效用最大化。开展这一系列工作，如果凭感知展开，企业并不知道这样做是否满足客户最基本需要，是否能够让客户满意度最大，是否可以精准地为客户提供其最核心需要的服务，如此则需进一步通过客服人员站在客户需求的立场收集意见与建议，企业汇总整理信息和数据，分析出核心需求点和内部职能缺失项，思考如何设立这种职能岗位，如何合并其他职能岗位，如何设定业务结构，以使整体资源发挥最优，在此以图43为例进行说明。

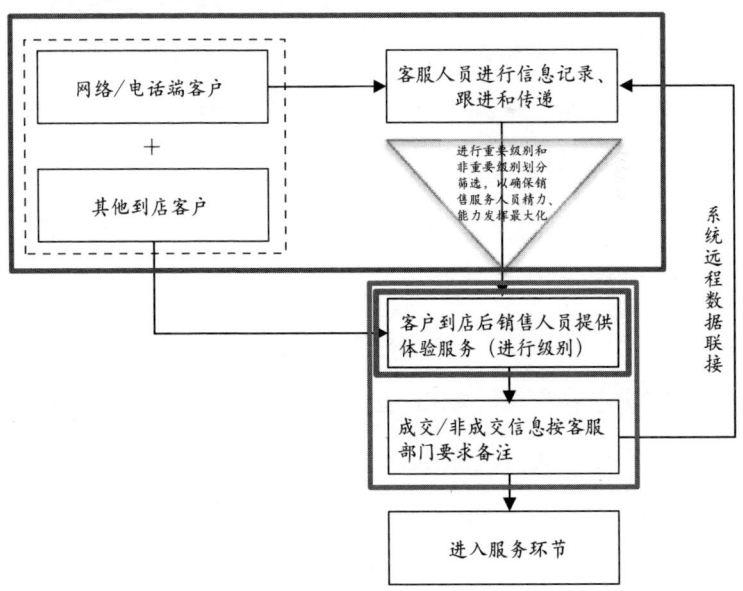

图43 销售服务环节管理结构集约优化示例

这是一家人员、客户、销量均很少的销售服务企业所做的结构优化。在不新增部门、不新增人员的情况下，如何满足客户这种需求并设立这种职能满足市场的需求，如图43所示，将客服部门客户服务功能和客户电话接待职能需要进行结合，并在原有销售人员业务环节中增加网络端客户接待标准与流程，从而形成一种新的业务模式。这种调整在不增加人员、不增加成本、不降低客户满意度、满足客户需求的情况下，形成了整体资源最优利用的一种集约，若再对应设置好激励和内部管理等其他事项，这种集约则极大助益了资源利用效率。

物联网和AI会极大推动传统业务价值链的分割和重组，也会极大程度推动基于社会整体资源体系的集约（如大数据企业为小微企业提供的大数据服务）。每家企业在内部管理过程中均需审视这种外部分裂和集约的倾向，同时对内部集约结构和方式随时做出调整，以保障整体业务竞争力最大最优，而这一过程中必不可少的一环便是对"客服职能"的重视和利用。无论这种职能以何种结构存在或体现，无论如何细分或总括，它的意义和价值均会在每一个内部业务细节和整体业务结构上呈现出效用，这种效用会更加数据化和精准化，也会更加个性化和人性化，每个管理者新的职能则是主动利用这种变化，以促进企业运营质量更高更好。

26 关于系统集约管理中的关键权限倾斜

关键权限倾斜基于业务流程环节中对资源流转时间的节省，这种资源流转过程中解决关键耗时的因子对资源流转效率、效用的发挥有着较大影响。关键权限倾斜不仅是一种流程环节，更是一种特别的制度存在，因为企业特别中小企业多缺失这种机制，所以本节对此稍加论述。

在流程环节中，为使整体流程时间更短，各流程各业务环节耗时更少，人员重复工作更少，所以要实现一种集约状态，通过对关键权限的倾斜便可得到更好的改善，这是在各流程环节中单一的作用。<u>就整体资源利用而言，关键权限倾斜更是一种制度存在，这种制度是一种资源效用最大化下的权利分配，可让整体资源效率和效用发挥至最大，其价值也远超过了对资源流转时间的节省；它可让人员的责任心更大，对资源利用过程进行更有效的把控；可对员工能力进行最大程度的释放，也更适应人性。</u>通常，企业用同一种制度来约束所有人、所有业务环节和资源利用过程，这种普遍性制度在较静态的经营环境中并不会显现出负面的制约或失效的时刻，因静态状态，每一事件或大或重要均可传递至最高层，经决策后再传递至执行末端，而在动态的经营环境中、在快速流转的资源环境中,这种决策会显得缓慢而失效,于是要求不同的业务环节、不同的资源利用场景、不同的人员都应具备不同的关键权利。这种权利是非常态的、临时的、随机的、情境的更或仅有唯一次数的,如当公司出现产品问题、意外事故、道德事件、伦理事件等所触发的权利应运情境和场景。<u>在统一和普遍性制度约束下,对权利的制约实质为对资源效用效率最大化发挥的制约或对资源损耗最小化补救可能性和空间的制约</u>,这便显现出常规规章制度的不足,建立另一种制度进行弥补,这种制度可赋予关键权利于特殊时刻,以助益资源于这一时刻依然发挥出最大效用,这便是关键权利的特殊作用。

在日常管理中,为实现这一机制效用,对关键权利的倾斜或授予并非单向赋予权利,须基于员工能力的稳定性和以长时间工作过程中因能力所累积的信任为背书,这包括员工的情绪状态、行为方式、做事风格、人格情操、作业成绩、技能技艺专业程度等。通过综合考量在其业务链条或更大资源利用空间赋予某一事项权利、某一领域权利或某一关键序位环节权利,而后为使这种权利处于资源效用效率最大化的边界中,若不被滥用或过度发挥,还需从权利适用的范围以制度、标准和流程进行再次约束。例如,赋予汽车销售服务行业客服人员应对特殊重大投诉时的关键权利,依正常情况,重大投诉须层层上报并在15个工作日内进行处理,这期间几经各级管理者、决策者商议后的结果或许并不会被客户接受(如奔驰漏油事件),而客服工作人员在其间除传递信息外并不会有特别决议权利,在上传下达中往往使得问题变得更复杂、更难以化解。设如何处理一个人以自杀来威胁?如何处理一个人以暴力来进行诉求?在特殊情形下,处理所需决策时间则比正常会短得更多,是否每个企业可以从容应对或每位员工均可从容面对,怎么解决才可以将边际影响降至最低,让成本降至最低,这显然是对日常管理的极大考验。通常,这类事件权利会集中在董事长或总经理手中,或迫于无奈由最高层出面解决,但这一解决实质会出现极大的负面影响。除对客户和社会造成影响外,对企业内部管理氛围和环境也会产生负面冲击。为快速化解这种问题,假设客服人员可自行决定 5 万~10 万元的纠纷,这种权利应该赋予客服人员吗?应该允许其在什么情形下行使权利?应该以什么样的形式行使?如何保证在行使过程中权利未被滥用?如何确保这种权利行使公开透明?这便涉及关键权限倾斜的设计,以客服人员关键权利设计为例进行说明,参见图 44。

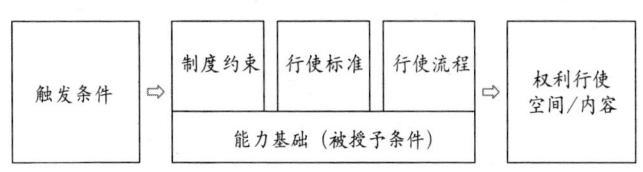

图44 关键权利约束结构

我们选拔工作 3 年以上,处理过 3 起以上重大投诉事件,服务满意度年均 95% 以上,基本数据错误率为 0,情绪稳定、善于聆听且能公允处理双方立场的员工来担任这一角色。其中,在因车辆质量问题造成驾乘人员身体较大伤害的情况下，进行非常规关键应急程序处理，对处理此类事件人员行使权利过程的制度要求为：①以公谋私则取消行使权利资格，扣除所有奖金，承担所有损失赔偿；②处理过程中须有第 3 人陪同。行使标准为：①口头或书面接受解决方案；②编辑书面内容确认；③全程录音。行使流程为：①不经由总经理、总经办、集团风控中心批准直接解决；②后报备核准流程。行使空间和具体内容略。

这是一个简版示例，每家企业可依据实际业务情况设定，无论这种处理过程复杂还是简单，必须以时间短、耗损资源少、投入人力物力成本少为前提。<u>关键权限倾斜对关键事件的处理应以整体利益、长远利益为出发点，以维护企业整体权益、社会公平正义、乡俗伦理道德为旨</u>，在此基础上，短期内，对企业是一种损失，长远则是一种获益。这一点无论企业或其他社会行政类组织，当事人或关键职能职责人员均需要有关键处理权利。当这种权利应用在集约化的管理体系中，不是单一的、随机的、不受约束的，便不会被私用或滥用，若在诸多的业务环节中分散这种权利并形成良好的企业文化氛围，便避免了权利因掌握在金字塔顶端而失去效用或因应用流程耗时太长而导致交易成本、边际成本太大，无论当事者或主要职能人员有管理权或无管理权，赋予这种权利后，则可不受上层权利的制约并直接运用，这便使得资源在第一时间被有效利用和流转。企业在设计使用过这种制度后，对其效果和效用进行评估，若制度有优越性则可在不同业务环节和不同职能人员中拓展应用，这种应用应不限于紧急事件，在不同工种不同业务环节过程中，均可设计这种制度以使每位员工的能力得到最大限度发挥。以共享出行企业管理条例为例，当求助人发出求助请求或警方需协同配合确保乘客安全时，这种情境下便需要关键权限倾斜，由客服人员在第一时间判断，不需报上层协商批准，不需层层审核研讨，将这种流程设计于制度之中，融合软件设计之中，便可大大避免企业所要付出的更大代价，同时也一定程度避免企业面对道德危机和信任危机。

企业需以盈利为导向，管理过程亦是，企业或为私有，或是所有权属于某一人，或是权利仅为决策层享有，但这不代表这种权利结构会发挥出最大的效用，享有权可以最大但管理权并不需要最大。<u>资源在企业的每一个人手中和每一个业务环节流程中流动，这便需要将运用资源的权利同样被分置应用</u>，若各环节权限发挥能对资源利用效用效率最大，这种最大的分散则是另一种最大的集合，其力量也远大于集中于某一人或某一处。水无常形故化难克阻，管理不守僵方能行长致远，<u>股权或是企业家的，管理权则是员工的，而资源则属于整个社会</u>，如何让资源发挥出最大效用，实现效率最大，则是每家企业最基本的管理需要。

第八章 三十六行说

10

虽为"三十六行说"，但本书仅选取几大行业，以专家教授及不同行业管理者与从业者采访为例证，进一步阐明系统集约管理思想于现实中的印证、利弊、可行与否、矛盾之处等，来优化合理性并修正不足，以使读者不被拘囿于这个理论、思想或实践中，同时以期在系统集约理论基础之上寻找并发掘出更优的管理措施、方法或理论。因交流采访后书写未能完全复述受访专家、企业家们的观点，出入之处或为作者赘述。

同济、交大、复旦三位教授的思想与观点

——*同济大学财务专业　魏凝教授*

以往的思考是：产品是造出来的，生产是一线的事情，管理的很多东西是二线的，一线在前端，二线在后端。简单这样分析并没有什么问题，但在重生产的过程中逐渐发现前端会造成很多浪费和损耗，这一点就属系统集约理论中的资源损耗了，再后来大家慢慢将后端重视起来，通过管理或经营管理科学来实现资源的最大化利用。即使这样，在过去很长一段时间，企业通过管理手段措施解决问题时往往会缺什么补什么，<u>一个点一个点地解决问题或者一条线一条线地思考，哪儿痛抓哪里，从而出现解决一个点后发现其他点对这种做法形成了较大制约或增加了其他人员和部门的较大成本，这就并发了解决问题时没有系统和闭环的缺点</u>。系统的想法是一种闭环，以往大家都有系统的说法和需求，

比如大家常说考虑问题要系统，但于企业而言，如何才能系统地思考和执行并没有标准化的系统思想，也很难形成标准化，但越是这样，我们越需要这种方法思维。这一点很重要，为什么要系统？抓哪几个关键点？以什么样的方法和措施在执行过程中来达到闭环，这些点从理论到实际都很重要。《今日简史》把能力的利用放到了第一位，《从一到圆：论企业系统与集约管理》体现的也是这种思想和方法，一定程度上很好地解决了这个问题，同时这三者（目标、能力、资源）怎么组合，在侧重点、组织形式、企业行业差异下，还需深入验证。

文中的流程化和标准化平行并列并不是太恰当。标准化是伴随在流程过程中出现的，且一定程度上产品的标准化与管理中的标准化有所不同，这一点存在理解上的差异。而文中"道义大于生意"这个理念是一股很好的力量，商业组织演进到今天，商业道德的形成是其中很重要的一个过程，也是目前急需要的一种精神信念，如果企业只注重利益，只顾及生意，就会出现很多破坏性事件。这不仅仅局限于产品的好坏，企业整体组织文化也具有这种效应，如电商平台不维护社会整体用户权利和不同商业载体的创造创新，就滋生了劣币驱逐良币的效应，企业以企业家道德为基础必须站在社会公允角度去着想，去担当，并发扬一种道义。

三十六行说

——交大人力资源专业 石金涛教授

矩形组织结构中常会出现多头指令,除人为影响因素外还有一大部分原因来自 KPI 的设定。因 KPI 交叉繁杂并有多种矛盾指标,从而使得员工在行为过程中不得不进行利弊取舍。这种取舍多仅从自身利益角度出发而非企业利益,同时企业本身也无法对很多冗余 KPI 进行精简和取舍,这多源自对各种指标的效用和效果界定不清晰,另外对核心指标与附属指标界定、指标权重的设定也比较混乱。书中对目标设定的方法和不同指标进行溯本性思考和界定,同时对设定的方法和如何取舍做了一定说明,这很好地解决了企业日常头痛的问题。

以往部门的存在是因为人作业的熟练程度,后又分工细化。分工除提升工作效率外,也带来了一些负面作用,如重复劳动的人员容易厌倦,同时他们又容易以自我为中心、互相拆台等,这便使个人能力加总并不等同于组织能力。书中将能力单独列出,对常见胜任力模型做了拓展,这个有利当下企业管理现状和需求。在信息化的管理背景下,分工作为能力最大化的需要,拓宽了原有的管理边界,让企业能更加聚焦能力本身而非组织形态或部门权利。

就资源而言,组织资源包含了制度、标准和流程,这些是企业中核心的软性和无形资源,除此之外,企业内部一些其他资源如硬件设备、机器、土地、知识产权、专利等,均受此约束整合而发挥效力，企业聚焦于此，越是效力发挥得大，越是这种核心能力最优且无法取代。在本书中，虽然能力和资源并列，但是实际能力属企业资源的一种，也包含于资源这一范畴，但就在如何让能力发挥更大和如何约束资源让其效用最大方面，两者并列也是一种指导思想。

系统理论在 20 世纪 60 年代前后就已经被提出，而系统的思想在中国特别是在哲学思想体系更是传承了几千年，以往系统工程涵盖了诸多学科、工具以及方法，像大杂烩一样，当企业实际以系统化来思考落地时，过多的内容和要素多会困扰执行落地，如何精减并寻找到原点也很难。集约思想是一种很好的指导，养殖业、城市管理、农林业等均有这种思想和案例，但企业管理中较少，主要基于企业管理中人、事、环境的复杂性，书中对系统和集约的原点进行简化，对当下管理者的思考和管理的需求有很好的启示与价值。

三十六行说

——复旦信息管理专业　凌鸿教授

<u>企业本身就是一个系统，或大或小总是一种系统运行状态，当有目标后各部门便形成了强关联，当两个及以上的目标合成后便有了一个合成目标。</u>在企业中，当信息有了传输渠道 IT 系统后，不同部门间形成了更加紧密的整体，同时每一个部门目标在系统中集合成了整个企业的目标，这个过程从小到大，从单一到整体，使得企业在原本不需要管理的情况下变得复杂且需要通过管理的科学手段来实现资源经济价值最大限度发挥。在这种逻辑下，当企业是一个大系统且有了信息系统和需要系统化管理后，部门的确不再是单一用来分工的，而是职能中的一环，是整体中的一环，是目标实现中的一环，也是组织能力最优合成中的一环。这样便拓展了思维边界，在日常管理决策中让管理者不再局限于组织形态束缚，当信息系统越智能，这种去边界化越明显，同时对能力的合成最大需求越明显，从而出现智能代理理论，即一个企业是一个大的机器人，每个职能是代理结构中的一部分，存在的导向就是效率更高、目标实现更快、能力最大。

<u>道义大于生意。在信息管理中，信息技术使得这种问题更为突出，在人工智能技术下，企业做好会很好，做坏就会变得很坏，这是一种道义的取舍，当技术轻松帮你实现一件事，或极低成本做一件事，当你拿的不再是长矛而是枪的时候，你可以轻易地把枪口对准所有人或你要对准的人，这个时候你能否取之有道，就</u>

<u>需要价值观来决定，而价值观之上会是道德、伦理观和道义</u>，如你可以在重利价值观之下轻松把骗局和陷阱信息推送到搜索首页，使人们的财产或生命受到损害，当信息技术让人变得更聪明的时候，选择做什么事会更重要，如同腾讯所提出的科技向善。如此，秉持道义而行是每个企业家最重要的精神。

培训、咨询、投资业的思想和观点

——联创世纪集团董事长　朱栩

<u>企业的确是一种系统，这种系统如果过度管理反倒会制约经营、制约效率，不抓又长不大，因管理长时间缺位又严重制约了经营，进而导致许多企业崩溃于管理，这既相辅相成又相互冲突。</u>过去在提升效率方面，企业做了很多工作，如进行流程变革、薪酬改革、绩效优化等，但花了许多时间和成本，问题还在，还没有解决，这对整个学术体系来说是个问题。就社会整体变化而言，劳动力减少，工厂的人少了，在东莞600元/天招不到人，但发现许多人在做300元/天的滴滴业务，这对管理又提出了一些问题。企业应该怎么样管？怎么样把人留下？怎么样把人的能动性和能力发挥至最大？怎么样让其主动自愿自我驱动？这些都需从过去的思想和方法中跳出来重新思考。我们看过去的路径是一个人5000元工资工作熟悉一段时间后加到8000元。提升工资的当下，员工积极性和自驱动力较高，过段时间又不行，再加工资，过段时间又不行。一方面，企业在持续不断增加成本付出，另一方面，员工的满意度在持续下降，这两方面总处于一种循环状态。五年前我们设立分公司并进行相应的分红，以此机制进行网络管理，但总处于嫌分红少、干劲不足、管理者自我冲突矛盾状态。后来我们以一种交易机制、交易结构来进行网络浅管理，彼此间从隶属关系转向交易关系，做了结构和机制的转变，从管理平台

转到赋能平台，将产权关系变得更加明晰，从而使得运营更加通畅、更加高效。

这便出现一个新的理论点，如书中所涉及的结构性约束机制和底层机制，因社会生产关系和生产力的导向变化，我们旧有的理论、思想必须适应这种人性扩张所带来的变化，而这对每家企业而言是一种最基础也最务实的基本功。关于这种结构性约束可举例说明，如一个店长，你给他一年100万元的目标并进行总销售额的提成，他会很难达成，总觉得领导分配了不可能完成的任务，在一开始就产生了抵触情绪，如果变个做法，每年进行能力最优伙伴店长竞聘，竞聘胜出者只需完成90万的业绩目标，90万以上以利润的50%分红，这个时候，要做店长的人则层出不穷，如再加以其他适当管理措施，效果会比以往更好。这是一种底层机制，也是一种结构性约束，当然还有更多管理措施，都是实实在在的，企业家和管理者必须花较多时间与心思去研究的，这一点来不得半点儿虚。企业最核心最基本的底层系统要好，底层很重要，只有底层稳、实，上面的插件才可以插好插中，才可以繁衍而不受所累。如"寒都衣舍"不足200人但每年做到20亿营业额，其中3个人一组，管理很简单，但效率出奇的高，同时在基础之上尽可能将管理简单化，不应太复杂，就像书中所提集约管理理念一样，去除多余环节、无效动作，不产生过度管理，否则"手术成功了，病人死掉了，管理成功了，企业倒掉了"。

酒店行业的思想和观点

——华住集团（全季酒店等）董事长　季琦

　　季琦先生在创始人手记中写道，坚持十年探索和记录，保存一些有意思的切片，其中一些对酒店旅游行业的思考非常契合系统集约思想，主要内容如下所述。

　　<u>兴趣会让一个人成为佼佼者，让人执着、专注，不重名利，兼容并蓄</u>。（企业管理过程应激发每个人的兴趣，这会使得个人能力和组织能力同进得到最大化）

　　企业家大多都有自己的情怀，只是表达方式不一样，如果有一个原点，那便是内心的安顿。（企业家终归会价值回归，回归到那个让内心安稳舒适的地方，即便那个地方持续在装修升华，但总会向更温暖宜人靠近）

　　将互联网行业"快鱼吃慢鱼"的提法带到酒店业，倡导速度和效率，同进引入许多理代管理工具和手段，包括ERP系统、基于平衡计分卡的绩效考核等。（通过管理来不断提升效率，让资源效率最大化）

　　我们提出REVPAR（每间可销售客户收入）比他们高10%，营建成本一致，但经营成本比他们低10%的竞争策略，经过几年，成为行业精益管理的佼佼者。

平等的价值观、先进的管理理念和技术正是传统酒店业缺少的，我们非常自信地把传统行业做了解构和重构。（解构和重构即做了结构性优化，这一点在管理中非常重要）

成功的原因之一是团队、是专一，不投机，不搞多元化，专注于自己的领域和细分市场，注重商业本质。

我对一个企业做大做强的理解是：要让你周围的一切因你的存在而变得更加美好。不祸害这个世界。（"道义是生意"的哲学回归）

一直以来我都信奉，唯有专业化才是企业成功的法宝。

我们将一个30%的GOP率（经营毛利润率）的酒店通过人力结构、入住系统等管理手段提升到70%，通过原有框架的突破来实现超越。

企业越大，创新能力就越会下降，过多的层级，及其所形成的官僚机制，使得整个机构效率降低。

我们必须通过高效管理，形成有竞争力的营利能力。

<u>企业的内功内涵就像树根，必须扎实和深远，才能屹立不倒。</u>

凭借企业家精神的创业者，如果没有系统的管理经验和知识，要造就一个大企业很困难，风险很大。创始人往往重权利和裙带，不信任外来的专业管理者，不轻易放权。

理念是一个组织的灵魂所在，一个企业的价值观决定这个企业所有的可能性。

<u>企业要走得远、做得大、长得高，必须要有一些人文的东西在里面，也多由这个企业的思想和这个企业的哲学决定。纯为了利而来，为了利而去，没有信念，没有理念，企业会很脆弱。</u>

我们一年采购1亿瓶水，一瓶差一毛，总金额的差异也是巨大的，负责这类事情的人"关键少数"，我们给予很好的待遇。

如何做好产品、服务，非常重要的一点是"培训"，华住学院针对各个岗位的传帮带现场培训，效果非常显益。

"使中主守法术，拙匠守规矩尺寸，则万不失矣。君人者，能去贤巧之所不能，守中拙之所万不失，则人力尽而功名立"，这句话概括了标准化、流程化的重要性。

华为总裁办近 11 年主要管理思想与观点

——通过 100 个关键词解码华为总裁办文件

任正非先生曾说："力出一孔，利出一孔"，也曾说"集中火力""好钢用在刀刃上""抢占战略制高点""拿下制高点""攻下战略机会点""抢上甘岭"等。在近十年的总裁办文件以及公开讲话资料中，像这样的词几乎篇篇均有，次次都提，我们身边每一个知道华为的人对华为都有很好的敬畏和尊重。是什么样的力量和管理体系、方法让一个企业获得如此之多的好评，并让其有如此之快的发展，每一个走进华为总部或分公司参访的人，虽难说清，但都有一种感知，那就是"整个体系""系统性的竞争力"。这种体系和系统的竞争力，背后力量是什么，或是什么样的哲学来推动、来牵引、更或来使其在前行的路上不断辨别和回归，在近 200 万字的总裁办文件中，可以清晰地看到这种力量就是"聚焦""沉潜""钻研"，这几乎是常见且普通到尘埃中的词，但恰恰大道从朴，秉持维艰。

对 13 年的（2007~2019 年）总裁办文件中的高频词进行降序排列，如图 45 所示。

基于分析工具和统计误差，次数或有高低之差，但就总排序而言，在高频词结果中，我们可以看到，管理者们数十年如一日对能力、人才、才能、工作效率等各方面长时间聚焦，在聚集中

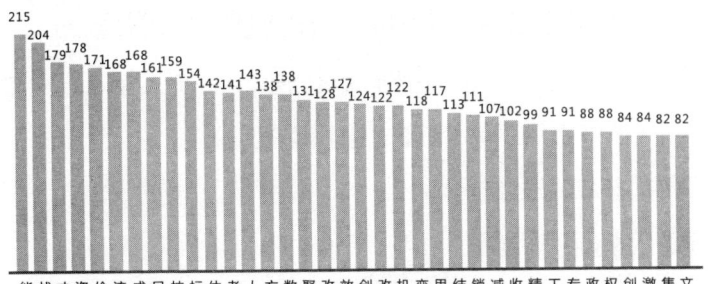
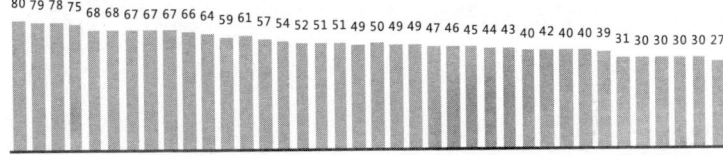

图45 华为总裁办文件高频词

持续不断迭代管理方法、机制、策略，如华为法、奋斗者宣言、LTC、TUP、熵理念等，而未过多提及这十年间不断流行的潮词，如轻资产、互联网+、合伙人计划、商业模式、营销模式等，在这种持续创变、迭代、聚焦下，这种力量多会聚拢在几个主要管理层面，如图46所示。

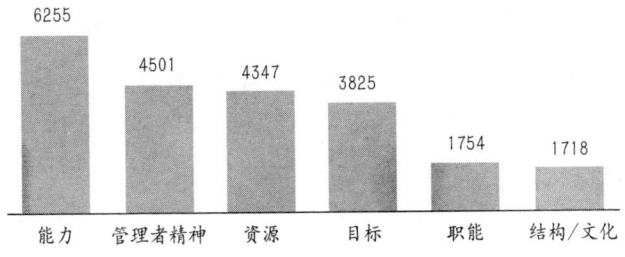

图46 华为总裁办文件高频词构面

303

作战斗所要具备的精气神儿和底层信念，就每个企业而言，这种精神是高度一致的，还是多元对立的，直接决定着组织能力1+1等于零、负数还是大于2。与之相并列的是资源，这点不在于资源的获取，重点在于利用，利用则在于一切促进、发挥、约束资源的机制，如制度、流程、标准、要求、机制、激励等，如要求"对于已经常态习惯的流程就没必要再走""仅保护核心技术，其他对内部要开放要共享""提高开会效率控制开会频次""团队工作效率差的领导要淘汰掉""为缩短DSO一分钟二分钟去努力""要做到标准化、简单化""授权作战部队发挥主观能动性""以用户体验为中心的'跳降落伞'机制""流程通最根本是要数据通""把权利指挥中心放到一线去，让听得到炮声的人不呼唤炮火""每增加一段流程要减少两段流程，每增加一个评审点要减少两个评审点""后勤要形成自循环闭环，要受事后约束，而不是事前请示"等，正是这些无所不在的机制细则，对资源利用和发挥起到了巨大的力量，而这些所构建成的体系、系统正是一个企业最强有力的竞争力。目标也有较高频次，如对LTC的管控、对DSO的要求、成本的测算、费用框架、财务核算等各方面的系统精细，均会围绕着目标体系而紧密存在。职能是在文中明确的针对对象，结构和文化则主要针对全球不同地域文化、客户和内部管理员工间氛围等。若再依本书中TAR结构进行并归，则如图47所示。

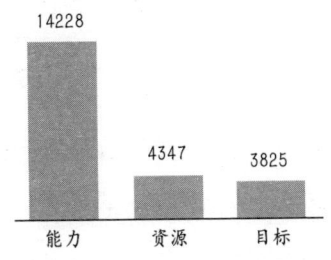

图47　基于TAR结构的高频词频次

华为十余年对外连续不断集中火力攻下的制高点是市场占有率、客户基数、用户信任，对内则是能力的高筑，这种高在于个人能力之高，也在于团队能力之高，更在于资源利用发挥能力之高。曾经有人问任正非"谁是未来接班人？"。他说："我本身没什么能力，所以从开始就任人唯贤。"在企业所谓"贤"者便是情绪、价值观、行为、能力都出众的人，当企业形成构建出识别培养激励贤者的机制体系，当越来越多的有才能的人往这个标准靠近，便是企业对人才最大的尊重，也是对所有人力资源最大的公平，更是对社会资源最大的贡献。

从一到圆：论企业系统与集约管理

新东方教育科技集团

——董事局主席　俞敏洪

一个企业成长一定是从人少到人多、从简单到复杂、从分散式管理到体系化系统化管理、从经验式管理到制度化科学化管理。新东方一路走来也历经如此，从起初几张桌子几把椅子、没电时的煤油灯到现在的近30000人500多所学习中心和信息化管理系统、在线学习平台，走过了所有中小企业走过的路，也熬过了无数个崩溃和至暗的时刻，虽趋于成熟却又有继往开来的使命和压力。在这个节点，新东方以什么样的管理来驱动未来的发展轨迹和组织变革极为重要。

许多企业的管理状态一定程度会伴随着社会的发展阶段，这比如中国改革开放后，企业从重亲情、人情、面子、过于人性化、淡漠规则等过渡到重视部门和工种的细化分工、信息系统建设、企业制度体系建设、组织结构设计、文化体系建设等，慢慢地我们把许多经验化、碎片化、分散式管理状态，变成更加系统、规范和高效的管理状态。

这种需求和变化会持续进行，比如，起初新东方每位老师都会备课，也都有自己的教学特点，但均是个人的力量和能力，如何形成组织的力量和能力？我们成立教研中心，将每门课的教学特点、老师要发挥的优点、要避免的缺点等通过教研中心来赋能，让每位老师都能把课讲好讲得丰富有趣。

再比如，我们优能中学对学生学习成绩提升和管控的体系，起初以"讲授"为主，没有学习前、学习中、学习后的闭环式管理，后来形成"进门考""节点反馈""家长一对一沟通""远程教练""出门测"等整个学习全过程责任系统。

同样在老师的选聘方面，如何招到最合适的人才？又如何让每个人发挥出最好的教学水平？虽然新东方以985、211作为主要学历门槛来实现人才能力最大化，更重要的则是从面试（如学习能力、意愿等）、培训（如师徒带教、磨课等）、上课（NPS、续班率等）、教学能力持续提升、绩效等各方面以体系化的力量来保障教学能力的最大化发挥和持续提升。

考核机制方面更是如此，以前因为粗犷的考核指标，如收入增长30%、利润增长20%，未能设定其他约束性指标如满意度、NPS，也无更细分的过程指标，便发生过度营销、一收收三年学费等现象。所以，后来公司制订考核指标必须跟企业文化、战略结合，也必须从上到下一致并保持在一个频道体系，经一层层细化到最后落地执行，以保证不走样不变样。

一个企业特别是有许多部门或分公司、分组织体时，如何实现标准化、系统化管理，让效率损耗、资源损耗、品牌损耗最小，这是重中之重要考虑的事情，当企业组织结构明晰、股权明晰、决策机制明晰，最容易引发混乱和内部黑洞的便是管理体系。

我常说："只要坚持做正确的事情，好的结果自然会来。"新东方也一直在改变并努力适应环境的改变。

汽车流通行业思想与观点

——河南威佳汽车集团　集团服务总监：孙立

在汽车市场竞争白热化、"割肉赔钱"销售、售后定保流失率高、续保率低等背景下，技术专业、设施齐全、环境优美的4S店，本该赢得客户信任，获取最大化资源转化率和人员效能，然而现实中不仅理想状况未出现，反而出现客户不满意并大量流失、能力强的员工不稳定等现象。

是什么原因造成了以上问题？

日常管理层多过度关注KPI，导致客户信任关系和员工信任关系不好，要想解决问题，需要突破两个瓶颈，修复两个关系体系：第一，突破客户关系瓶颈，构建客户关系体系；第二，突破员工关系瓶颈，修复员工关系。如此才能实现管理系统化和效能集约化。

要突破客户关系瓶颈，就要研究客户的消费习惯。奥地利心理学家阿德勒在《自卑与超越》一书中指出，作为群居的人，离不开家庭关系、同事关系、同学关系、战友关系、朋友关系，在各种各样的关系中，每个人都希望被他人尊重。以海底捞和巴奴火锅为例，在消费者进餐过程中，服务员不时地为消费者服务，在洗手池边给消费者递擦手纸，这就是在满足消费者渴望被尊重的潜在需求。4S店是以服务体验为主的，在管理过程中管理者和高层决策者过多关注KPI，一味追求KPI数值，恰恰忽视了客户希望被尊重的需求。

客户首次到4S店保养维修汽车，多会有防备心理，同时又有好奇心和被尊重的需求，日常服务顾问和机电技师更愿意接待定期保养的老客户，因为老客户能带来更好的业绩，而对免保客户疏于服务，这样就造成了客户期待和现实服务的巨大反差。客户首保体验不佳后对4S店失去信任，更不愿意再去4S店，于是初次接触后4S店就破坏了信任关系。面对这种情况，我们从源头抓起，售后服务总监带头接待首保客户，通过深度接触，找到与70后、80后和90后客户打交道的方式，再发现首次、二次、三次购车客户的不同需求，了解男性客户和女性客户对车辆的关注差异，最终找到维护客户关系的正确方法，形成闭环措施，打造出以客户良好体验为主的整个客户关系管理体系。

在突破员工关系瓶颈方面，我们做到以下四点。

第一，要突破领导力瓶颈。多数刚走上管理岗位的管理者误以为权利就是领导力，以为员工该听自己的，应该主动完成工作，实在不行就制订考核制度，再不行就罚款，最后开除了事，很大程度上这成为破坏管理者与员工关系的罪魁祸首。在打造领导力方面，我们要做到：首先，要求员工会的，自己必须要会、要懂；其次，要求员工做到的，自己先做到；最后，自己要坚持，坚持，再坚持！要避免的是，要求员工做一件事，我们没有坚持推进而放弃了，反而抱怨员工执行力差。作为管理者，只有自己坚持养成习惯，自己的执行力提升了，员工才会有执行力。

第二，要在业务上给予员工培训指导，通过"一训、二练、三盯、四调"提升业务能力。一训就是培训专业知识和服务流程。二练就是练习技能，晨会模拟演练，重在实战。三盯就是盯过程，听员工们如何和客户沟通，现场流程衔接是否顺畅，发现问题及时改善。四调是调整员工状态，激发员工激情，影响员工行为等。通过这些措施，我们能够综合地、全方位地赋能，实现员工能力最大化。

第三，要在工作上严格要求。包括流程要执行到位，沟通要亲切自然，检查要认真细致，做好客户的每一次进店体验，为客户着想等。客户进店体验不好，事后赔礼道歉，亡羊补牢为时晚矣。

第四，在生活上多关心员工。人和动物最大的区别就是人有情感需求。多一些关心，如员工结婚、生子、搬家要到场；员工家人生病住院要去看望；员工取得成绩要表扬；员工状态不好要沟通谈心。员工感受到关心和尊重，才愿意听管理者说，才能以更大的同理心更好地全情投入到工作中。

以客户关系与员工关系为管理抓手，通过体系化、精细化、集约化措施实现资源价值最大化是当下4S店服务管理中的重中之重！

各行业管理者思想与观点

如果任一措施、方法、工具要有效运用在日常管理过程中，这种有效一定受情境影响，比如行业性质、发展规模、人员年龄、企业文化、制度环境、老板风格、物质基础等，于是，一个有能力有结果有方法有成效的管理者一定是审时度势的，也一定围绕着"如何将人员能力发挥到最大、将资源效用发挥到最大"，进行思考他们常常知道方向、节奏和执行过程中的度，而这所有的不同经验和观点都有参照和启发意义，本书也特意从全中国各行业优秀管理者口中采集如下看法和观点，作为最真实的前沿管理心声弹幕以飨读者。（排名不分先后）

管事理人，对事要有明晰的规则，对人要保持积极的情绪，让员工感知到温暖的人性化和良好的成就感。

——教育行业　左丽娜

管理是一项技术，也是一门艺术，用科学能做好，用心能做得更好。

——机械制造行业　许鹏飞

管理团队就是要实现员工自我管理，要想团队中每个人发挥所长，支持他们的特长极佳发挥、鼓励他们的优势极大发挥、激发潜能突破自我、包容不足、给予帮助，团结一切正能量并提高效率。

——医药行业　靳亚虎

管理是一门艺术，也是学问，它随着社会的发展在不断变化，需要切合实际，又需要与时俱进，它有内涵，有底蕴，通过一些方法来实现目标。

——工程建筑行业　南学平

管理就是通过管理资源和人性进而达成目标。

——汽车行业　马争建

管理是杠杆，是掌控，有自己的系统，一群人为着一致愿景，相互协作，利他，达成共同的目标。

——教育行业　朱静

管理的本质是什么？提高效率，带来增量，并可持续。从这个角度来思考的话，流程、制度、规则、人性、灵性、梦想……该如何相处？找到它，就找到契合你的管理了。

——咨询行业　尚路

管理的关键，是把人盘活了，公司也就活了。

——培训行业　葛旭东

工作时把它当成爱好，每做一件事就会有成就的喜悦。良好的人际关系会提高幸福指数，所以怀着感恩的心好好相处。

——汽车行业 王晓黎

管理就要搭班子，定战略，带队伍，要有强有力的执行力。

——汽车行业 程先炳

西蒙说过，管理就是决策，时下管理者多追求时尚术语，决策上下功夫太少。

——咨询行业 徐沿

管理是在看清行业形势，了解行业水平和自身所在位置的情况下，制订合理目标（均衡好长期和短期的目标），调配人、财、物等重要资源，实现盈利和员工满意。

——综合服务行业 程谊

要保持职业经理人的赋能，各行业的竞争，本质上还是人才的竞争。

——汽车行业 汪光军

今天不是钱难赚了，而是许多企业的管理方式和思维模式落伍了。

——共享出行行业 何笑天

企业发展靠员工，关注员工状态、关注员工满意度，大于客户满意，战略、计划、事情最终靠员工落地执行，没有很好的员工满意，再好的战略方案都会泡汤。

——综合服务行业　白鹏飞

管理必须要有明确的制度，制度执行必须要有考核。

——制造行业　胡卫明

当下管理一定是要实现自律性的、人性化的管理。

——酒店等综合服务行业　王倍芳

目标是个筐，资源往里装。没有目标，就发现不了资源。甄选好高管的三心上将，责任心、上进心、忠诚心。

——工业品贸易行业　任家法

管理：就是理事、管人，理事是管人的基础，只有将所有的事情理清楚，教会下面的人应该怎么做，管理就会相对轻松。

——汽车行业　焦秀娟

管理的核心就是团队，对于90后和00后，更好的方法，就是情感和制度的完美融合。

——汽车行业　李小虎

简化管理流程，提高工作效率。

——食品行业 李阳

无论定位在科学还是艺术，人或者事，管理都侧重方法应用。中国式权变思维，是中国企业在管理理论和实践方面实现突破的重要途径。

——人力资源学者 王军

以身作则对领导部属事半功倍。

人才的引进和选择，用适合的而不是最好的。

舍得给有贡献的人分钱。

——电子元器件行业 刘浩

无论用制度、绩效、标准、流程或KPI等各种管理方法，都不能背离以人为本的核心理念。

——服务贸易行业 刘新益

企业激烈竞争、产品过剩、价格战、运营管理容易被竞争对手模仿、难以获得消费者认同等，如何使运营效益外化产生最大价值，让消费者信赖产品和服务，是每个企业管理中亟须研究解决的关键课题。

——金融行业 吕丰礼

网络的普及使我们不缺管理工具、方法，缺的是如何将这些与企业相互匹配，如何有效、持续地落实和推进。

——汽车行业　茅爱华

管理的本质就是管人，所有的工作都围绕着选对人、育好人、留住人展开。

——汽车行业　赵文华

工作上——职业化，精益求精。管理上——制度化，对领导尊重，对制度敬畏。文化上——感情化，以感情留住好员工。企业策略制订者必须跳出框架，不断提升自己、不断突破，才能和公司一起得到竞争优势，成在经营，败在管理。

——电子机械行业　李青

管理需要技巧，要了解被管理者的素质、能力、角色、职责，因人而异，因地制宜。

——维修服务行业　裘祝健

以员工满意度为导向，以客户满意度为中心，寻求并落实差异化客户体验，深挖客户需求，从共鸣中产生效益。

——汽车行业　薛文静

管理就是达成目的的一系列促进动作,它涵盖多种形式:策略与计划、组织与实施、协调与管控。

——咨询行业 望谷

被管理者,要觉得没被管!要做到人人都管人人做,事事有理事事明。

——机械设计制造行业 王振跃

管理者往往改变不了环境,要学会改变自己,扬长避短,做最好的自己。

——汽车行业 鲁永霞

管理的大问题在于领导力,经营的大问题在于责任心。

——汽车行业 吴磊

当下企业的经营管理是目标和行为的管理,清晰的目标加正确的方法才能使我们有力立足于市场。

——货运行业 蔡小明

管理就是要鼓励员工别惧怕挫折,抓住每分每秒去努力、去尝试、去改变。

——服务行业 徐春龙

所谓管理，犹如君子于庖厨，外部因素考量食材采购，内部因素火候、菜品以及碗筷摆放，是门技术活。

——培训行业　杨凡

营造良好的工作氛围，团队提出建议领导要积极给予反馈。

——汽车行业　叶秋江

大企业管理过度太明显，为管理而管理，所有管理就是为了提高效率进而提高效益。

——制造行业　郑勇强

管理者要做好一名促动师，做好一名主持人，做好一名辅导师。

——培训行业　朱勇

管理就是对人的影响和对物（过程）的控制。

——金融行业　伍怀中

企业要有信仰的基石、道德的规范、生活的态度、文化的本质。

——汽车行业　沈文生

带团队，目标清晰、责任明确、奖罚分明。讲管理，敬畏制度、严格要求、用心感化。

——汽车行业　李健

管理要标准化、流程化、精细化，让员工不需要额外发挥也能把事做好，循环改善能力要很强，打造赋能型组织。

——独立讲师　刘丹

管理对我而言，是道与术相结合，由内而外，用管理的术做市场，用管理的道得人心，而得人心者得天下。

——医美行业　阳蕊忆

管理就是在管人管事，总之就是在执行标准。但是标准越来越多，事情越来越多，如何化繁为简去管理，这需要管理者在少定标准的同时，多亲身体会并集约优化。

——汽车行业　于勇胜

给猴子一棵树，让它不停地攀登，给老虎一座山，让它自由纵横。

——金融行业　鲁冬青

先进的管理，我认为是人和系统的完美结合：以人为本，与时俱进地去设计优化系统与流程，最大限度地激发人力资源的无限潜能。

——新材料行业　程志骏

第九章 道义大于生意

10

让我耳朵长茧的一句话是:"你要行端走正。""行端走正"四个字在母亲的口中大抵出现过上万遍。常常你会因为别人做什么而去做什么,也会因为别人不做什么而不做什么,大家共同的行为和思维筑起来的文化氛围城墙常常会束缚每个人行为的每时每刻,我们常难以更高的格局或视角或胆量或意志去突破。一个人利己的"行端走正"并不难,难在你看见有人在公共场所插队、站在花丛里拍照、欺负孤老弱小等时,这时的"行端走正"是自己守住就行,还是应该去维护更高、更大、更广层面的公义或正义?我们常常会相信多行不义必自毙,也会在成本损益衡量之下不生事、不惹事,守住自己一亩三分田、仅扫自家门前雪。然而,于社会缄默或许自然法则还能对冲,而于企业,或许只会破窗越来越破,破洞越来越大。谁来承担这种力量,谁又来秉持这种信念,谁去在每个作业的隙间修正,谁又去在每个业务情境中坚守。当诸多企业和企业家在"假奶粉""假疫苗"事件前保持沉默的时候,谁来为自己员工的宝宝站在社会前台去呼喊,谁又来去推动这种力量?如果一个企业几百、几千、几万、几十万人都无法从心发声,谁还能凭一己之力做出抗衡?每一刹那、每一时刻、每一次日出月落、每一季潮涨潮落,企业在时空的每个分分秒秒轮回流转、出现或消失,能长稳根基的到底是什么?<u>当头顶网络空间被填满、信息技术瞵伺身边、有形现实被冲得支离破碎,谁来影响大大小小的组织?……从来没有哪个时代商业企业组织在社会站得如此中坚!</u>

道义大于生意

大禹三过家门不入、往复治水；少康复禹之绩实现中兴；商汤明德贤才；伊尹仲虺佑贤辅德；武丁勤政爱民；周文王积善行仁、敬老慈少、礼贤下士；姜尚律法清政；周武王不失天下之显名；仲山甫德仁兼备、革旧创新以辅宣王；老子明德明道以适天下；孔子尚仁尚义尚礼苍济百姓；楚成王布德施惠；斗子文公心守正、贫身爱民；屈原忠君爱国忧天下；晋文公谦而好学、德教惠民、济弱救贫；狐偃惠而有谋、敬家忠国亲民；祁奚急公好义、大公无私；齐桓公正而不谲、仁信爱民；管仲顺民心通商道；秦穆公亲贤重才、仁厚阔达；百里奚教化民智、豁达不奢；魏文侯善信授权；李悝善法公正；秦始皇建大制通大道；汉武帝容言纳才、律法兴制、文武兼攻；司马迁铭史传正；三国儒法并举、文化并长；南北朝商兴物通；唐内外兼蓄、百花齐放、文艺争鸣、治理方圆；宋科学科技迸发；元扩手工织业、精益科学历法、拓通商贸；明业态多元、法律细化、市镇繁华；清商业兴盛、民族融合……<u>社会组织从小到大一直在变，社会形态演进的脚步从未间断，文化从简单到多元，文明从一家之言到百家争鸣、融融大观，治理体系从人治到法治，商贸从两两易物到货通天下，信任背书从无形到有形，信息从单向到互联，商业组织从个人到集团，所有演进的形态并行着演进的文化和商业组织所需要的不同价值内涵，企业和企业家所承载的历史重任也不断迁演叠加</u>，如图48所示。

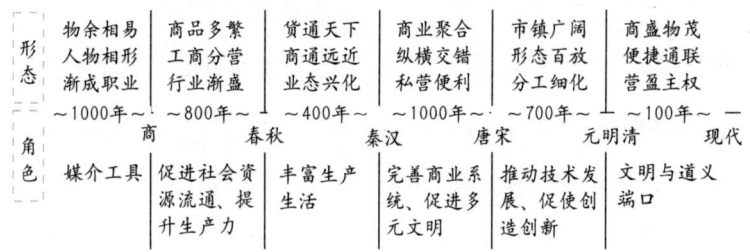

图48 商业组织社会价值历史演进

自商人通商，士农工商中的"商"作为平行存在且被正视的形态组织，"商"的价值从未被缩小和被替代过，历尽千年繁衍只见其盛不见其衰。社会和文明被持续促进和迭代，商业组织和商业组织者的价值在每一岁月流隙中被持续扩展和升华。如今企业和企业家更能明白体会这种存在，复其精神变迁，除"商业万形，不失其仁，工商兴替，不舍其义，商人勤勉不怠，机应慎达，情义为中，俭律自正，取舍知度，权利界欲"外，于此站在历史潮流的最中央，更大的角色和担当也相应而生。

当每位员工下班回家归于自我，在企业中的时光和所形成的价值观便更宽波及生活中的事事物物，每个人生命中绝大部分时光和组织交织在一起，交叉体验并形成认知、形成文化内涵、形成文明精神。在每一个作业生产服务的过程中，每一种职能，每一岗位，每个人秉持的思想、价值观、意识、动机作业，又波渧出什么样的效应，企业担当着无所不在的影响力责任。每位员工情绪是否好坏、身体是否健康有恙、内心是否平衡正常、技能是否成长、团队是否和谐友善、对这个社会是否助益贡献，无能出外，<u>企业所担当的道义不再仅仅是生产，企业家亦不再仅仅是索取。</u>

企业和企业家正处于前所未有的万物互联信息环境中，每一个细小的成就都会被感知，每一处微不足道的破坏均会被感染。当一个互联网企业只顾营利而不负责公平真伪，餐饮平台只顾营利取利不为百姓口腹安全监护，数据获取平台不顾他人隐私无底线侵权，新零售业巧做模式无视他人生命财产，便彻底底底击穿了商的底线。<u>这是企业和企业家高度融合的时代，也是倾向分化的时代，企业为何而存在，企业家为何而存在，孰取孰舍，孰轻孰重，孰近孰远，孰真孰伪，自在分辨，得其主轴，利于大方，是以道义！</u>

<u>生而不有，为而不恃，长而不宰，超越了自己，亦回归了自己，行天下之最简，守心中之最圆，从一到圆，既是系统集约的管理状态，也是自我哲学回归状态。</u>

致谢名单（排名不分先后）

企业：

新东方教育集团	董事长	俞敏洪
联创世纪集团	董事长	朱栩
吉利汽车控股集团	副总裁	杨学良
河南威佳汽车集团	集团服务总监	孙立
联创世纪集团	总裁	徐鸿
上海鼎哲照明电器有限公司	董事长	项文超
济南悦铃汽车贸易有限公司	董事长	张青
上海佳遇贸易有限公司	董事长	任家法
上海磐企业发展有限公司	董事长	王倍芳
联创世纪集团	总经理	金勇
南京邦得电子科技有限公司	董事长	刘浩
杭州岚阳企业管理咨询有限公司	总经理	熊雄
内蒙古浩博汽车销售服务有限公司	总经理	白鹏飞

专家：

上海交通大学	教授	石金涛
上海复旦大学	教授	凌鸿
上海同济大学	教授	魏凝

各行业人士及各地域管理者：

新加坡（SGP）		Jonathan
郑州	总经理	马争建
银川	设备部高级经理	许鹏飞
太原	区域经理	靳亚虎
石家庄	区域经理	赵金瑞
阿克苏	总经理	赵中源
上海	培训师	葛旭东
上海	总经理	王晓黎
台州	总经理	程先炳
连云港	咨询师	徐沿
东营	总经理	程谊
昆明	董事长	何笑天
呼和浩特	总经理	白鹏飞
佛山	总经理	汪光军

乌鲁木齐	区域经理	胡卫明
上海	董事长	王倍芳
上海	董事长	任家法
宁波	总经理	焦秀娟
喀什	总经理	李小虎
温州	总经理	李凤展
广州	咨询师	李阳
徐州	人力资源学者	王军
苏州	董事长	刘浩
晋中	总经理	刘新益
青岛	总经理	吕丰礼
上海	总经理	茅爱华
上海	总监	李青
上海	总经理	裘祝健
上海	总经理	薛文静
宜昌	咨询师	望谷
南京	机械设计师	王振环
乌海	总经理	鲁永霞
常州	总经理	吴磊

合肥	总经理	蔡小明
昆山	售后总监	徐春龙
上海	培训师	杨凡
上海	集团副总	叶秋江
郑州	区域经理	郑勇强
上海	总经理	鲁冬青
奉化	总经理	于勇胜
上海	总经理	阳蕊忆
上海	独立讲师	刘丹
大连	集团总裁	李健
青海	总经理	沈文生
上海	总经理	伍怀中
银川	教师	朱静
南昌	咨询师	尚路
上海	副总经理	程志骏

（对未能明列的被采访者和此书撰写过程中内容协助者一并致谢）

非常感谢全国各行业从业者和管理者。我们的祖国，正是因为我们每个人脚踏实地，勤勤不怠，才变得如此美好，一起为我们致敬！